巴拿馬文件

PANAMA PAPERS

Die Geschichte einer weltweiten Enthüllung

巴斯提昂・歐伯邁爾
Bastian Obermayer
弗雷德瑞克・歐伯麥爾
Frederik Obermaier——著

寶強翻譯工作小組——譯

〈專文推薦〉

讓全球權勢者寢食難安的一百種方法

何榮幸

彷彿是預先寫好的劇本，二月底《驚爆焦點》（*Spotlight*）才剛勇奪奧斯卡最佳影片，四月初「巴拿馬文件」就震撼全球。新舊時代的調查報導相互輝映，在媒體產業寒冬中重新點燃新聞價值火炬；而巴拿馬文件更繼維基解密、史諾登之後向全球權勢者宣戰，昭告讓全球權勢者寢食難安的新時代來臨。

巴拿馬文件的震央——《南德日報》兩位調查記者所撰寫的同名新書，因此成為了解新時代的重要窗口：在這個吹哨者、傳統調查記者、資料新聞專家聯手，跨國展開大規模合作的新時代，全球權勢者的各項不法（或現階段合法但應儘速修法扼止）行徑更將無所遁形——只要他們或其白手套曾經在電腦上留下紀錄。

從「水門案」到「巴拿馬文件」

看過《驚爆焦點》的資深影迷，腦海裡很容易浮現出《大陰謀》（*All The President's*

Men）的景象。鍥而不捨的調查記者在某個地下停車場與「深喉嚨」密會，從「深喉嚨」口中問出一個人名與線索，或至少透過「深喉嚨」印證追查的方向是否正確，然後揭發權勢者的違法劣行，最後迫使總統辭職下台。

這是無數傳統調查記者的夢想，無論揭弊對象是《大陰謀》中深陷水門案監聽風暴的現任總統，抑或《驚爆焦點》中捲入性侵醜聞的波士頓教會，調查記者都會顧無反顧、勇往直前；但這也是傳統調查記者的夢魘，在一小塊一小塊拼圖的過程中，永遠不知道哪裡才是終點，即便權勢者承認錯誤付出代價，也無法確認所有的真相都已盡現。

本書之所以引人入勝，就在於忠實且傳神地描繪調查記者的夢想與夢魘。從「無名氏」的一封email開始，兩位《南德日報》調查記者一步步走向充滿未知的彼岸；但這兩位記者從頭到尾都不知道吹哨者真實身分、以及吹哨者如何取得資料，只能盡力查證爆料內容與延伸調查；他們從俄羅斯總統普丁的密友設立的境外信箱公司開始，一個個掀開各國權勢者透過莫薩克馮賽卡這間設在巴拿馬的律師事務所進行的洗錢、逃稅等不法勾當，最後導致冰島總理下台……這些抽絲剝繭的過程如同偵探小說般懸疑刺激，一口氣涉及的權貴名人則令全球瞠目結舌。

一般對「爆料新聞」的刻板印象，是爆料者／吹哨者把具體人證／物證捧上門，記者只要按圖索驥就能找到真相。但從舊時代的「水門案」到新時代的「巴拿馬文件」在在證明，不論源頭是一兩個人名或是2.6ＴＢ的網路巨量資料，都必須依靠調查記者持續、深度追查才可能還原真相。

就此而言，調查報導與調查記者的重要性從未消失。網路海量資料時代，在資料新聞專家等新科技高手的輔助下，調查報導及調查記者有機會發揮出更大的影響力。

本書詳細描述的史上最大跨國記者合作計畫，已是調查報導與時俱進的里程碑。從《南德日報》出發，透過「國際調查記者聯盟」（大金主是創辦量子基金的「金融大鱷」索羅斯）串連八十多個國家、近四百位記者、九十多家媒體，以將近一年時間合作公布「巴拿馬文件」，這樣的跨國調查模式若能持續甚至擴大，全球貪腐違法的權勢者將會更加如坐針氈。

吹哨者保護與調查報導代價

儘管如此，調查報導仍有許多必須克服的難關。本書讀者會發現，當「巴拿馬文件」跨國調查如火如荼進行之際，吹哨者保護這項關鍵課題亦迫在眉睫。

例如隨著調查進入尾聲，吹哨者與《南德日報》記者在書中出現如下對話：

〔無名氏〕　我在思考緊急計畫，如果突然必須離開，有哪些地方該避免前往？

〔南德日報〕可能別去中國的好。有些人在資料裡。

〔無名氏〕　真的？我不知道這事，不過我也沒有計畫去中國。

〔南德日報〕反正能避免就避免。

〔無名氏〕　至少我不要像史諾登一樣困在莫斯科機場。以目前情況來看，去莫斯科絕對是個壞主意。

書中還有多處擔憂「無名氏」人身安全的對話，顯示從維基解密、史諾登以降，如何讓吹哨者得到法制面的足夠保護，已是各國政府證明改革決心的當務之急。

「無名氏」在本書最後提出的「革命將邁入數位化」聲明，從吹哨者保護延伸至對於各國政府、媒體乃至律師職業的反省，值得讀者進一步深思。

至於媒體、記者可能引發的「秋後算帳」代價，也同樣令人憂心。

本書作者指出，「國際調查記者聯盟」幾年前發表「境外解密」跨國調查報導時，參與合作計畫的香港《明報》總編輯劉進圖，在報導之前就遭到調職，之後更遭到不明人士持刀攻擊，幸而大難不死。目擊者推測凶手無意致劉進圖於死命，應該只是要恐嚇他而已。

至於「巴拿馬文件」的在地合作媒體——巴拿馬《新聞報》，據本書描述，在發表前同樣做了最壞的打算。「報社老早準備了不少防彈背心。一旦開始發表，每位參與的記者都得穿上它們，出門在外時，還得找個保鑣作陪。」

一言以蔽之，本書不但是完整了解「巴拿馬文件」的必讀之作，亦是闡述新時代調查報導方法論與嶄新挑戰的精采作品。期待本書能重新召喚新聞理想主義，讓調查報導與調查記者在台灣也能有更大的生存與發揮空間。

（本文作者為《報導者》總編輯）

〈專文推薦〉

調查報導的黃金年代

林育立

「這一年真是忙瘋了，我們當然知道這是個大獨家，可是會掀起這麼大的風暴，還是完全超乎想像」，本書的兩位作者之一弗雷德瑞克．歐伯麥爾（Frederik Obermaier），五月初與外國記者座談時，臉上還是一副不可置信的表情，讓人不難想像巴拿馬文件見報的當下，他的心情有多麼亢奮。

德國左派的老字號報紙《南德日報》（*Süddeutsche Zeitung*），向來以嚴謹的報導享有盛名，巴拿馬文件由他們來披露不意外。但在到處缺人、缺錢、報導淪於瑣碎和聳動、讀者又不願付費的新聞業黑暗時代，居然還有媒體願意投入這麼多資源進行調查報導，讓人不免肅然起敬，我們聽他娓娓道來巴拿馬文件的調查始末，體內的記者魂也跟著燃燒起來。

*

調查報導的目的就是揭發弊案。《南德日報》是一份以知識份子為訴求的質報，從戰後成立至今走過七十年的歲月，即使進入網路時代，還是靠深刻的報導和品質取勝，收入主要仰賴訂戶。歐伯麥爾平日跑的是中東、恐怖主義、軍火交易和情治單位的新聞，現年才三十二歲的他，一進報社就專注在調查報導，經常隻身到國外採訪，早已練就出一身本事，畢竟處理這新聞史上最大的洩密案，還是需要老手。

「直到今天，全世界沒有任何一人質疑報導的真實性，證明我們很負責任地在處理這些文件」，歐伯麥爾對他的報導品質很有信心。匿名者提供的莫薩克馮賽卡律師事務所文件，總數高達一千一百五十萬份，歐伯麥爾的內心非常清楚，這些法律合約、信件、圖檔本身不是新聞，唯有經多方查證確認這些文件為真，從中解讀出時事脈絡，寫出從未聽聞過的原創故事，報導才能發揮影響力。

*

巴拿馬文件在各國媒體發表後，一時間，政商名流人人自危。雖然透過巴拿馬的律師事務所設境外公司不一定犯法，可是權貴這樣做到底目的是什麼？為了逃稅、洗錢、還是隱匿財富？有什麼見不得人的祕密嗎？調查一年後，歐伯麥爾自認最重要的收穫是：「全世界不管走到哪，銀行和律師都樂於幫權貴隱藏財產。」站穩公共利益的立場，他在系列報導結集成的這本書中，無情揭露全球權貴的貪婪，和他們社會責任感的缺乏，還讓獨裁者的權鬥、糾葛不清的政商關係，以及跨國的軍火和毒品交易攤在陽光下。

巴拿馬文件讓巴拿馬形象掃地，卻也證明了巴拿馬在世界上無所不在，各國的領導人、高官、大老闆、體育界高層、毒梟、黑手黨都被捲入，意外讓巴拿馬文件成了媒體環境的照妖鏡。在巴拿馬文件出現最多次的國家就是中國，中國人成立境外公司幾乎全都經手香港，口口聲聲說反貪腐的中國高幹、官二代和他們的家屬，竟把來路不明的錢藏在國外，巴拿馬文件果真一下子成了媒體和網路的敏感詞，再查下去恐怕就會動搖國本。

那麼台灣呢？雖然上萬人名列巴拿馬文件，但相關報導總是含糊不清，也很少記者去追問，難免讓人聯想是否又與媒體老闆的政商利益有關。賦稅正義的底線在哪裡？逃漏稅的法律漏洞如何補起來？國際間的稅務資訊，又該如何交換？這些歐美輿論在巴拿馬文件披露後的提問，台灣的政府、立委和媒體，全都不應該迴避。

網路時代凡走過必留下痕跡，萬無一失的保密，早是不切實際的幻想。過去三年來，利用匿名人士提供的資料先後參與「境外解密」、「盧森堡解密」、和「瑞士解密」調查的歐伯麥爾堅信，金融業遲早會完全沒有祕密。莫薩克馮賽卡不是唯一專精信箱公司的律師事務所，未來各類解密將層出不窮，處處都有讓欲蓋彌彰的權貴膽寒的未爆彈。

事實上，近來這一連串的解密，早已讓全球的稅務機關動起來，歐盟、二十國集團（G20）、經濟合作暨發展組織（OECD）等國際組織和平台，都打算在打擊逃稅上加強合作。

*

全球化時代，跨國犯罪是常態，新聞業自然得跟著走向全球化，巴拿馬文件就是最好的例子，像歐伯麥爾這樣精通英文和多種外語的新聞工作者，未來只會更吃香。《南德日報》

這次與國際調查記者聯盟(ICIJ)合作調查,還將文件與各國媒體分享,歐伯麥爾認為,如今世局變得如此複雜,各地又相互連結和連動,記者單兵作戰的時代已是過去式,未來不只是國內的不同媒體,全球同業都應該利用網路的便利性互相支援,讓企圖掩飾的當權者無所遁形。

閱讀《巴拿馬文件》一書,隨記者抽絲剝繭挖新聞,既充滿諜報小說的懸疑和刺激感,也讓人深深體會記者發掘真相的辛苦。但在當今貧富差距日益擴大的社會,思考編務和財務都獨立於政府和財團的媒體,到底能發揮多少價值,終究才是出版這本書的最大意義。

《南德日報》放手讓兩位未滿四十歲的年輕記者,花一整年的時間調查,然後從今年四月初開始一連好幾個星期,每天都發表好幾頁的整版報導,引來全球媒體跟進。像這樣無論在話題性、報導的深度和廣度都深具代表性的故事,無疑宣告我們才剛要進入調查報導的黃金年代,對失去讀者信任而深陷危機的台灣媒體來說,應該相當有啟發才是。

(本文作者為記者,現居柏林)

〈專文推薦〉

有錢人和你想的不一樣

周偉航

少了這些人的努力，你可能永遠不會接觸到這個世界。巴拿馬文件指出了人世中的隱藏「副本」，這副本只有少數人能玩，也只有少數人能懂。

許多人說，巴拿馬文件就是份藏錢名單。但藏錢兩字，會讓人有許多負面聯想，像是貪污、洗錢、逃漏稅、利益輸送等等。但其實巴拿馬文件並沒那麼負面。

嚴格說來，這文件是把鑰匙。但能打開哪幾扇門，就只有內行人和鍥而不捨的外行人才會知道。

若要概論性地說明巴拿馬文件，我比不上匯集各方智慧的維基百科。若要談事件發展脈絡，因為正是本書內容，我頂多只能將之摘要，這樣根本就是稿費小偷。

有朋友建議：「你可以試著幫外行人進入這個世界。讓他們知道有錢人是怎麼想的。」

的確，有錢人和你想的不一樣，所以才會有巴拿馬文件。但有錢人想的和你想的，到底有多不一樣呢？

兩個世界

我們需要先把人區分成兩種。第一種是無產階級。無產階級並非真的連一點財產都沒有，而是指那些無法靠財產維生，不勞動、不工作就會餓死的人。我相信你有很高機率就是這種人，因為這種人占社會的九成以上。

另外一種人，就是有錢人了。他們靠投資收益、利息、股息、房地產等等收入，或是其他人的勞動產出，就可以一輩子無虞地生活下去。這些又稱為資產階級的有錢人雖然人數不多，但他們的財產加總，會是無產階級總合的好幾倍。在任何現存社會中都是如此。

「這好像是馬克思主義的區分法，不嫌過時了嗎？」

的確，但我需要透過這種區分，才能說明你距離「巴拿馬文件中的世界」有多遙遠。

「很遙遠嗎？我也有買海外基金耶！」

事情不是窮人想的那麼簡單。

大富翁的遊戲

身為一個無產階級（如果你不是，那恭喜你），你怎麼規劃自己的人生？

從小用功讀書，長大努力賺錢，把賺來的錢做最有效的規劃，先解決生活必需品，可行的話買車、買房，等有了小孩，還要預留一筆子女教養費。你或許還有一些閒錢可以來點小投資，買幾張股票、定期定額的基金、複合式的保險規劃，等等等等。

這種基本人生看來很熟悉？但這種人生不需要巴拿馬文件裡頭的那種金融服務，為了拉近你和巴拿馬文件的距離，我們要來場「思想實驗」。

這是場大富翁遊戲。大富翁的遊戲。

你今天只有五十萬元存款，一個月有五萬元月薪。你想的是這五萬該怎麼花用，這五十萬要怎麼投資，讓財富能增長。就像前面的那種基本人生，沒什麼特別，也不會有人想把相關資料蒐集做成文件。這也就離巴拿馬文件非常遠。

那要怎麼接近一點呢？

第二天早上，你買了張彩券。到了晚上，你發現自己中了樂透頭彩，得到兩億。銀行會立刻派理專來協助你理財，你就聽他的話，拿一部分錢買保險，一部分配置在各種低、中、高風險基金，現金部分拿去炒股，再留一筆錢來買房買車，剩下的就出國玩，買點奢侈品。但這離巴拿馬文件還是有一段距離。

那要怎麼才能再靠近一點呢？

接下來的一個月，你每期樂透都買，而且每期都中了頭獎。你的現金暴增到十億。你雖然還是照銀行理專的建議來投資，買了一堆產品，但每當夜深人靜，你坐下來計算預估的損益，發現有種壓力越來越大了。

政府的稅金和各種費用開始吃掉你的有限獲利。而台灣政府的財政惡化與各種退休保險崩潰，代表政府很可能在將來加稅，而且就是加在你身上。

那該怎麼辦呢？當然是問看看和你一樣的人怎麼處理。但台灣很少連續中樂透的人，你只能靠另外一些樂透得主：自然樂透的贏家們。

他們一出生，就中了十億等級的超級威力彩，因為他們生在有錢人的家庭。那要怎麼認識他們呢？

不用擔心。因為你變有錢了，你開始有機會受邀參加有錢人的聚會，也就能遇見這些自然樂透得主們。和他們慢慢混熟之後，你提到自己的甜蜜小困擾。有人這樣建議你：「如果擔心稅務方面的問題，你可以考慮成立境外公司。」

他建議把錢移到被稱為避稅地的那些小國或屬地，你只需要支付手續費與經營管理費用，就可以避免被國家徵收大筆稅捐。當財富超過一定程度，相關費用就會低於可能稅負。而你，當然已經超過這個標準了。

你很有興趣地追問：「那我應該移出多少錢呢？」

「除了在國內花用所需，其他都移走吧！」他誠心建議你，「你應該把錢快點移走。留在國內，稅負只會越來越重，補充保費也會越收越多。各國追稅的腳步只會變快，趁現在還能逃走的時候，快逃！」

你還是沒那麼有信心，於是跑去另外一桌，偷聽其他有錢人的意見。這些有錢人都有自己的境外公司，對此非常專業，但他們用太多英文名詞，你聽不懂，只能笨笨地插嘴問：

「那這些錢在國外滾出一筆利息後，要怎麼弄回台灣呀？」

一位凱子翻了白眼，說：「幹嘛弄回台灣？」

「用呀！」

「台灣留點本，夠用就好了。你一個人是能花多少錢？而且台灣局勢這麼不穩定，你錢放在國外，跑了之後隨時能用。放在台灣，出事的時候，你是要怎麼帶著跑？」

你恍然大悟，決定開始找一家像樣的代辦公司來。透過這些有錢人的介紹，一位銀行家說他「和巴拿馬總統有點交情」，於是……

幾年之後，你的名字就出現在流出的巴拿馬文件上了。

真實之惡

但你幾乎不可能中樂透頭獎。就算中了一次，也不可能連續中。所以，你離那個世界太遠了。這也注定你和有錢人想的不一樣。

這些有錢人的財富多到一輩子用不完，但他們還要更多，以備不時之需。可是他們資金龐大，若用一般的國內管道投資，很可能被稅務單位盯上。

他們會想方設法避稅，最好的方式就是把錢移出國內，移到那些號稱避稅地的國家或屬地去，在那開公司，把錢藏過去。這些國家和台灣政府通常不會交換稅務資料，他們得以避開台灣的稅負，當然，他們也要為此付出一筆經營管理費用，這就是當地公司與政府的獲益來源。

巴拿馬文件的原產地，就是提供相關服務的公司。因此巴拿馬文件就是有錢人資金逃亡的記錄。這些錢不見得都是黑錢，許多都是世代經商累積的資本，而成立境外公司避稅，更不代表是在洗錢，若要說這樣的操作是否有道德責任，就要看各國相關的稅務法律規定了。

另一個值得深思的角度，是某些巨富之所以榜上有名，起因是想把自己的資金裝成假外資，繞一圈回到國內。這些繞一圈的資金活動有沒有法律與道德問題，則需要另一層面的檢視。

此外，這名單中還有一批政治人物。要開設境外公司節稅通常要到一定規模，所繳交的相關經營管理費用才會低於可能稅負的成本。政治人物薪水沒那麼多，卻開了境外公司，那應該不是用來節稅，而是要處理一些「很有趣」的資金。這就值得進一步的追查。

因為資料量相當巨大，對於巴拿馬文件的探究，其實才剛開始。要注意的，不只是那些陌生英文名字真正的中譯為何，而是每一個姓名所連結出來的人際網，那才是真正應該深究的關鍵。

不過，這需要龐大的人力。你雖然是個無產階級，一輩子不需成立境外公司，但幫忙一起探究這些人際網路的細微之處，是你也可能有所貢獻的地方。

記者們已經用鑰匙打開了「副本」的大門，你不妨就趁這個機會，好好看看這個有錢人的世界，到底和你想的有多不一樣。

（本文作者為輔大哲學兼任助理教授、熱門部落格人渣文本作者）

〈專文推薦〉

是「爾愛其羊，我愛其禮」嗎？

熊秉元

半個世紀以來，互聯網（internet）對人類生活帶來前所未有的衝擊；而且，可以說是方興未艾，影響還在加深擴大。最明顯的影響之一，是「地球村」已不再是想像，而逐漸成為事實。透過網絡，彈指之間，地球村裡的消息立刻擴散漫延。

「巴拿馬文件」（The Panama Papers），是不折不扣的例子。情節如偵探小說，內容令人瞠目結舌；大石塊丟進池塘，引起的波折已經是陣陣漣漪。當塵埃落定，這個事件的意義如何，當然很值得推敲琢磨：對舉世各地的人們，意義如何？對華人社會（特別是台灣），意義又是如何？

不妨，讓我由稍遠的地方，慢慢談起！因緣際會，過去十多年我曾在兩岸四地任教。最近，待在大陸的時間稍長，近距離的觀察和閱讀，加上腦海裡的比較和揣測，對於華人文化添增了許多體會。具體的兩點，可以由小見大、借箸引申。

首先，中華大地是一個完整的地理區塊，只要舟車器械進展到一定程度，很容易形成唯我獨尊的皇權。周邊的高麗日本寮國越南等，規模太小，不成為威脅。要統治一個龐大的帝國，最好訴諸於靈活有彈性、而又符合一般人生活經驗的典章制度。因此，排斥墨道釋法，而獨尊儒家；官僚是由儒家知識所支撐，當然排斥其他的知識。歷代的知識以經史子集分類，而不是「社會科學」和「自然科學」來分類，反映了歷來的知識結構和隱藏在內的世界觀。清末八國聯軍攻入北京時，慈禧太后相信刀槍不入的義和團足以禦敵，這不只是清朝的悲哀，也是華人文化的悲哀。其次，一九四九年前後，國共內戰使兩百萬居民渡海抵台；原先的六百萬人口，加入湧入的三十餘省軍民，使台灣的文化立刻豐富多樣。加上之前半個世紀的日本殖民，再往前的清代海外邊陲屯墾；前後對照，台灣在一個世紀內所經歷的，是極其特別的軌跡。

在這個「大歷史」的帷幕裡，過去四分之一世紀裡台灣的歷程，更是值得刻劃。一九八七年解除黨禁，邁開民主化的腳步。二〇〇〇年，第一次政黨輪替，政權和平轉移。在華人文化歷史上，可以大書特書。二〇〇八年，第二次政黨輪替；二〇一六年，第三次政權和平轉移。一人一票、票票等值，人民當家作主不再只是口號，而是現實。和幾千年的帝制封建傳統相比，台灣已經在文化的洗滌過濾上，向前邁進了大大的一步。

然而，投票選舉、政權易手，畢竟只是民主的形式而已。更重要的，是「牛肉在哪裡」？民主的精義，是老百姓透過眾議僉同的程序，處理公眾事務。一人一票、定期改選，不過是整個民主制度的一個環節而已。法治和民主密不可分，尊重異己、合而不同的思維習慣，都是民主制度重要的成分。政治評論家南方朔嘗言：「民主政治，是由有民主素養的人來支撐民主的重量，而民主的重量是很沉重的！」大哉斯言！

回到「巴拿馬文件」上，這本書的內容扣人心弦，也可以引發諸多聯想。最明確簡單的，是德國《南德日報》的公信力，已經得到千萬讀者的信任；其中的讀者之一，願意匿名提供浩海般的資料，是最好的註腳。其次，國際報業之間，也已經形成可靠的聯盟，能有效的合作。雖然涉及的人數、資料、時間等，都非常可觀，但是終能共襄盛舉，眾志成城，確實不容易。比較微妙的，是進一步的啟示；對世界各地的讀者，對於華人社會（特別是新興民主如台灣）而言，又有哪些啟示？

最明顯的，書中可見，涉及各國的高官巨富，遍布各國。但是，法治程度愈高的社會，涉及的人愈少。因為，法治愈上軌道，各種資訊愈透明，政商人物愈不願意以身試法，藉著灰色管道逃稅避稅。而且，一般而言，法治愈健全，人們愈正直守法；財富是由正當活動取得，沒有必要躲藏隱蔽！

比較微妙的，是社會上有各種活動，性質差別很大。絕大多數的活動，像是百貨超市、公司行號、公私機關，都是攤在陽光下。然而，在燦爛陽光之下，總是有些陰影和角落；在陰影裡的活動，不見諸正式的報表或統計數字，但是涉及另一套人際網絡，以微妙、可觀而重要的邏輯交流。這些活動，未必非法，但總有灰色的成分，最好不宜（或不能）出現在陽光下。譬如，兩岸之間有「密使」，幾乎已經是公開的祕密。有密使穿梭轉圜，當然有助於緩和劍拔弩張；至於有多少不同層級的密使，卻不容易有明顯的答案，恐怕也不值得深究。這種資訊，知道真相又如何？留在陰影和暗處，可能對大家都好！

然而，灰色區域的活動無所不在，自古已然；一旦曝光，就可以分出法治程度的高下。美國的水門事件，讓地球上最有權勢的人黯然下台。放眼寰宇，有幾個國家的法治程度，能經得起考驗，敢把皇帝拉下馬？「巴拿馬文件」裡，普丁大帝的身影，不是若隱若現，而幾乎是如假包換。然而，普丁依然大權在握，威望權勢可能比北韓金三世猶有過之！

對台灣的讀者而言，最重要的啟示，也許不是爾愛其羊式的按圖索驥，看看香港澳門大陸台灣這四個華人社會裡，各有多少位重要人物出現在這齣世紀鉅獻裡，又在哪些地方藏了多少民脂民膏（？）。透過這本書，讀者對社會、灰色區域的活動，有了生動而清晰的認識。而且，能進一步體會到，台灣是一個民主新興社會；在發展民主和雕塑法治這兩方面，還正在起步的階段。漫漫長路上，必然有各種起伏顛躓的考驗，值得耐心、步步為營地穩健向前。

至於《巴拿馬文件》這本書，由當事人現身說法，完整地呈現文件曝光的來龍去脈。書裡的詳實內容，為歷史作見證；而書的作者，也將在新聞史上留下可貴的一章！地球村的時代，悄然來臨，而「巴拿馬文件」將是不會輕易被湮沒的一頁！

（本文作者為中國科技大學講座教授）

目錄

CONTENTS

序曲

巴斯提昂・歐伯邁爾（Bastian Obermayer）

「叮咚！」

來到我父母親家已經三天，我、我太太和孩子們，而大家也都病了兩天。除了我以外。晚上十點，安撫最後一個病人喝了最後一杯茶，我坐在餐桌前，打開我的筆記型電腦，把智慧型手機擺在一旁。

接著就彈出一聲「叮咚！」一則新訊息。

〈無名氏〉（John Doe）你好。我是「John Doe」。有興趣看一份資料嗎？我可以給你。[1]

「無名氏」這個語詞差不多是德文裡「Max Mustermann」（同為虛構的人名）的意思，在英國沿用了幾百年，在加拿大和美國也會用。在訴訟程序上，如果當事人不可以揭露其真實身分，就會稱之為「無名氏」。或者用以指稱在某處發現的不知名的死者。不過此外也有樂團、電視影集和產品，也都叫作「John Doe」。

因此「無名氏」是個隱匿身分的化名，是個「某甲」。

每個調查記者聽到這樣的消息提供，應該都會馬上醒過來。祕密資料通常是好東西。我們《南德日報》（*Süddeutsche Zeitung*）過去三年來報導了一大堆故事，都是有人提供資料的，或者說是解密的資料：有一次是關於加勒比海的逃稅案（境外解密事件〔Offshore-Leaks〕），有一次是瑞士祕密帳戶（瑞士解密事件），又有一次是盧森堡的避稅規劃（盧森堡解密事件）。其系統則大同小異：從某處流出大量祕密資料，然後落入記者手中。祕密資料的數量越大，裡頭藏有驚爆故事的機率就越高。

此外，我們往往會花好幾個星期或幾個月的時間追蹤特定消息來源。因此，只要有個具潛力的消息來源找上門，就必須盡快回覆。至少得回個信吧。最令人扼腕的，莫過於原本是我們最早得到消息的，到頭來卻變成《明鏡周刊》（*Der Spiegel*）或《時代周報》（*Die Zeit*）的報導。

〔歐伯邁爾〕敬覆者。我當然很有興趣。

1 為了保護消息來源，在下文縮排粗黑字體的對話段落中可能危及消息提供者的部分，在不扭曲其意義的情況下，會稍作刪改。

有價值的消息來源很少一眼就看得出來。而是不是無甚價值的消息來源，或至少是不是頭腦不清或精神錯亂的人，從這類電子郵件裡倒是很容易辨認。當然，瘋子也會有好故事，不過那是例外情況。

資料有個優點：它們不會自我吹噓，也不會絮絮叨叨個不停。它們沒有什麼任務要執行，也沒有操弄的意圖。它們就躺在那裡，而且可以讓人檢驗。每一筆完好的資料，都可以和現實情況加以比對，而身為記者，在下筆之前更應該加以查證。此外，我們也要考慮到要報導資料的哪一部分。

這就是它和「維基解密」（Wikileaks）的差別所在。解密平台的主事者往往只是上傳幾則資料，而沒有從新聞的角度過濾它們。這就是他們背後的想法。不過還是瑕不掩瑜。

〔歐伯邁爾〕我們如何取得資料？

〔無名氏〕這個我樂於協助，不過有幾個條件。首先您必須諒解，資料裡有若干訊息很危險而敏感。如果我的身分曝光，我會有生命危險。所以我思考了好幾個星期該怎麼進行的事。我們的通訊要加密。我們不會碰面。您最後要不要披露，那就看您的決定了。

這些條件我都可以接受。當然我們最好是可以認識消息來源，才能將他們歸類，了解他們的動機。但是對於消息提供人而言，還是不要露臉的好。而且在德國對於揭密者的保護做得不是很好，任何一個人知道揭密者的身分，都會是個潛在的危險。尤其這個人還是個記者。

但是消息來源要言不煩，這點我倒也做得到。顯然有人有個東西想要脫手。我這邊一點問題也沒有：

〔歐伯邁爾〕沒問題。我們怎麼交件？

我傳給他此後加密通訊方式的聯絡資料。

在接下來的留言裡，我們協議交付方式，不久後又第一次測試加密的管道。

有個很好的徵兆：消息來源沒提到錢的問題。一兩個月前有人找上我，聲稱他擁有一個德國政黨海外祕密帳戶的紀錄。據說裡頭的存款餘額高達兩千六百萬美元。整件事往返了一個星期，傳來幾張銀行紀錄的模糊照片，講了幾通荒謬可笑的電話，然後這個人突然在電話中要錢。不過，《南德日報》基本上是不會付錢給消息提供人。從來都沒有。不只是因為我們沒錢，更是關乎原則的問題。如此一來，人們也會打消用偽造的文件引誘我們上鉤的念頭。而我們也只能忍痛在別家報紙讀到被我們捨棄的報導題材。不過，政黨祕密帳戶的報導卻沒有見諸《明鏡周刊》或《明星周刊》（*Der Stern*）——我們的同業接到爆料時，大概也認為那是偽造的吧。

「叮咚！」

試讀版來了：一堆資料，都是PDF檔案。我在電腦上打開資料，逐一審閱。那些資料是公司的成立文件，合約和資料庫摘要。我花了一點工夫才明白事件的背景，但是我上網搜尋一下之後，我就了解怎麼回事了。故事場景是在阿根廷。檢察官坎巴紐利（José Maria Campagnoli）懷疑有可疑的商人幫助基什內爾家族——也就是當時在位的總統基什內爾（Cristina Fernandez de Kirchner）和她亡故的丈夫聶斯托（Néstor）——侵吞的大約六千五百萬美元的工程公款洗錢到國外。他們透過由一百二十三家信箱公司組成的錯綜複雜的網絡洗錢，而這些公司都是由巴拿馬一家名為「莫薩克馮賽卡」（Mossack Fonseca）的律師事務所虛設的，主要都設在美國避稅天堂內華達州。這些控訴當然沒有完全得到證實，而基什內爾則否認一切指控。

使這件事成為時下熱門話題的，則是一件在美國纏訟當中的官司。投資基金公司「NML」在其創辦人保羅．辛格（Paul Singer）的操作下，買下數百萬張阿根廷政府債券，然後該國就破產了。大多數債券持有人都同意阿根廷政府的債務重組方案。但是「NML」不同意。投資基金公司在全世界提起訴訟，對阿根廷政府財產聲請假扣押。他們甚至在非洲港口聲請扣留一艘阿根廷軍艦。軍艦價值不菲，很容易就可以變賣。

在美國內華達州的訴訟，則是意圖揭露這個由信箱公司構成的網絡。「NML」試圖從莫薩克馮賽卡法律事務所那裡取得與一百二十三家信箱公司有關的所有文件。其中一部分就在我眼前的電腦螢幕上面，它們正是「NML」多年來遍尋不著的證明文件。現在則水落石出：那是關係到高達數百萬美元的付款記錄。

根據書面證據，有六百萬美元流入漢堡德意志銀行的一個帳戶。而相關的合約乍看下就很可疑，那是關於一家博弈公司的準備金。

另外兩份文件則揭露了兩家公司的真正擁有者，「NML」聲請取得的公司文件中，就包括這兩家公司。這些文件會一舉使得訴訟過程往前跨一大步。

耐人尋味的是：所有文件似乎都是出自同一家律師事務所。我知道莫薩克馮賽卡律師事務所，但是它就像難以翻越的牆一樣諱莫如深。宛如黑洞。我們的調查每次指向法律事務所都會戛然而止。莫薩克馮賽卡是匿名信箱公司最大的賣家之一，而且不是以慎選客戶著稱。情況正好相反。

講得明白一點：世界上若干大壞蛋，會把他們的錢藏在莫薩克馮賽卡的匿名境外公司。在境外解密事件和瑞士解密事件的調查中，我們就發現了被判刑的大毒梟和所謂血鑽石的商人，他們都以莫薩克馮賽卡作為掩護。只要上網搜尋莫薩克馮賽卡的客戶，就會看到諸如格達費（Gaddafi）、阿薩德（Assad）和穆加貝（Mugabe）之類窮凶極惡的獨裁者和凶手的同黨，他們據說都是跟巴拿馬的律師事務所合作。

請注意：只是「據說」而已。因為莫薩克馮賽卡嚴詞否認這個合作關係，而客戶名單是不公開的。當然，那是在此之前。

〔歐伯邁爾〕資料看起來很精采。我可以多看一點嗎？

但是「無名氏」再也沒有回覆。他改變主意了嗎？或者只是在考慮當中？

我又發了一則訊息：

〔歐伯邁爾〕那些只是涉及阿根廷的案件而已嗎？

二十分鐘後，還是沒有回覆，於是我闔上筆記型電腦，抓起智慧型手機，上床睡覺。

第二天早上，病人床頭的燈還沒有亮，回覆的訊息就在那裡了。而且尤有甚者：

〔無名氏〕我再寄一點試讀版。和俄羅斯有關的一點東西。有一部分的PDF檔案對德國人而言特別有意思。請搜尋「漢斯・姚阿幸」（Hans-Joachim）……它的源頭還有更多東西。

我很想馬上檢視文件。可是，雖然我也很不情願，我必須先到藥局，然後買東西，麵包乾、水果和茶葉。除了我之外，誰都沒辦法出門。傳染病的好處是：家裡沒有人要我陪他們到森林裡、踢足球或散步。到了傍晚，家裡的病人都上床睡覺，我又可以回到筆記型電腦上。新文件似乎也都是出自巴拿馬的莫薩克馮賽卡律師事務所。這家事務所顯然問題很大。一個揭密事件。

我先是瀏覽了一份長達數百頁的文件，不知道是誰給它下了個標題叫作「紀錄」。上頭有一百多頁的匯款紀錄。其中有一筆特別醒目：受款人是一個叫作「漢斯・姚阿幸・K」的男性，匯款銀行是巴哈馬的法國興業銀行（Société Générale），日期是二〇一三年十一月十九日，匯入金額將近五億美元，以黃金支付。

五億美元。這可是一大筆錢。

我從來沒聽過「漢斯・姚阿幸・K」這個人，但是谷哥搜尋出現一個此地鮮為人知的前任西門子（Siemens）經理人，他是哥倫比亞和墨西哥分公司的總裁。這可能是一條線索。多年來，西門子在南美洲一直有若干行賄基金，用以疏通關節。我往下一拉，找到幾十則報導，都是跨國性的。[2]

不過我有一事大惑不解：這個不可思議的款項在二〇一三年秋天匯入西門子員工的帳戶。可是集團在南美洲的行賄基金早在二〇〇七到二〇〇八年就曝光，而且進入訴訟程序，有些官司還在進行中。我至少可以這麼說，這其中必有蹊蹺。

但是五億美金不可能一下子就籌得到的。這些錢打從哪裡來？是會計錯誤嗎？

我還沒來得及深入研究細節，就聽到孩子在叫我。他們還要吃椒鹽脆餅和麵包乾。我只得舉雙手投降，闔上筆電。五億美元不會憑空消失的。

一整個下午就在為孩子唸書、泡茶和灌暖水袋中度過。

直到傍晚，我才有空鑽研這些新資料。乍看來，那是和信箱公司有關，看起來大都指向

2 關於漢斯・姚阿幸・K的反應，參見第13章。

同一個祕密業主：一個叫作什麼「謝爾蓋·羅爾杜金」（Sergej Roldugin）的人。文件中有許多部分是涉及金額以百萬計的合約，有的是八百萬美元，有的是三千萬、兩億或八億五千萬，都是股票交易或借款。但是「羅爾杜金」這個名字對我而言同樣不知所云。

我往下搜尋，不覺背脊發涼。

謝爾蓋·羅爾杜金是「普丁的密友」，不管怎樣，《新聞周刊》是這麼形容的。而且理由很正當：羅爾杜金是俄羅斯總統的長女馬利亞的教父。

光是這點就很耐人尋味：教父的境外事業。但是我接著讀到讓我大惑不解的事：根據文件記載，謝蓋爾·羅爾杜金操作數百萬美元的金額，但是他既不是投資人也不是寡頭巨富。他是個藝術家。一個著名的大提琴家，聖彼得堡音樂學院前任院長。我發現《紐約時報》二○一四年九月的一則訪談，羅爾杜金聲明說他既不是生意人，也不是百萬富翁。

如果文件是真的，我在當下也深信不疑，那麼他就是在說謊，或者那不是他的錢。那麼是誰的？羅爾杜金只是個擋箭牌嗎？那麼是為了誰？

為了普丁嗎？

如果普丁的錢藏在這些公司，而且只是一部分，那麼這會是一則全球頭條新聞。

不管把文件寄給我的是誰，應該都會發現羅爾杜金是誰，也會惶惶不安。我很可能是對的。

〔歐伯邁爾〕請問你是誰？

〔無名氏〕 我是個無名小卒。只是個憂國憂民的公民而已。

這個影射很明顯：英語裡的「公民」叫作「citizen」。揭密者史諾登（Edward Snowden）對記者兼導演蘿拉・柏翠絲（Laura Poitras）自稱是「第四公民」（citizen four）。史諾登逃離香港後就一直待在莫斯科。

〔歐伯邁爾〕你為什麼要這麼做？

〔無名氏〕 我希望有人報導這些資料，將這些罪犯公諸於世。這些報導的重要性可能和史諾登的揭密不相上下。光是在德國披露還不夠。還需要英語世界諸如《紐約時報》這樣重量級的夥伴才行。

《南德日報》和《紐約時報》自然不可同日而語。但是我們畢竟和英語世界若干大媒體合作過，像是《衛報》、《華盛頓郵報》或是英國國家廣播公司，一起報導「境外解密」和「盧森堡解密」之類的事件。我對「無名氏」解釋這點，他顯然很滿意：

〔無名氏〕 很好。那麼我們是不是該討論一下，我最好該怎麼傳送這麼大的資料。你有什麼想法嗎？

真的嗎？我也不知道。我從來沒有遇過這種事，一個匿名的消息來源想要傳給我從十億位元組（gigabyte, GB）起跳的資料？

這時候我聽到我兒子在二樓哭鬧。

〔歐伯邁爾〕我得考慮一下。我們在談的資料有多少，檔案有多大？

〔無名氏〕　比你看過的任何資料都大。

到頭來，那將不只比我看過的所有資料都大。它甚至大過任何記者看過的揭密事件。那也將是歷來最大的跨國揭密計畫的肇始。最終會有將近四百名來自八十國的記者一起從這些資料抽絲剝繭調查出許多故事。這些故事講述數十位國家元首和獨裁者的祕密境外公司，訴說他們如何藉由軍火、毒品、血鑽石以及其他不法交易賺取數十億美元，也告訴讀者們豪門巨富如何避稅。

這一切故事就從莫薩克馮賽卡律師事務所開始，就在這第一個夜晚。

1 故事開頭

俄羅斯總統的密友。和阿根廷總統及其過世的丈夫過從甚密的商人。收到五億美元匯款的神祕德國人？調查的開頭還可能更加困難。

在第一次接上線幾天後，在和記者部門主管漢斯・萊恩戴克（Hans Leyendecker）會談之後，情況明朗，這項工作要由進行過多次類似調查的團隊來擔任，就是我們這對報社裡人稱「歐伯邁／麥爾兄弟」的二人組。自從總編輯庫特・基斯特（Kurt Kister）在一場會議中開始這樣叫，我們就得到這個綽號。

我們試圖讓知道這個計畫的人越少越好。誰曉得這些資料到底是不是真的？或者它們是否有辦法查證？從裡頭是否能夠挖掘出什麼報導題材來？

我們的計畫是將文件爬梳整齊，再考慮何時及如何公開結果。於是我們熟讀普丁的各種生意往來，終於在資料中發現他密友的名字剛好和三家境外公司有關連。我們也取得對沖基金公司「NML」和阿根廷政府對簿公堂的訴訟程序資料，並且調查神祕的前西門子員工以及用黃金支付的五億美元流向。不過，新的公司、可能有報導價值的故事層出不窮，使得我們一直偏離主題。因為從第一次接觸的那夜開始，各種資料紛至沓來，我們不斷發現有許多名字值得追蹤調查。南美洲的若干部長、德國的高官顯要、美國銀行家。不久後，我們就收到50GB的資料，分成兩支隨身硬碟儲存：裡頭有數千個數位資料夾，每個資料夾都有個名稱，分別代表特定的境外公司。裡頭顯然都是莫薩克馮賽卡律師事務所為各個公司建立的文件。證明文件、護照影本、股東和負責人的名單、帳單和往來信件。那真是個實用而一目瞭然的系統——對我們而言也是如此。

數千家信箱公司，數千個顯然有充足的理由必須隱匿其事業的人。數千個有報導價值的故事。境外公司的「獨特賣點」（unique selling point），也就是他們所謂的核心競爭力，正是在於：他們創造了匿名身分。一個沒有意義的名字是個防護罩，沒有人知道裡頭到底藏了什麼東西。

利用境外公司的理由當然不一而足，擁有這樣的公司本身當然也不犯法。重點在於人們拿它來做什麼。可是事情是這樣的：人們在一個匿名的境外公司裡大抵上都是要藏匿什麼東西，為的是要逃避稅捐機關、前妻、以前的合夥人，或是打破沙鍋問到底的公共輿論。這些東西可能是不動產、銀行戶頭、名畫、投資、股票以及各式各樣的有價證券。

經驗顯示，會利用信箱公司匿名身分的人，往往也從事匿名的事業。也就是軍火走私販子、人口販子、毒品走私販子和其他犯罪者。此外也包括不願意透露真實身分和意圖的投資人；意圖將其財產藏到國外的政府高官——因為他們的搜括聚斂可能不怎麼清白；以及意圖轉交賄賂款項的公司。這個名單可以說族繁不及備載。

而我們眼前的資料可能將數百件這樣的事件攤在陽光下，這些還沒有任何記者得以一窺究竟的數位資料夾。我們可以花好幾個星期的時間浸淫其中。不只是因為我們總是在找尋下一個驚爆的報導題材，更因為每個細節都相當耐人尋味，對於每個出現在眼前的公司，每一則讀到的電郵交談，我們都很想深入探究莫薩克馮賽卡律師事務所到底是怎麼操作的。窺探這些諱莫如深的公司、這整個瞞天過海的齒輪裝置，從成立公司到開設戶頭，到公司解散，都讓人興味盎然。那幾乎就像犯了癮似的，如果不是我們都有家庭，我們很可能會每個晚上都坐在筆記型電腦前，不停地敲打鍵盤。

然而以差不多一般的工作時間，我們還是花幾個星期才搞懂他們基本的商業模式。它的運作幾乎都是這樣的：先是透過一個中間人和莫薩克馮賽卡接觸，可能是銀行、律師或是資產管理公司。他們才是莫薩克馮賽卡律師事務所的真正「客戶」，他們訂貨、通信、付款。所謂的「貨物」大抵上就是成批的境外公司。律師事務所提供來自將近二十個司法管轄區的公司，其中大多是英屬維京群島或是巴拿馬，不過也有的是來自巴哈馬、百慕達、薩摩亞、烏拉圭或香港，以及來自美國內華達州、懷俄明州、德拉瓦州的避稅天堂，後來更擴及於佛羅里達州和荷蘭。最新的地方還包括阿聯成員國拉斯海瑪（Ras al-Khaimah）。出售的公司都位於來自世界各地的辦公室，或者是巴拿馬城的中心區，在一棟低矮的玻璃帷幕建築樓上，從大樓玻璃則映照著城市的象徵：革命塔。

以巴拿馬為主要據點的莫薩克馮賽卡律師事務所，不是信箱公司的唯一供應商，還有其他大型事務所也位在這裡（關於這個諱莫如深的行業，幾乎沒有任何官方統計數字），例如摩根摩根律師事務所（Morgan y Morgan），它可能是莫薩克馮賽卡最大的競爭對手。境外公司的賣家偏偏都設立於這個拉丁美洲的蕞爾小國，那並非純屬偶然，它夾在哥斯大黎加和哥倫比亞之間，是北美洲到拉丁美洲大陸的要衝。

巴拿馬一直是個高度依賴性的國家。很長一段時間是哥倫比亞的一個貧窮省分，它在一九〇三年獨立，那是因為美國銀行界和企業說服當時的美國總統羅斯福（Theodore Roosevelt）支持巴拿馬分離主義者。美國利益團體覬覦正在建造當中的巴拿馬運河，指望著從中分一杯羹。羅斯福派遣軍隊占領這個甫宣告獨立的國家，讓哥倫比亞明白他們可以放棄這個省分了。一個在美國庇蔭下的國家從此誕生，而蘊藏著極大商機的運河區，也到處飄揚著美國國旗。數千名美國軍人駐守該地以維護其主權，自從一九〇三年巴拿馬政府成立以來，美國一直控制著巴拿馬運河的主權，直到一九九九年底才歸還巴拿馬。

使得信箱公司的生意有利可圖的基礎，是在一九二七年二月二十六日生效的法律。第三十二條法規是有關財產、匯兌、尤其是公司所有人的保密規定，也提供所謂「股份公司」（Sociedades Anónimas）*免稅優惠。它其實沒有這個語詞看起來那麼神祕，因為「匿名公司」其實是指「股份公司」。不過其保密性至今卻是幾無二致，除了若干門面上的改革以外，也就是想盡辦法從洗錢或逃稅國家的黑名單或灰名單剔除。多年來，關於境外公司的條件幾乎沒有更動，而國家也的確從中獲利：例如律師事務所的營業稅、員工的薪資所得稅或是公司成立的規費。

這個生意之所以如此吸引人，不只是因為它有利可圖，更因為它相當單純。標準的信箱公司幾乎不花賣家什麼錢，而各式表單很快就可以完成。買家轉眼間就多了一家公司，他只要花個幾百美元，而且當該公司沒有利用價值時，他們可以隨時拋棄。不會有任何人知道它屬於誰。對於見不得人的勾當而言，是最理想的工具。

我們確定它對於西門子而言也很理想。我們在鑽研關於普丁文件的同時，也追查了「漢斯・姚阿幸・K」的線索，在巴哈馬的銀行戶頭裡擁有很離奇五億美元的德國人。我們先是調查資料以外的線索，因為我們還沒有合適的程式可以系統性地搜尋這50 GB的資料。我們在一份針對西門子前任董事的訴狀裡找到一個名字以「K」開頭的人。我們查到「K」先生操作行賄基金多年，為的是迅速且避免節外生枝地運作由西門子官方管道流出的金錢，如此才能付款給所謂的「顧問」。「漢斯・姚阿幸・K」也提到一家黑錢公司：據說叫作「Casa Grande」。我們從一份審訊紀錄得知它的全稱叫作：「Casa Grande Development」。該公司在巴拿馬公開的公司資料庫裡也找得到，而且是以莫薩克馮賽卡律師事務所為「註冊代理人」（Registered Agent），也就是管理者。但是在資料庫裡看不出和西門子甚或「K」先生的關連。上頭登記的公司負責人是三位女士，她們一輩子肯定從來沒有在西門子工作過，法蘭西絲・裴瑞茲（Francis Perez）、狄娃・多那達（Diva de Donada）和莉提夏・蒙托雅（Leticia Montoya）。[1]境外公司的機制就是這麼運作的：這類境外公司的供應者，為真正的業主裝設

＊「Sociedades Anónimas」西班牙文「股份公司」的意思，字面意義為「匿名公司」。

1可參見第16章與31章，尤其是關於莉提夏・蒙托雅的部分。

一層防護罩。

在本案中則是由莫薩克馮賽卡設置負責人，而根本沒有這樣的人。法蘭西絲・裴瑞茲、狄娃・多那達和莉提夏・蒙托雅就是傳統上所說的擋箭牌。她們為莫薩克馮賽卡工作，是冒牌的負責人。她們的工作只是簽署眼前的文件。當業主想要以他們的信箱公司為名義開設一個戶頭，就像西門子的「Casa Grande Development」，或者是想要以公司為名買什麼東西，一間房屋、一棟大樓、一艘遊艇，她們就負責簽名。但是她們也簽署合約、金額高達數百萬美元的借款或是其他文件。也就是說，這些冒牌的負責人，專業術語叫作「名義董事」（nominee directors，或匿名董事），對外是公司正式的代表，而真正的業主就可以藏身在這個門面之後。[2]

真正的業主（或者如果他更謹慎一點，則會是他的律師）大多會由名義董事委託他管理銀行戶頭或保險箱。而往往只有銀行、名義董事和莫薩克馮賽卡才知道這個委託關係。一個祕密的、但是就其本身而言完全合法的約定（公司的真正存在意義就在這裡）就這麼簽訂，逃避了好奇的檢察官、稅捐調查員以及詐欺調查員的眼睛。

我們在資料裡發現一份「Excel」文件，在裡頭看到「Casa Grande Development」的資料夾編號，而且真的有這個資料夾。真有這麼巧的事，在「Excel」的許多欄位裡，有莫薩克馮賽卡律師事務所二十萬筆現存的和已解散的公司紀錄，可是我們至今只有其中不到一千家的證明文件。

我們在資料夾裡找到「漢斯・姚阿幸・K」授權一個前任西門子員工的委託書。這個前任同事據稱是公司真正的業主。但是當「Casa Grande Development」讓數百萬美金的錢從黑鍋裡流出時，當他們議約和成交時，這個前同事或是「K」先生或是西門子都不在場。名義董事負責簽名，而背後真正的影武者是誰，從外界則不得而知。如果要讓西門子的南美洲部門匿名且規避法規和官方管道地推動業務，這個公司會是很理想的工具。

就算有人知道「Casa Grande Development」有哪些持股人，也不會和西門子扯上關係。因為它一開始就發行所謂「無記名股票」（bearer shares）。至於誰持有這些股票，往往不會有任何紀錄。簡言之：誰手上持有一家公司的實體股票，公司就屬於他。那無異於加入一些船過水無痕的事業。錢攤在桌上，股票轉移，交易進行。公司就會有個新的所有人。

而對於隱匿身分的需求更強烈的人，除了名義董事以外，在莫薩克馮賽卡律師事務所還可以根據其要求，隨時登記名義股東。他們是以類似信託的方式持股的個人或信箱公司。當莫薩克馮賽卡在調查過程中必須提名一個公司的股東時，他們還不算是真正的持有者。真正的持有者很可能藏在這第二層防護罩後面。

如此一來，這家公司最後就成了一個神祕莫測的結構。不管稅捐調查員或是警察，債權人或是被蒙在鼓裡的生意夥伴，甚至是妻子或孩子，都沒辦法證明說，這家名稱很夢幻的公司屬於哪一個看得見摸得著的人，對外界而言，怎麼看都是個「黑箱」。

---

2 直到本書完成編輯，針對相關詢問莫薩克馮賽卡未有回覆。

可是從內部看就不是如此。所謂的內部，在我們現在夜以繼日研讀的數位資料夾裡，有莫薩克馮賽卡員工用以彼此通信的數千個內部電子郵件信箱。這些情報都是揭密裡最有價值的部分，我們在其中反覆推敲關於真正所有人的關鍵性線索。

很可惜這對於釐清「漢斯．姚阿幸．K」的案件沒有進一步的幫助。我們仍舊不知道他怎麼會有這五億美元，或者說那是不是他的錢。我們至今只知道，他最晚是在二〇〇九年離開西門子的。

不管怎樣，這個案件還會陪我們一陣子，在新資料進來以前，我們會繼續追查西門子的幌子公司，追查「K」先生。那就像發了熱病似的，我們決意要解開這個謎。

2 普丁的神祕朋友

它牽涉的金錢多到難以想像：這還只是我們唯一馬上就搞清楚的案件，當我們辛苦鑽研那三家境外公司的資料夾，在其中出現了謝爾蓋．羅爾杜金的名字。資料夾裡有數百份文件，其中有許多文件講述多方股票交易，要花好幾個星期的時間才能明白。然而就算我們一頭霧水，也還是看得出其令人屏息的金額。借款金額不是一兩百萬美元，就是數十億盧布，高達數百萬美元的「顧問費」在信箱公司之間流動，而根據文件所述，在二十四小時之內，價值數百萬美元的大宗股票就換了兩次持有人。

我們在股票交易的合約裡看到其中涉及更大更重要的俄羅斯企業的股票。為什麼偏偏這些公司出現在這裡，那應該是不言而喻的事。可是其中也可能有些蹊蹺。幾乎所有批評普丁的俄羅斯專家都說，普丁下台時會是個身價數十億美元的大富豪。如果他真的下台的話。但是他的財產藏在哪裡？有些專家推測說他把財產分配到公司股票，其中就包括上述的企業。

然而如果普丁真的持有俄羅斯大型企業的股份，他會想要讓人知道嗎？他會以他的名義持有嗎？當然不會。因此他會需要若干值得信賴的人。

像謝爾蓋．羅爾杜金這樣的人嗎？

這兩人的私交甚篤已經是眾所周知的事了，因為大提琴家羅爾杜金不是什麼低調靦腆的人。他很喜歡和記者或作家一起談論普丁，而普丁對此當然不以為意。人們也不會勸誡羅爾杜金要謹言慎行。

兩人在一九七〇年代就相識，羅爾杜金屬於普丁在聖彼得堡時期經營的朋友圈。這個朋友圈讓普丁後來大發利市。

因此我們也不難想像為什麼羅爾杜金是羅爾杜金。因為他十九歲就是一家聖彼得堡民營銀行——俄羅斯銀行（Bank Rossiya）——的小股東。在這期間，該銀行在普丁的護航下成為全國最大最重要的銀行。普丁設法讓許多國營企業都把錢存到俄羅斯銀行，而銀行大部分的人都是普丁的親信，不只是羅爾杜金。

此外，在普丁併吞克里米亞（Crimea）之後，這些親信就被美國列入制裁名單。俄羅斯銀行也在名單上，它在成立時，就有「普丁核心圈」之稱。這家銀行的經理正好也管理若干境外公司，它們都是由莫薩克馮賽卡經手，那三家公司裡有兩家將羅爾杜金列為股東或是業主。莫薩克馮賽卡和遭到美國制裁的企業經理人作生意，也是引人側目的地方。這是個後果可能不堪設想的冒險行為：如果美國當局認定是破壞制裁（sanction-busting），他們就可能會凍結它在美國境內的分行資產，而莫薩克馮賽卡的業主和主事者再也不能入境美國，因為他們可能有遭到羈押之虞。尤有甚者，莫薩克馮賽卡自己都可能被列入美國的制裁名單。

羅爾杜金網路的確切結構顯然是這樣的：在大多數公司裡，俄羅斯銀行代表都得到一種授權，因而是一家在蘇黎世註冊的律師事務所的對話窗口。這家律師事務所則負責管理莫薩克馮賽卡所有的境外公司，隨時將終端客戶的需求轉告莫薩克馮賽卡。莫薩克馮賽卡在日內瓦的分部負責管理蘇黎世的律師事務所。如果在巴拿馬的莫薩克馮賽卡有任何問題，他們會找他們在日內瓦的分部，由日內瓦的莫薩克馮賽卡同事詢問蘇黎世的律師，然後由他們接洽俄羅斯銀行。真是一條迂迴的路，不過很實用：如果東窗事發，莫薩克馮賽卡可以辯稱他們只是和享譽國際的瑞士律師事務所作生意而已，再也不能相信瑞士人了！我們日復一日地解讀過去幾年的電子郵件，莫薩克馮賽卡顯然很清楚他們的客戶端包括了俄羅斯銀行。

對我們而言，關鍵的問題在於羅爾杜金和他的關係網路裡的其他人是否都是自為交易的。

無論如何，他在一份文件裡聲稱他至少是其中一家公司的唯一且真正的業主，一家在巴拿馬註冊的公司，名為「International Media Overseas S. A.」。在二〇一四年五月，就在美國對俄羅斯銀行宣布制裁的幾個星期後，羅爾杜金在一家俄羅斯銀行的蘇黎世分行開設一個戶頭，填寫了若干文件。

羅爾杜金在問卷中說，公司資產大約在數十億盧布上下，第一筆匯款金額高達五百萬瑞士法郎，他的長期年收入則有一百多萬瑞士法郎。這位羅爾杜金在一兩個月後對《紐約時報》說他「不是百萬富翁」，也不是生意人。

羅爾杜金也對銀行解釋那家「International Media Overseas S. A.」的金流來源：公司持有一家「Med Media Network Limited」百分之百的股份，事實上也的確如此。而《紐約時報》在該篇報導裡同樣提到「Med Media」，同樣出於羅爾杜金之口：據報紙所述，該公司持有一家名為「Video International」的俄羅斯大型傳媒企業百分之二十的股份。只不過《紐約時報》記者不清楚其中的關連性：羅爾杜金正是所有人之一。至少文件上這麼說的。

我們原本打算深入調查「Video International」的持股關係，不過還是把這個任務稍微延後。更容易搞懂的，也更加耐人尋味的，是上述羅爾杜金在瑞士的銀行開戶時填寫的問卷。其中的問題是：

公司所有人是政治敏感人士（PEP）或重要人物（VIP）嗎？

羅爾杜金回答說：不是。

台端與政治敏感人士或重要人物有任何關係嗎？

羅爾杜金還是回答說：沒有。

這兩個回答分明是睜眼說瞎話。俄羅斯總統的密友，總統長女的教父，怎麼會煞有介事地辯稱和重要人物或政治敏感人士「沒有任何關係」呢？

銀行很制式地詢問這類的關係，因為過去幾十年的經驗顯示，大部分貪腐的政客都不會用自己的名字開設祕密帳戶。他們會用值得信任的家庭成員或朋友的名字。可是銀行往往會成為貪贓枉法的國家元首的幫凶，因此有鑑於「防洗錢法」以及「認識你的客戶」（Know-Your-Customer）的政策，銀行總會想要多了解一點他們的客戶。當然最後他們還是會接受身為一個政治人物密友的客戶。不過他們必須知道他們在做什麼，因為他們往後可能必須為自己辯解。

就在我們試圖追查俄羅斯的各種門路時，湧入的資料也不斷增加。每一筆檔案大小都是以ＧＢ計。

這樣的檔案大小傳輸不易。如果資訊還要加密，那又更費事。現在我們還有個麻煩，也就是消息來源堅持絕對匿名，使得事情更加複雜。

我們花了幾個星期才找到的解決之道相當繁瑣，不過至少很安全。為了保護消息來源，我們不能寫信給他。資料自己會找到它們的路。雖然緩慢，但很固定。

我們一方面為了技術層面的事搞得焦頭爛額，另一方面卻有個問題一直困擾著我們：為什麼有人要冒險轉交如此敏感的資料，而又不求回報？

他的確不要錢。而一個匿名的人也沒有名聲可言。他有的只是危險而已。

〔南德日報〕你為什麼要冒這個風險？

〔無名氏〕我不能說明理由，否則我的身分就會曝光。總而言之，我只是覺得應該做這件事，因為我有能力為之。它太重要了。犯罪行為層出不窮，我得想辦法逮到他們。

〔南德日報〕你不害怕嗎？

〔無名氏〕當然怕。不過我會小心的。

有幾天，我們幾乎每個鐘頭都互傳簡訊，透過各種匿名而加密的聊天室。大多數是討論專業問題：我們拿到某某資料夾了嗎？我們知道某個資料格式嗎？其間我們也談一點政治，談論梅克爾（Angela Merkel）和希臘，談論查維茲（Hugo Chávez）、普丁、歐巴馬或中國。或者是談到消息來源的擔憂。然後話題又回到那些檔案。

我們在第一個星期還搞不清楚的是：這件事會沒完沒了。會超過好幾個月。

我們在第一次篩選整理時，暫時先擱置阿根廷的文件：檢察官已經查有一百二十三家公司，據說是莫薩克馮賽卡成立的。我們自己查不了這麼多家公司。目前確定是做不到，或許根本也無力為之。儘管報導題材很有意思，我們當然還是會著眼於挖掘在德國發生的大事。

我們同時也不希望這些故事一直不為人知，或者湮沒在那些國家裡，這些故事或許對他們很重要。

這也是為什麼要推動一次更大型的國際合作的理由，正如我們在境外解密事件、盧森堡解密事件或瑞士解密事件的經驗。

我們早就承諾消息來源說我們會試看看，雖然我們可能沒辦法一下子就和《紐約時報》搭上線。

我們打電話給傑拉德・賴爾（Gerard Ryle），設於華府的「國際調查記者聯盟」（International Consortium of Investigative Journalists, ICIJ）主席，希望他對我們的資料產生興趣。人們只有經由推薦或邀請，才能成為「國際調查記者聯盟」的會員。目前大約有來自世界各地兩百個成員，自二〇一三年以來，我們也屬於其中之一。更確切地說，「國際調查記者聯盟」是「公共誠信中心」（Center for Public Integrity, CPI）的一個計畫，那是美國一個為調查性報導設立的非營利組織。「公共誠信中心」的創辦人是查爾斯・路易士（Charles Lewis），美國最重要的調查記者，過去三十年來擁有數不清的成就。「公共誠信中心」和「國際調查記者聯盟」都是從捐款籌措經費。其中一個大金主是左派傾向的億萬富豪索羅斯（George Soros）。

「國際調查記者聯盟」自從於一九九七年成立以來，就一直主持跨境調查團隊，調查全世界的菸草走私、國際器官交易，或是世界銀行啟人疑竇的計畫。「國際調查記者聯盟」的宗旨是：如果記者手上的資料是國際性的，那麼他們可以拿出來分享，以深入追蹤調查。其成果就是更多更完整的報導題材，因為隨時會有專家加入行列，往往都是各國最好的調查記者。例如說，阿根廷《國家報》（*La Nación*）的同儕深入追蹤「NML」的題材，也就是控告阿根廷政府的那個對沖基金公司。我們從網路看到報紙對此已經報導多年，而我們正要從零開始。

我們和賴爾在電話上相談甚歡。十五分鐘後，他決定以這些資料作為「國際調查記者聯盟」的報導題材，雖然我們在電話上沒有提到任何人名，就連莫薩克馮賽卡，我們也只能很謹慎地迂迴提到。

此外有一點要說明的是，賴爾對於信箱公司總是情有獨鍾；當他在二〇一一年就任「國際調查記者聯盟」主席時，他的公事包裡就有個硬碟，裡頭儲存著比任何記者手裡都龐大的解密資料。他得到的資料有260GB，而且是從兩家公司的深喉嚨流出的，也就是「保得利信譽通有限公司」（Portcullis TrustNet）和「聯邦信託有限公司」（Commonwealth Trust Limited）。這兩家公司的核心業務和莫薩克馮賽卡一模一樣，也是出售信箱公司。賴爾根據這些資料製作了一則全球性的獨家報導：二〇一三年四月，來自五十個國家將近一百位記者，以「境外解密」為標題，揭露了這個世界的權貴、富豪和惡徒如何利用境外公司抹去他們的犯罪痕跡，隱匿他們真正的財產。在德國，則是由我們代表《南德日報》，和北德廣播電台（Der Norddeutsche Rundfunk）的同僚一起參與該計畫。現在我們手上資料的基本模式和境外解密的情況大同小異。只不過當我們打電話給賴爾時，資料的檔案大小還不到50GB。雖然如此，我們還是感覺到，其中個別公司的資料更加完整。尤其是：它們都是最新的時事。我們在二〇一三年的「境外解密」時根據資料公布了二〇一二年前後的最新情報。可是現在我們不斷發現最新的電子郵件。我們想到一件事，而感到毛骨悚然，也就是說，我們的消息來源在此之前一直有辦法取得莫薩克馮賽卡的內部資料，或許，甚至很可能，他仍然有此管道。

在通話結束前，賴爾承諾說下個星期就會來慕尼黑一趟親眼看看這些資料。

順便一提，我們晚上在搜尋時，注意到我們至今一直忽略的一件事：有太多中間人，也就是銀行或資產顧問公司，都在自己的文件上註記為內部使用。莫薩克馮賽卡對其夥伴的保密措施，縮寫的客戶名稱或是代號，就已經暗示著這其中可能有非法交易的往來。[1]可是我們親眼讀到又是另一回事。裡頭提到的是「大量擁有未申報戶頭的客戶」的中間人，以及一家「有個部門專門處理黑錢」的律師事務所，也提到莫薩克馮賽卡為歐洲利息稅「提供各種解決之道」。

當我們讀到這樣的東西，就知道我們的方向是對的。如果我們能夠證明莫薩克馮賽卡的業務基本上是幫助逃稅的話，那麼這家律師事務所麻煩就大了。

在這點上，我們有個問題：莫薩克馮賽卡是否曾經因為類似的犯行而被起訴嗎？我們找不到任何對莫薩克馮賽卡提起訴訟的文件。它看起來至今一直逍遙法外。

差不多在這個時候，我們察覺到一個情況，而將注意力從所有其他情況中抽離。也就是有個人，他是所有這些祕密生意的影武者，而且應該賺了數百萬又數百萬美金。這個人，他創設了莫薩克馮賽卡律師事務所，幾十年來，顯然一直和所有可能的犯罪者有生意往來。

那個人叫作尤根・莫薩克（Jürgen Mossack）。他是德國人。

1 直到本書完成編輯，針對相關詢問莫薩克馮賽卡未有回覆。

3 過去的陰影

相反的，尤根．莫薩克並不隱藏其出身。在谷哥上輸入他的名字，很快就能進入一個網頁，上面介紹數千個律師及其專長領域。那裡有尤根．莫薩克的簡介：「生於德國巴伐利亞邦費爾特（Fürth）」。

可是尤根．莫薩克在德國卻是一張白紙，德國報紙沒有任何一則新聞提到他，雖然他在最難搞的行業裡開設一家啟人疑竇的公司。一個德國人。

於是，這個故事對我們而言又高了一個層級。或者是兩個層級？不管了。反正我們現在有個顯而易見的棘手問題：

「一個德國人助紂為虐，幫助若干當前最殘暴的罪犯和獨裁者隱匿其犯罪痕跡。」

〔無名氏〕　在德國有人認識尤根．莫薩克嗎？

〔南德日報〕　沒有，沒有人認識他。

〔無名氏〕　我想情況很快就會改觀了。

我們想要從我們的解密中心多挖掘一點關於這個人的事，於是開始調查他，先是在網路上，接著是國際新聞資料庫。結果幾乎一無所獲。

尤根．莫薩克，現年六十多歲，雖然有些地方提到他，但是既沒有人物描述，也沒有發生什麼大事。在網路上，只有前述的律師公會網頁上乏善可陳的個人履歷，而且也只看到一些陳腔濫調，諸如說莫薩克是巴拿馬國際扶輪社（Rotary Club）的會員，其他還包括國際海事組織（International Maritime Association）以及各式各樣從事稅法工作的同業公會。此外，我們還找到他在不同場合貼上的一兩張照片，那是和英屬維京群島總理兼財政部長的合照，那裡是最重要的避稅地，因而是莫薩克馮賽卡律師事務所的最佳拍擋。

尤根．莫薩克顯然對於大型公共場合興趣缺缺，至少在我們的檔案裡找不到任何訪談。不過他倒是發表了幾次演講，寫了專業文章，強烈反對對於境外產業大刀闊斧的改革方案。

我們決定循序漸進地追查，取得他的出生證明影本，從官方證明得知，尤根．莫薩克在德國出生：一九四八年三月二十日早上六點二十五分出生於費爾特的市立醫院。他的本名是尤根．羅夫．狄特．赫佐格（Jürgen Rolf Dieter Herzog），母親是一個售貨員，叫作路易莎．赫佐格（Luise Herzog），父親是個機械工程師，叫作艾爾哈德．彼得．莫薩克（Erhard Peter Mossack）。

艾爾哈德・莫薩克在二戰後從機械工程師轉行當起記者。一九五一年的《明鏡周刊》提到一個叫作艾爾哈德・莫薩克的體育記者，他在紐倫堡的「八點新聞」上報導戴著面具搞神祕的自由式摔角選手，叫作「維也納劊子手」。這個「維也納劊子手」的絕殺技是從後面用剪刀腳鉗住對手，艾爾哈德・莫薩克猜測他其實就是「布拉格劊子手」，原本是捷克人，據說他在納粹占領時期「將許多捷克人送上德國人的絞刑架」。不過《明鏡周刊》的作者認為是艾爾哈德・莫薩克搞錯了。

這個艾爾哈德・莫薩克也出版了幾本書，其中一本是在一九五二年出版，書名很有戰爭意味，叫作《紐倫堡的最後幾日》（*Die letzen Tage von Nürnberg*），在舊書店應該還找得到，講述戰爭後期的紐倫堡，也就是在盟軍最後攻占該城之前。但是這本書掛羊頭賣狗肉，對於納粹時期既沒有省思、報復思想，也沒有任何搽脂抹粉。相較之下，他在一九五五年出版的另一本通俗小說《丹吉爾的走私品》（*Schmuggelgut für Tanger*）則有趣得多。作者艾爾哈德・莫薩克敘述他在一九五四年和國際刑事警察局——「巴黎國際刑警組織」——合作破獲一個戰後在西歐胡作非為的汽車走私集團的故事。他在這本小書裡寫道，「莫薩克為此遠赴法國和西班牙，追蹤歹徒難以抽絲剝繭的線索」。據說艾爾哈德・莫薩克甚至自己把一輛贓車（Mercedes 300）開回德國。

《丹吉爾的走私品》的作者在書中也提到自己的生日，他出生於一九二四年四月十六日，這個日期和尤根・莫薩克出生證明上的父親資料相符。他們毫無疑問是同一個人。弔詭的是，幾十年後，他的兒子幫助比走私集團更可惡的罪犯，透過境外公司湮滅他們的犯罪痕跡。根據戶政登記，一九五八年十月，在那本通俗小說出版三年後，艾爾哈德・莫薩克搬到萊茵蘭法爾茲邦的盧策拉特（Lutzerath）。一九六一年七月，他又遷出，在戶政登記上註明移民，「可能要到美國」。尤根・莫薩克在十三歲以前顯然都住在德國。

《法蘭克福論壇報》（*Frankfurter Rundschau*）地方版在二〇一二年一月的一則報導也為我們證實這點，那是關於一個叫作「彼得・莫薩克」（Peter Mossack）的人物報導。這篇報導的動機是：這個彼得・莫薩克，達姆城獅子會（Lions Clubs Justus von Liebig Darmstadt）的資訊經理和創辦人，獲聘為巴拿馬共和國名譽領事，轄區包括黑森邦、北萊茵西法倫、萊茵蘭法爾茲、薩爾蘭和巴登符騰堡。

莫薩克和巴拿馬？沒錯。「彼得・莫薩克」不只是姓氏相同，他還是尤根・莫薩克的弟弟。他在《法蘭克福論壇報》的訪談中提到，在他六歲的時候，他們家移民到巴拿馬。這也和他父親在戶政登記上的聲明吻合。他對《法蘭克福論壇報》說，他在巴拿馬完成學業後回到德國，可是「大概每兩年」都會去看他哥哥。後者在巴拿馬有一家律師事務所，而且「人脈很廣」。

為什麼莫薩克一家人在一九六〇年代初期離開德國？在戰後到南美洲尋求發展的人，往往是要擺脫他們自己在第三帝國時期的過往。我們向德國和美國的資料庫和檔案中心提出若干詢問，等候他們的回覆。通常要幾個星期到幾個月才會有回覆。我們至今只知道，艾爾哈德·莫薩克於一九九三年回到德國，在離慕尼黑不遠的艾哈赫（Aichach）過世。

可以肯定的是，艾爾哈德·莫薩克和他的兒子尤根於一九六〇年代初期定居在巴拿馬。從我們的資料裡找到一份尤根·莫薩克的履歷表，由此得知他在孔布里斯（Las Cumbres）的師範學院（Instituto Pedagógico）畢業後，到巴拿馬城的安地瓜聖母大學（Universidad Santa María La Antigua）就讀。他在唸大學期間就在一家律師事務所工作，該事務所現在正是以境外公司業務著稱：阿羅薩梅納律師事務所（Arosemena Noriega & Conteras），莫薩克看起來從一九七〇年就在那裡擔任律師助理，在一九七三年考取律師執照後，就正式成為執業律師。後來他在倫敦工作兩年，接著在一九七七年回到巴拿馬，不到三十歲就成立他自己的律師事務所。

他就要大展鴻圖了。當時是貪汙腐敗的杜里荷將軍（Omar Torrijos）的軍政府執政。對於以成立公司為主要業務的律師事務所而言，這樣的政權應該不構成什麼問題。我們在巴拿馬的公司註冊登記裡找尋尤根·莫薩克，發現了許多文件，足以證實律師事務所成立不久就已經展開各種業務了。這樣的律師事務所也被稱為「註冊代理人」，差不多就是「委任律師」的意思，而尤根·莫薩克自己就是許多境外公司的負責人。在當時則會叫作「名義董事」。

獨裁者諾瑞加（Manuel Noriega）在一九八三年掌權以後，「尤根·莫薩克律師事務所」的業務蒸蒸日上，尤其是從企業註冊的項目上，看不出公司的成立有減少的趨勢。在諾瑞加

——後來人們赫然發現他的名字出現在許多毒販的付款清單上——的執政下，巴拿馬成為哥倫比亞的麥德林集團（Medellin Cartel）的金融中心，因為那裡是他們展開祕密交易的理想地方。

尤根・莫薩克至少是當時一個大毒梟的幫凶：來自墨西哥既凶殘又精明幹練的金特羅（Caro Quintero）。金特羅在一九八五年二月派人暗殺美國緝毒組探員薩拉札（Enrique “Kiki” Camarena Salazar），美國為此展開一場憤怒緝捕毒梟的行動。一九八五年四月，金特羅在哥斯大黎加被捕。而就在幾天前，一個經紀人剛剛在尤根・莫薩克律師事務所委託成立一家公司，讓金特羅的財產流入該公司。此後不久又成立另一家公司。該公司在哥斯大黎加擁有一座別墅，後來遭到充公，轉交哥斯大黎加國家奧林匹克委員會使用，可是該公司形式上仍舊是屬於金特羅的信箱公司，由尤根・莫薩克擔任名義董事。

哥斯大黎加國家奧林匹克委員會幾年前要求莫薩克馮賽卡讓渡該別墅，遭到尤根・莫薩克百般阻撓。莫薩克寫道，和金特羅相較之下，傳奇毒梟艾斯科巴（Pablo Escobar）只是個「嬰兒」，他肯定不希望自己屬於「金特羅在獲釋後要找的人」。[1]

金特羅在監獄裡待了三十年，真的在二〇一三年獲釋，他至今顯然一直沒有找尤根・莫薩克。而在這期間，金特羅又成為世界通緝等級最高的罪犯。

一九八六年三月一日，尤根・莫薩克和巴拿馬律師雷蒙・馮賽卡（Ramón Fonseca Mora）

1 針對相關詢問，直到本書完成編輯，莫薩克馮賽卡律師事務所與尤根・莫薩克本人均未有回覆。

將他們的律師事務所合併。我們現在所知的莫薩克馮賽卡律師事務所於焉誕生，以這兩個人為名的律師事務所自從成立以來也已經有三十年了。

要調查莫薩克的合夥人，在資訊取得上一點問題也沒有，反倒是這些資訊幾乎沒有任何加工。因為馮賽卡不只是巴拿馬政要，更是獲獎的著名作家。馮賽卡是巴拿馬總統瓦雷拉（Juan Carlos Varela）現任顧問，在內閣占有一席之地，同時也是執政的巴拿馬人黨（Panameñista）副主席之一。[2]他在政治上的重要地位相當於德國的弗爾克・布菲耶（Volker Bouffier）、尤莉亞・克羅克納（Julia Klöckner）或是烏蘇拉・萊恩（Ursula von der Leyen）*，他們都曾任基民黨副主席，只不過不是成功的作家。簡言之：馮賽卡在那個蕞爾小國裡是舉足輕重的人物。

巴拿馬報紙甚至臆測說，總統瓦雷拉想任命馮賽卡為公共安全部長，但是因為美國的壓力而打消念頭。美國政府明白表示他們不樂見一個可能幫助洗錢的人擔任部長。顯然美國人對於莫薩克馮賽卡律師事務所的生意知之甚詳。

馮賽卡顯然是那種喜歡公共場合和鎂光燈的政治人物，他有許多參加各種活動的照片，在報紙寫評論，也時常在臉書和推特上貼文，有數千個追蹤者。他也是那種不迴避爭吵的人，他在推特上一再挑釁他的政治對手，要他們像個真正的男人一樣對決，也就是用拳頭解決。

馮賽卡在政治上呼風喚雨，或許也和他富可敵國有關。他的企業年年成長。「我們創造了一個怪物，」馮賽卡在二〇〇八年的一場電視訪談裡說，當然那只是指他的企業版圖的規模，當時莫薩克馮賽卡律師事務所在全世界數十家事務所裡就有數百個合夥律師。[3]

這個怪物不同於它的主人，畢竟在報紙留下它的足跡。尤其是拉丁美洲的媒體，直接把莫薩克馮賽卡律師事務所和為數可觀的貪腐與洗錢管道劃上等號。大多數報導都會提到在序曲中所述的阿根廷檢察官的懷疑，阿根廷前總統基什內爾和她可能的生意夥伴，有可能透過由莫薩克馮賽卡設立的一百二十三家境外公司將六千多萬美金轉到國外。根據國家和報導的時間點，犯罪嫌疑不斷增加，也披露更多啟人疑竇的行徑。而獨裁者阿薩德和格達費的名字也不斷出現，大多數報導卻缺少細節的描述，律師事務所對此則一貫地嚴詞否認。

我們在《邪惡》雜誌（*Vice*）的入口網站找到關於莫薩克馮賽卡最詳盡精闢的報導。該雜誌原本是以非主流和娛樂性的報導著稱，例如和連續殺人犯的筆友關係、在巴勒斯坦吸大麻，或是在北韓的安非他命氾濫，但是他們也會刊登調查嚴謹的報導。二〇一四年初，《邪惡》雜誌刊載了一篇關於莫薩克馮賽卡的文章。那是措詞激烈而且有事實根據的長篇大論，目的是要報復巴拿馬的律師事務所，作者稱之為「邪惡股份有限公司」（Evil LLC）。

我們就以它作為我們報導的暫定名稱：「邪惡律師事務所」。

---

2 針對本書的查證，二〇一六年三月馮賽卡宣布不繼續擔任這兩項職務。

＊弗爾克·布菲耶，基民黨，德國現任黑森邦州長；尤莉亞·克羅克納，基民黨萊茵蘭法爾茲邦黨部主任；烏蘇拉·萊恩，基民黨，現任國防部長。

3 針對我們的詢問，直到本書完成編輯，馮賽卡未有回覆。

可想而知，莫薩克馮賽卡對於這樣的披露不會很開心。他們對網路上的文章有多麼反感，從二〇一二年的電郵往返就可見一斑。莫薩克馮賽卡的合夥律師委託一家叫作「默加貿易」（Mercatrade）的公司，專家稱之為「線上名譽管理」（Online Reputation Management）：律師事務所想要在谷哥搜尋引擎上漂白。只要搜尋「Mossack Fonseca」，在第一頁搜尋結果中肯定不能馬上出現負面文章。

沒幾個月，他們就中止和「默加貿易」的生意關係，也同時解約。谷哥搜尋專家很沮喪地豎起白旗，莫薩克馮賽卡在網路上的罵名顯然已經無法挽救。

或許那就像是粉刷牆壁一樣。有個地方太骯髒了，再漂亮的油漆都無濟於事。

只要瀏覽一下莫薩克馮賽卡的首頁，就會看到他們多年來一直設有自己的合規部門（compliance department）。據說該部門負責審查是否確實遵守一切國內或國際的法律和規定。

現在要談到現任冰島總理貢勞格松（Sigmundur Daví Gunnlaugsson）。二〇〇七年，他和他後來的太太出現在英屬維京群島的一家信箱公司「Wintris Inc.」的股東名單上，他太太是冰島著名的人類學家安娜・巴斯多提（Anna Sigurlaug Pálsdóttir）。二〇〇九年底，貢勞格松的政治生涯正要起飛時，透過正式的契約，將他公司的半數股份以象徵性的一美元價格賣給他太太。自此以後，在莫薩克馮賽卡的證明文件裡，安娜集所有人、董事和股東於一身，該公司的數位資料夾裡甚至有她的身分證掃描圖檔，根據英屬維京群島的公司註冊登記，該公司仍然存續。[4]

貢勞格松雖然在二〇一三年五月才擔任總理，距離二〇〇七年公司的成立已經有一段時間。但是當時他就已經是個政治人物，而這位牛津畢業生在二〇〇九年擔任冰島進步黨主席時，仍然是「Wintris Inc.」的股東。[5]

現在看來，這或許是個很勁爆的報導題材：整個歐洲都在對抗逃稅和境外公司，而冰島的現任總理卻在暗地裡擁有一家境外公司。「偏偏是冰島，」或許有人會這麼報導，因為他們國家的破產和境外公司脫不了干係，非法貸款透過境外公司轉手，其中若干涉案者也為此鋃鐺入獄。

身為報紙記者的本能反應襲上心頭。我們還沒有和賴爾及其「國際調查記者聯盟」取得協議。我們為什麼不先披露冰島總理的故事呢？

現在我們手裡擁有獨家報導的題材，誰曉得耗了一兩個月後還會不會是獨家呢？但是如果歐洲的同儕對於「國際調查記者聯盟」的共同調查有興趣的話，對我們自然是獲益匪淺。我們會發現組成一個國際調查團隊是很振奮人心的事。而如果我們搶先報導出來，那終究會一無所獲。

讓我們的報導按兵不動的關鍵理由，到頭來還是目前的調查進度。我們至今還不清楚

4 此為二〇一六年三月的情況。
5 關於貢勞格松的反應，參見第26章。

貢勞格松利用他的信箱公司做了什麼事。我們固然從資料得知他在位於倫敦的瑞士信貸銀行（Credit Suisse）開了一個戶頭，但是我們沒有它的明細資料。這篇報導或許會對貢勞格松造成壓力，我們當然可以說，一個歐洲國家領袖，透過一個盧森堡的中間人，從巴拿馬供應商那裡買了一家位於英屬維京群島的境外公司，這家公司在位於倫敦的一家瑞士銀行有個帳戶。這其中已經讓人聯想到若干耐人尋味的問題。如果我們知道背後的內幕，故事就更精采了。而且這個調查對於冰島的同儕應該也會有莫大的幫助。[6]

你們會說冰島語嗎？我們也不會。這使得我們幾乎沒辦法從冰島的媒體調查起。或許那家公司早就很有名了。

我們決定先將貢勞格松的檔案擱在一旁，打電話給「國際調查記者聯盟」主席賴爾，對他說明這個案件。我們只在電話裡談到在史諾登事件以後還能談的東西，其他就只能加密。現在我們注意到賴爾緊張起來了。一個歐洲的現任總理，他很喜歡這個題材。而他也很清楚，這個題目對我們而言急如星火，因為換作以前的他也會很著急。正如我們所指望的：賴爾加快了腳步。我們簡單討論一下彼此的行程，在三月中旬找到三天大家都有空，於是他訂了從華盛頓起飛的機票。

現在回到莫薩克馮賽卡的合規部門。冰島總理的故事顯示莫薩克馮賽卡有多麼重視他們的「盡職調查」（due diligence）。「盡職調查」的意思是：一個企業審查是否要注意特定個人的特定風險。我們在普丁的朋友羅爾杜金的事件裡提到其中一個風險：如果客戶的狀態是「政治敏感人士」，那麼要求他們提出特殊證明，會是聰明之舉。例如審查金錢的來源或是公司成立的目的。如果像羅爾杜金一樣和政治敏感人士關係密切，也應該比照辦理。

從二〇一三年五月開始，事件也涉及貢勞格松的太太：自從二〇〇九年底，安娜就完全擁有信箱公司「Wintris Inc.」，但是她顯然和一個政治敏感人士關係密切，也就是她的丈夫。

莫薩克馮賽卡的合規部門其實也注意到這點。莫薩克馮賽卡有能力調閱那些昂貴的資料庫，其中有數千個人名，他們不是政治敏感人士或重要人物，就是和政治敏感人士或重要人物關係密切。這些資料庫由它們專業的提供者管理且不斷更新，例如路透社（Reuters）。因此，在莫薩克馮賽卡的合規部門的例行審查裡，安娜·巴斯多提也會出現在他們的探照燈範圍裡。二〇一三年夏天，一個合夥律師寫信詢問盧森堡的「國際顧問公司」（Interconsult），他們負責替總理夫人管理她的公司：客戶由於她先生的「政治敏感人士」身分，需要更多的資訊以著手進一步的「盡職調查」。但是「國際顧問公司」似乎沒有提供他們所需的資訊，因為不久後他們又致信「國際顧問公司」友善地提醒回覆，接著就是不斷的友善提醒。但是一切都落空，在發第一封信的一年後，顯然什麼事也沒發生。在這些電郵中，莫薩克馮賽卡的合夥律師是否威脅說要中止業務？他們是否轉寄給他們的上司，甚至是尤根·莫薩克自己？

沒有。這些友善提醒顯然在二〇一四年十月中止，二〇一五年中才又舊事重提。的確：二〇一五年十月，冰島總理夫人在一份聲明公司資金來源的表格上簽名。她勾選了「繼承所得或信託基金」欄位，說明公司是「非實質營運之非金融機構」（passive non-financial

6參見第26章。

entity）。一個莫薩克馮賽卡的職員回覆且解釋說，「就此重要事務」他們還需要其他文件，例如護照影本、所有人住所證明，以及銀行或其他事業夥伴的推薦信。

因此，莫薩克馮賽卡耐心等候了兩年多。鐵面無私的合規部門看起來很不一樣。

莫薩克馮賽卡看起來是要以它的合規部門營造知法守法的表象，卻又不致於嚴重危及其業務。我們會越來越頻繁得到這個印象。

可是我們暫時把冰島總理的案件擺到將來和該國當地的同儕一起調查的一堆故事上。這堆故事還包括普丁的檔案以及阿根廷政府和對沖基金公司「NML」的訴訟案件。如果從我們的資料裡誕生一個國際性計畫，那麼「國際調查記者聯盟」會直接找適合的調查記者。如果「國際調查記者聯盟」不介入，那麼我們就自己著手調查。

貢勞格松不是我們在這幾天唯一調查的國家元首。我們根據不斷增加的資料，循例搜尋網路上瘋傳的故事，又看到更多的國家元首。我們很快就找到一家在網路提到的信箱公司，巴拿馬的「Nicstate Development S. A.」。它顯然是由當時的尼加拉瓜總統阿萊曼（Arnoldo “Fat Man” Alemán）掌控，「國際透明組織」（Transparency International）將他列為史上十大貪腐政治人物之一。據說阿萊曼利用「Nicstate Development」和其他虛設行號把將近一億美元的政府公款轉到他個人的口袋裡。這是調查單位「追回被竊資產計畫」（Stolen Asset Recovery Initiative, StAR）所宣稱的，它是由世界銀行和聯合國打擊毒品犯罪辦公室合作成立的計畫，其宗旨在於幫助各國追回被竊資產。換句話說：「追回被竊資產計畫」負責搜查獨裁者和專政者在他們的國家裡從人民那裡侵吞來的錢。

當然，只要各國司法機關有其他考量，「追回被竊資產計畫」很快就會遇到瓶頸。因此，二〇〇三年阿萊曼雖然因為洗錢和貪汙被判有期徒刑二十年，可是到了二〇〇九年一月，最高法院又撤銷該判決。反對黨懷疑是國內政治因素，因為阿萊曼的繼任者奧德嘉（Daniel Ortega）和前總統的政黨結盟，在撤銷判決的七天後就舉行一場重要的公投。

在前述的《邪惡》雜誌報導裡，阿萊曼被稱為在巴拿馬成立的「Nicstate Development S. A.」的受益人，「追回被竊資產計畫」甚至詳盡地說明資金流向。因此，「Nicstate Development」是整個搬運資產的中心，由阿萊曼的親信，一個叫作赫雷斯（Byron Jerez）的人操作。我們手裡的文件證明了他們的關連：赫雷斯不僅控制該公司，甚至控制「Nicstate Development」在「聯盟銀行」（Banco Aliado）開設的帳戶。戶頭裡的上億美金後來不是匯到其他公司，就是以支票支付給馬利亞·阿萊曼（Maria Fernanda Flores de Alemán），也就是他的妻子。[7]

此外，這家前尼加拉瓜總統的公司則是由「德勒斯登銀行拉美分行」（Dresdner Bank Lateinamerika）訂購和轉售的，後者是莫薩克馮賽卡最可靠的合作夥伴之一。我們第一次調查就顯示，這家德國銀行經辦成立了三百多家公司。

我們很快就會習慣，往後會不斷遇到德國的銀行。

7 直到本書完成編輯，針對相關詢問阿萊曼未有回應。

德國銀行長久以來一直和他們的境外事業撇清關係，可是現在他們被逮到了。而且比我們預期的還早。

4 德國商業銀行的謊言

二〇一五年二月二十四日清晨，警察、檢察官和稅捐調查員驅車前往法蘭克福的「德國商業銀行」（Commerzbank）大樓，它是德國第二大銀行，位於法蘭克福銀行區最引人矚目的辦公大樓，在夜裡，三座閃爍著黃色燈光的樓塔聳入雲端。

這個建築本身就是一個宣告：這裡沒有懷疑、謹慎和顧慮的空間。這裡只有權力。在這個星期二早晨，卻有若干行員不久後就必須捲鋪蓋走路，因為「組織犯罪與逃稅調查小組」的調查員出示了所有隱匿的祕密投資對象的書面證據。

幾天前，我們接到一位知情人士的電話。我們試圖深入了解背景，而我們的調查發現讓人興奮不已：該銀行一貫而有系統地幫助德國客戶逃稅，而他們其中一個幫凶就是巴拿馬的莫薩克馮賽卡律師事務所。

整個調查是以購得的銀行數據紀錄為基礎啟動的。在剛取得的「稅務光碟」（Steuer-CD）*

＊一種數據存儲媒介，將從銀行獲取的用戶數據紀錄賣給國外稅務機關，或在解密網路平台公開。

裡，我們宛如看到一場談話節目，雖然這些光碟資料早就轉到隨身碟或硬碟裡了。資料顯示，德國商業銀行盧森堡分行多年來為其德國客戶開設了許多信箱公司，以規避德國稅法和「歐盟儲蓄指令」（EU Savings Directive）：後者規定，對於未申報的客戶利息所得，只要該戶頭所有人是歐洲公民，所有盧森堡和瑞士銀行就必須預扣最多到百分之三十五的扣繳稅額。因此，德國商業銀行為他們的客戶在巴拿馬開設信箱公司，以這些公司作為形式上的帳戶所有人。而由於境外公司不是歐盟公民，「歐盟儲蓄指令」就不適用於他們：其收益也就一直免稅。

這當然就是逃稅，而如果一家銀行大張旗鼓地執行這項業務，那就是詐騙集團。因此，在那個星期二大舉搜索位於法蘭克福的銀行的特勤小組，其名稱上就有「組織犯罪」的字眼。莫薩克馮賽卡律師事務所可以說是組織犯罪的半正式部門。德國商業銀行和許多其他德國大銀行也是。

我們可以說他們是「金融黑手黨」嗎？或許正應該這麼稱呼他們。

我們在大搜查前就深入追蹤這個案件，發現揭密者賣給德國調查員的盧森堡銀行數據紀錄，有一部分和我們的資料相符：它們都是出自莫薩克馮賽卡。只不過調查員手上的資料不夠即時，而且在數量上少很多，他們顯然只挖掘出一兩百家境外公司，而我們現在所掌握的就已經有數千家。

我們後來獲悉，德國調查員據說為了這幾百家公司的資料付了一百萬歐元。

那麼一兩千家公司的資料要值多少錢？盧森堡銀行數據紀錄是由彼得·貝克霍夫（Peter

Beckhoff）取得的，他是烏波塔（Wuppertal）稅務局「租稅刑事暨租稅調查室」主任。貝克霍夫到處尋訪「稅務光碟」，說服他的上司砸錢並且扛下責任，他知道此舉在政治圈裡會遭到強大的阻力。在德國或許沒有人像貝克霍夫那樣為了租稅正義鍥而不捨，因為光是每次「稅務光碟」的消息披露，就會引起一波波的自動申報。許多公民害怕自己出現在下一波的「稅務光碟」名單上，也希望藉著補稅免責，因此會對當局透露他們隱匿的資產。國家因此多了數百萬歐元的稅收。

在諸如盧森堡的免稅地裡，貝克霍夫擔心瑞士甚至會對他發出逮捕令：因為他涉嫌「共謀商業間諜活動」且違反銀行祕密法。如果貝克霍夫到那裡去，就必須冒著被捕的危險，二〇一五年有多家報紙報導，《南德日報》也在其中，據說瑞士情報單位甚至派員跟蹤貝克霍夫。請注意，就在德國。

許多記者將來一定會報導德國商業銀行的調查事件，這是殆無疑義的事。我們擔心其他記者在調查信箱公司的題目時也會發現莫薩克馮賽卡律師事務所，也會就德國方面大作文章。因此我們決定自己動手。

二〇一五年二月十八日，我們寫了一封很長的電子郵件給莫薩克馮賽卡，詢問他們在德國商業銀行逃稅機制中的幫手角色。我們也問到網路上的諸多指控，也就是莫薩克馮賽卡據傳和獨裁者格達費、穆加貝或阿薩德的關係（我們還沒有在資料中發現），以及我們在拉丁美洲的報紙發現的事件。我們找到的每個指控差不多都只是捕風捉影，而且都是針對莫薩克馮賽卡。我們想知道他們如何回應。

一個來自「博雅公關公司」（Burson Marsteller）的女士找到我們，她叫作安娜．加爾松（Ana María Garzón），那是一家全球布局的大型危機公關公司，總部設在紐約。「博雅公關公司」以不惜採取負面文宣、為達目的不擇手段著稱。據傳該公司的業務範圍包括阿根廷的軍事政權、羅馬尼亞的獨裁者西奧塞古（Nicolae Ceau escu）或是東帝汶（East Timor）大屠殺後的印尼軍人政府，甚至接受美國菸商遊說團體的委託，淡化二手菸的危害，詆毀癌症研究。[1]

博雅公關公司和莫薩克馮賽卡律師事務所，真是完美的盟友。

不管怎樣，安娜．加爾松讚賞我們「善盡新聞報導職責」，事先向莫薩克馮賽卡查證種種指控的問題。接著她傳來一則語焉不詳而籠統的回覆，讓人覺得她有點浪得虛名，她表示：很可惜我們的問題已經說明了，我們並非意在實事求是的報導，而根本上就受到「NML」的指使。「NML」是一家對沖基金公司，創辦人保羅．辛格搜購阿根廷政府資產，為此指控莫薩克馮賽卡是幫凶。長久以來，辛格一直試圖在法庭上聲請取得莫薩克馮賽卡的文件，而那些文件現在顯然就在我們手裡。

針對我們第二封詢問種種細節的信件，安娜．加爾松的回覆就明確得多，她嚴詞駁斥所有的指控。此外，她也解釋說：莫薩克馮賽卡從來沒有被提起告訴，他們遵守種種現行法規，完全配合各國政府當局，極為重視「盡職調查」，而且合作夥伴都是銀行和律師之類享有聲譽的中間人。

我們要求和尤根．莫薩克訪談，但是遭到斷然拒絕。真是遺憾。我們本來想提出幾個問題，尤其想知道那會是什麼樣的人，他幾十年來顯然一直在幫助各種罪犯隱匿他們的犯罪痕跡。

但是當公關公司拒絕溝通，那對調查記者而言基本上是個好預兆。它大概意味著其中隱藏著許多內幕。我們很快就會察覺到內情一定很不單純：於是我們會碰面或是在電話裡長談，對方會詳細澄清他的立場。有時候就只是釐清問題和批評。許多原本以為很驚爆的題材，往往就此無疾而終。看似很自我中心主義，但是不斷要求訪談溝通的理由，真的就只是這樣而已。因為對於一個記者而言，在報導刊出後傳來這樣的澄清聲明，是再難堪不過的事了。究其後果，輕則在自家報紙上刊登更正啟事，重則吃上誹謗官司。

莫薩克馮賽卡的回覆讓人怎麼看都覺得，他們企圖將律師事務所形容成既平凡又值得信賴的公司。我們也從回覆中察覺到他們極力避重就輕。

在莫薩克馮賽卡的回覆中最睜眼說瞎話的地方是：莫薩克馮賽卡從來沒有和客戶直接合作，而一直只透過律師、資產管理公司和銀行之類的中間人。[2] 加爾松選擇以下的比喻：莫

1 直到本書完成編輯，「博雅公關公司」未對這項指責表示意見。
2 莫薩克馮賽卡律師事務對於相關詢問的反應，參見第14章。

薩克馮賽卡基本上是大盤商，將產品配送給零售商，只不過這個產品是一家家的公司。而成立公司本身既不犯法，甚至不是什麼壞事。至於零售商將公司賣給誰，這些客戶拿來做什麼用的，那則是零售商的責任。

很有意思的比喻。不過是引喻失義。我們看到許多案件，包括前西門子員工「漢斯．姚阿幸．K」，莫薩克馮賽卡都是直接面對客戶的。而我們也看到，在許多案件中，莫薩克馮賽卡很清楚誰在另一端操縱公司的命運。

我們寧可相信美國前任稅務調查員基斯．布拉哲（Keith Prager）的說法。他說信箱公司是老奸巨猾罪犯的貨板，正如銀行搶匪的逃亡用車：它們的作用就是讓罪犯逍遙法外。

在大舉搜索德國商業銀行的第二天，我們在《南德日報》頭版下了一個標題：「對盧森堡新的一擊」，在第二版則報導對於德國商業銀行及其盧森堡分行的具體指控，在第三版，也就是「南德日報新聞廣場」，則以全版篇幅描寫莫薩克馮賽卡律師事務所。全版篇幅。

關於莫薩克馮賽卡的題材，我們的資料幾乎派不上用場。我們沒有什麼可供使用的調查成果，而且就往後可能的國際調查而言，將精力浪費在不成熟的故事上，不會是聰明之舉。

我們以所有針對莫薩克馮賽卡尚待釐清的指控作為報導主題，再加上此地至今一團疑雲的事實，那就是：尤根．莫薩克出生於德國。

那真是一件棘手的事。

為了讓該公司有點不安，我們在報導裡當然也會提到，我們手裡擁有將近80GB的內部資料，至今還沒有分析完成。我們知道這篇德文的報導會自己跑到巴拿馬那裡去。

在我們的資料裡，我們發現安娜．加爾松在當時的電子郵件，談到莫薩克馮賽卡和「博雅公關公司」的生意往來。二〇一三年初，她寫信給莫薩克馮賽卡，提議製作「危機手冊」，而且所費不貲。但是莫薩克馮賽卡在危機時刻有權要求他們二十四小時待命。[3]

但是不只是莫薩克馮賽卡，其他公司也一樣，他們的危機公關簡直一團糟。德國商業銀行即為一例。在大搜索那天及第二天，這家德國第二大銀行的公關部門對記者們發表以下說明：他們的確有過失，但是那是很久以前的事，他們早就中止有問題的交易。請注意，重點在於如何追訴「十多年前的舊案」，而且自二〇〇七年以來，就連「單純地轉告對於巴拿馬信箱公司的客戶詢問」，他們「基本上都嚴格禁止」。

陳年舊案？真的嗎？

我們再次瀏覽資料，毫不費力地就找到一家又一家公司，那些都是德國商業銀行在二〇〇五年到二〇一五年間為德國客戶向莫薩克馮賽卡訂購的公司。

二〇〇六年。二〇〇七年。二〇〇八年。二〇〇九年。二〇一〇年。二〇一一年。二〇一二年。二〇一三年。[4]

3 二〇一六年「博雅公關公司」是否仍處理莫薩克馮賽卡的事務，不得而知。

4 關於德國商業銀行的辯解，參見第24章。

我們找到銀行顧問的電子郵件、公司成立證明書、客戶的委託書、保險箱權限，以及所有公司行號名稱，從「Badenweiler S. A.」、「Clandestine Ltd.」到「Pinguin Holding S. A.」。就我們現在查證得到的，這些公司的所有人都很有錢，但是行事都很低調。

尤有甚者，還有些信箱公司由德國商業銀行代管，在二〇一五年春天仍然存續。陳年舊案？

如果德國商業銀行肯說實話，那麼他們給人的印象還好一些。因為到了二〇〇八年，該銀行內部的確發現這種交易問題重重而逐漸縮減，我們甚至發現銀行員工的電子郵件和談話紀錄，他們對莫薩克馮賽卡道歉說，他們再也不能經辦這類業務。但是它在盧森堡的子公司國際商業銀行（Commerzbank International），卻沒有堅持到底。上一次對擁有巴拿馬公司並且稅務狀況不明的客戶提出警告，是在二〇一四年十二月。其箇中意味很清楚：不想誠實申報的人，那就請換一家銀行。

但是大家都知道他們試圖撇清關係。畢竟德國商業銀行在二〇〇八年金融危機期間還接受德國政府一百八十億歐元的紓困。當時的董事長艾瑞克．史特魯茨（Eric Strutz）在國會裡保證說，「德國商業銀行堅決拒絕任何金融犯罪，對不法行為也絕不寬貸」。因為一方面接受政府一百多億歐元的支援，另一方面卻幫助其他客戶欺騙政府，這無異自取其辱。

除了律師事務所、資產顧問公司和會計師事務所以外，銀行是境外公司最重要的搭擋。極少人會直接找上諸如莫薩克馮賽卡這類的公司。通常是由他們的銀行或律師替他們處理。他們負責境外機制的營運。他們提供意見、訂購、管理——顯然也服務沒有誠實申報稅務的客戶。為逃稅者服務。

我們在資料裡發現，許多顧問在飯店大廳或是他們的辦公室和莫薩克馮賽卡會面，他們會挑明著表示他們的客戶可能有稅務問題。反正大家都是自己人。

讓資金繞著地球跑的，主要是大型金融機構。美國大型銀行，不過德國銀行也很會作生意。若干年前，美國的參議院報告就強烈譴責德意志銀行（Deutsche Bank）。多年來，他們的官網就不斷在促銷境外服務：舉例而言，他們標榜模里西斯（Mauritius）是「租稅中立（tax-neutral）的環境」。不過在媒體披露以後，這個訊息就撤下了。

直到過去十年，大型銀行的這項業務才很不情願地慢慢縮減，相較於這個業務的蠅頭小利，貿然解除警報的風險太大了。

而將它美化成道德抉擇的人，多半是替銀行代言的。

我們的資料初步顯示，幾乎所有重要的德國銀行過去或現在都和境外系統有所牽連。

我們搜尋德意志銀行。出現數千則搜尋結果。

德勒斯登銀行呢？結果也差不多。

許多地方性銀行也出現數千則搜尋結果。[5]

當然不是每個案件都是幫助逃稅，但是如我們將來會看到的，其中有許多是從犯。就連公營銀行也幫助客戶欺騙政府。他們的臉皮得夠厚才行。

5 關於上述銀行的的辯解，參見第24章。

「德國聯合抵押銀行」（HypoVereinsbank）應該是在搜索德國商業銀行不久後才找上科隆的檢察官。「在你們找我們之前，我們就先找你們，」據說銀行對檢察官這麼解釋，並且坦承他們以前在盧森堡的分行也從事和德國商業銀行一樣的業務。其結果就是德國聯合抵押銀行和檢察官做了認罪協商：清理嚴重的稅收違法行為，以換取減刑。該銀行繳交了一千多萬歐元給國庫。[6]

許多其他銀行也競相效法，其中不乏公營銀行，例如「德國北方銀行」（HSH Nordbank）。他們的條件是兩千兩百萬歐元，正如我們的同事克勞斯・歐特（Klaus Ott）所發現的。[7]

就在《南德日報》報導德國即時的發展、檢察官的搜索、德國商業銀行的謊言以及認罪協商的期間，其背後的資料不斷暴增。我們偶爾會遇到技術上的困難，速度慢得令人難耐。然而，資料會越來越多。

我們已經有100GB的資料。

我們的部門主管萊恩戴克已經習慣性地每兩天就問我們，資料是不是持續增加。我們的熱情也感染了他，這對我們的計畫不能說不重要。

在三月的這一天，「國際調查記者聯盟」主席賴爾來到慕尼黑，他要先親眼瞧瞧這些資料。我們在「南德日報大樓」樓上的辦公室裡，整天就和他一起點選一家家的境外公司。賴爾眼睛發亮。我們讓他一個人休息幾分鐘時，他的第一個動作就像每個調查記者一樣，搜尋那些在他以前的調查裡出現過的名字。而他果真找到了一些。

賴爾很清楚我們此時此刻的心境：我們坐擁寶藏，在其中翻箱倒篋，夜以繼日，我們所發現的一切資料，都可能成為震驚國家的報導。但是這些故事得經年累月才有辦法披露：賴爾花了將近三年的時間，才將「境外解密」的資料公開。我們很希望我們的進度可以快一點。

「境外解密」讓更多人了解到信箱公司的商業模式。其政治效應相當驚人：避稅地的壓力陡增，使得奧地利和盧森堡政府第一次公開質疑他們的銀行祕密法。歐盟稅務執行委員塞梅塔（Algirdas Šemeta）當時說，境外解密對於未來的租稅政策有指標性意義。

對於「國際調查記者聯盟」而言，這個計畫是震古鑠今的成就，讓整個世界突然認識「國際調查記者聯盟」。在「境外解密計畫」之後，有中國和「盧森堡解密」，以及二〇一五年二月的「瑞士解密」，即法國揭密者埃爾韋．法爾恰尼（Hervé Falciani）的祕密資料**。

賴爾在慕尼黑待了兩天，他很確定我們的資料會成為下一個計畫。

我們簡單討論接下來的可能步驟：這些資料怎樣傳到「國際調查記者聯盟」在華盛頓的

6 關於上述銀行的辯解，參見第24章。

7 關於上述銀行的辯解，參見第24章。

**也就是「法爾恰尼名單」，它是曾任職滙豐銀行的法爾恰尼竊取自銀行電腦的檔案。他早年在蒙地卡羅的賭場工作，後來進入日內瓦的銀行。在他將手中的檔案公諸於世後，便開始了一連串的逃亡。期間，經歷生命安全的威脅、假綁架事件、黎巴嫩之旅，二〇一二年在馬德里入獄。透過這份名單，法國與西班牙已追討回數百萬歐元鉅款的逃漏稅。見《逃稅者的金庫》，商周出版，二〇一六年，台北。

總部（他們在那裡有資料庫專家）？什麼時候是公開的適合時間點？我們應該先和哪些同儕會談？

我們不斷回到我們幾個星期以來一直在討論的三個問題：

為什麼消息來源堅持匿名？

消息來源的動機是什麼？

尤其是：我們可以信任這些資料嗎？

我們沒有百分之百的答案。那又如何呢？我們手裡畢竟有數百頁的文件可供查證，因為它們都是可以藉由詢問主管機關加以證實的文件。我們也發現數十件訴訟紀錄，可以和我們的證明文件做比對，我們有以前調查的資料，我們也可以從公開取得的資料庫比對那些解密的資訊。

每次的結果都一樣：這些資料相互吻合。

我們和賴爾仔細討論過的案件當中，有一個是「Wintris Inc.」的案件，也就是現任冰島總理貢勞格松從前的公司。對於獨裁者和專制者將他們的財產藏匿在信箱公司的情事，整個世界已經見怪不怪，但是一個歐洲國家的總理？

這件事更棘手的地方在於：我們得知冰島國會在二〇〇九年通過了一個規定，也就是「個人利益登記」（Hagsmunaskráning pingmanna, registration of interest）。它規定國會議員必須申報其公司持股和財產。國會發言人對我們證實說，凡是持有一家公司百分之二十五以上的股份就必須申報。

在這個規定頒布之後，在二〇〇九年四月當選國會議員的貢勞格松應該申報「Wintris Inc.」。我們點選了幾則網頁發現，他顯然沒有如實申報。[8]在那一年，貢勞格松再也不得隱匿他的境外公司，於是他在二〇〇九年底以一美元的價錢賣給他太太。

「國際調查記者聯盟」主席賴爾相當振奮。可是他沒有明確承諾我們說「國際調查記者聯盟」會介入，就先行飛回美國了。他要考慮一兩天。

8 關於貢勞格松的反應，參見第26章。

5 敘利亞戰爭以及莫薩克馮賽卡的推波助瀾

真是令人毛骨悚然。

我們在看我們的資料時，一再發現若干才幾天前的電子郵件。我們可能和收件人幾乎同時間在讀信。宛如我們就置身在這家幫助許多罪犯的律師事務所內部。

我們宛如站在巴拿馬城的合夥律師身後，他們的名字對我們已經耳熟能詳——我們彷彿從他們背後和他們一起觀看電腦螢幕。

只不過：他們看不見我們。

更詭異的是，這些信件居然是在談論我們。我們《南德日報》。

例如二〇一五年三月九日在律師事務所內部員工之間相互轉寄的信件，談到我們《南德日報》關於檢察官搜索德國商業銀行以及莫薩克馮賽卡角色的報導，透過谷哥翻譯差強人意地譯為西班牙文。或者如二〇一五年二月十九日的電子郵件，信裡問到：判決定讞的毒販阿圖洛・譚波・馬奎斯（Arturo del Tiempo Marqués）真的是莫薩克馮賽卡的客戶嗎？在幾天前，也有些記者問了這個問題。這些記者就是我們。

巴拿馬也在讀我們披露的報導。現在我們知道了。可是他們不知道我們也在讀他們的電子郵件……

有一封信件是莫薩克馮賽卡的行銷部門警告員工說提防「臥底的調查記者」，讀到這裡，我們渾身起雞皮疙瘩。他們通知莫薩克馮賽卡所有員工都要提高警覺。

此外我們又發現「莫薩克馮賽卡公司策略會議」的議程，在二〇一五年四月的一場策略研討會。其中第二項議程是「媒體眼中的莫薩克馮賽卡」以及「德國事件」。那指涉的顯然就是我們。

莫薩克馮賽卡似乎很清楚媒體嚴詞抨擊他們的商業模式——而且理由很充分。

〔無名氏〕　早安。

〔南德日報〕嗨。一切都好嗎？

〔無名氏〕　到目前為止還好。我還會傳更多的資料。

〔南德日報〕沒問題。

〔無名氏〕　我相信裡頭有若干公司和敘利亞獨裁者阿薩德有關係。

〔南德日報〕我們知道傳聞說莫薩克馮賽卡替阿薩德的人做事。

〔無名氏〕　傳聞似乎是真的。

〔南德日報〕你有那些公司的名稱嗎？

〔無名氏〕有一些。這裡應該是很好的開頭：Ramak Ltd.、Dorling International Ltd.、Cara Corporation、Seadale International Corporation、Hoxim Lane Management Corp.、Lorie Limited、Drex Technology S. A.。

最後一家公司，「Drex Technology S. A.」看起來很眼熟。它在瑞士解密事件裡就出現過。我們在編號「537658」的資料夾（這是莫薩克馮賽卡內部的登錄號碼）裡找到「Drex Technology S. A.」。這個資料夾裡有一百二十四筆資料：「PDF」檔案、電子郵件、「Word」文件、照片。

這是關於敘利亞獨裁者巴沙爾．阿薩德（Bashar al-Assad）的第一個具體線索。我們更仔細查看那些公司，擴大搜尋範圍：莫薩克馮賽卡顯然掌管許多錯綜複雜的信箱公司，它們和敘利亞的殘暴政權走得很近。

現在要釐清的是：在文件中，阿薩德的名字當然不在出現所有人或董事的名單上，如果你在敘利亞境外搜尋任何登記在阿薩德名下的帳戶或公司，應該會一無所獲。因為獨裁者、黑手黨老大以及其他犯罪者，他們都會有這樣的代理人。在英語裡，這種行徑有個很生動的語詞：「bagman」（中間人）。這個語詞是指那些替他們有權勢的背後老闆取得、管理或存入他們的錢，或者負責將錢送到有需要的地方。

現在有數十萬敘利亞人逃離他們的國家，他們當中有許多人不是因為「伊斯蘭國」，而是因為阿薩德。而諸如莫薩克馮賽卡或阿薩德的「中間人」則是負責讓這個政權有花不完的外匯。這些外匯用來支付傭兵軍餉，為沙比哈（Shabiha）民兵部隊配備武器和車輛，購買生化武器，建造酷刑監獄。

在我們的資料裡，我們看到拉米·馬赫盧夫（Rami Makhlouf）這個名字出現了幾十次，他是阿薩德最重要的金主。

他在敘利亞是反對派痛深惡絕的人。二〇一一年爆發一連串抗議事件，示威者不只焚燒阿薩德的肖像，他們更破壞「敘利亞電信公司」（Syriatel）在各地的分行。而「敘利亞電信公司」的老闆就是馬赫盧夫。

他們高喊：「馬赫盧夫是個賊！」

馬赫盧夫可能是敘利亞最有錢的人。除了「敘利亞電信公司」以外，他也是許多銀行、免稅連鎖商店和一家航空公司的股東。

在敘利亞，人們早就不再問什麼是屬於馬赫盧夫的，而是問：有什麼東西不是他的？《紐約時報》寫道，馬赫盧夫是敘利亞的象徵性人物，「見證了經濟改革如何將社會主義變成資本主義，讓窮人變得更窮，而長袖善舞的有錢人富可敵國」。

馬赫盧夫，一九六九年生於大馬士革，是阿薩德的表親。馬赫盧夫的姑媽安妮莎（Anisa）是已故總統哈菲茲·阿薩德（Hafis al-Assad）的遺孀，巴沙爾是他們的兒子。拉米和巴沙爾從小就是玩伴，現在更是緊密的盟友，一個是國家元首，另一個則是商人，阿薩德相當倚重他的資產和人脈關係。在「維基解密」中一份二〇〇七年外交緊急公函裡，美國外交部將拉米·

馬赫盧夫列為敘利亞「政權的金主」。

就目前所知，馬赫盧夫的財富和勤奮工作無關，而是由於他的大膽妄為和野蠻殘忍。「馬赫盧夫利用威脅恐嚇，透過他和阿薩德政權的緊密關係，犧牲敘利亞百姓，獲得法律所不容許的生意優勢，」史都華・李維（Stuart Levey）在二〇〇八年時如是說，他以前是美國財政部副部長，主管反恐和金融情報，諷刺的是，現在他卻在匯豐銀行（HSBC）工作。剛好就是長年和馬赫盧夫有生意往來的銀行，正如「國際調查記者聯盟」在「瑞士解密事件」裡的調查所揭露的。不管怎樣，馬赫盧夫和阿薩德的關係已經不是祕密，他是該政權最重要的支柱，而正因為如此，他在國際上被視為不法之徒，沒有人願意和他做生意。

然而莫薩克馮賽卡顯然不作此想。該律師事務所長年為這個人工作，他穿梭在杜拜和大馬士革之間，基於很好的理由，在敘利亞很少曝光。

我們從資料發現，馬赫盧夫的公司當中成立最早的，是一九九六年在英屬維京群島註冊的「Ramak Ltd.」，當時馬赫盧夫才二十多歲。他接管了一家又一家的敘利亞公司，把所有競爭對手都比下去，越來越有錢。他一直都有阿薩德家族作為奧援。馬赫盧夫藉此「從敘利亞政權公然的貪腐當中巧取豪奪，並且反過來支持該政權」，美國當局如是說，並且在二〇〇八年將他列入制裁名單中。

制裁是最重要的國際法武器之一，迫使國家政黨或統治階級讓步，讓他們中止對人民的迫害、和其他國家的衝突、恐怖主義或是種族屠殺。

制裁總是要人感覺到痛才行：那就是在金錢上。其原則很簡單：聯合國、歐盟或諸如美國的單一國家，試圖干預擁有權力和影響力的人。在敘利亞的情況裡，首先就是針對阿薩德和他的家族。接著是他們的核心圈：部長、特務甚或是金主，例如馬赫盧夫——他同時也是家族成員之一。這些名字會擺在制裁名單上，對全世界公告：大家注意，誰跟這些人做生意，誰就有麻煩。

自從二〇〇八年以來，美國公民就再也不准和馬赫盧夫有任何生意往來。他更不可能在美國領土上獲利。若干法官甚至擴大禁運令的解釋，禁止以美元和他做生意。違反規定的人，就必須考慮到下次入境美國時可能遇到麻煩。制裁的對象除了自己名列制裁名單以外，他們的財產也會遭到凍結，或者是在美國遭到沒收。

講得明白一點：各國最好不要讓列入制裁名單的人物入境。

對於莫薩克馮賽卡的情況，這就特別重要，因為該公司在拉斯維加斯、邁阿密、懷俄明州都有他們的辦公室。也就是說：在美國境內。

每個識相的生意人，到了二〇〇八年，應該都會中止和馬赫盧夫的生意關係。但是尤根·莫薩克和雷蒙·馮賽卡卻不作此想。在二〇〇八年之後，馬赫盧夫的名字仍舊赫然出現在莫薩克馮賽卡的業務文件裡，甚至直到二〇一一年五月以後，在那一年歐盟跟進美國，也將阿薩德的金主馬赫盧夫列入制裁。

另一方面，信箱公司的存在畢竟是要隱藏公司所有人的真正身分。像莫薩克馮賽卡這樣的公司賴以生存的養分，就是他們的守口如瓶，正因為如此，願意砸下大筆金錢的，都是那些恐怖份子、軍火商和獨裁者。

對信箱公司的制裁很快就遇到瓶頸：遭到制裁的人可以隱藏在公司背後，做生意的不是馬赫盧夫，而是他的信箱公司。更重要的是，人們永遠不知道他們葫蘆裡賣什麼藥。

難怪聯合國或美國財政部會組成龐大的團隊，他們只有一個任務：調查哪些公司背後藏著獨裁者或恐怖份子的金主。因為只要一經發現，該公司也會列入制裁名單。就像是馬赫盧夫的「Drex Technologies」，而這家公司的文件現在就在我們手裡。

但是馬赫盧夫遭到列入美國的制裁名單的四年後，他的公司「Ramak Ltd.」才跟著被列入。二〇一二年七月，美國財政部對於此舉解釋說，馬赫盧夫利用該公司「經營管理他的國際金融投資」。美國官方是如何做出這個結論的，我們不得而知。我們從手裡的資料看到：根據公司註冊文件，「Ramak Ltd.」是在二〇〇〇年七月四日成立的，公司正式所在地是英屬維京群島。在這家公司的資料夾裡，「拉米．馬赫盧夫」這個名字出現了不下數十次。

但是我們不只發現馬赫盧夫，還發現他的弟弟哈菲茲（Hafez Makhlouf），敘利亞國家安全局大馬士革分局長。根據我們的資料顯示，他是「Eagle, Trading & Contracting Limited」這家公司的唯一所有人，同時也是大馬士革惡名昭彰的酷刑監獄的典獄長。此外，專家也懷疑他必須為對於烏塔（Ghuta）的化學武器攻擊負責。二〇一三年八月，數百個民眾死於沙林毒氣攻擊。自從二〇〇七年以來，他就列入美國制裁名單，歐盟在二〇一一年也跟進將他列入。可是至少到二〇一三年，該公司一直是屬於他的。[1]

我們還找到另外兩個兄弟：埃亞·馬赫盧夫（Eyad Makhlouf），敘利亞軍隊將領，國家安全局官員。他因為涉及攻擊民眾而被歐盟列入制裁名單。埃哈·馬赫盧夫（Ehab Makhlouf），敘利亞電信公司副總裁，據說金援敘利亞政權鎮壓示威群眾。他也持股若干公司，根據資料顯示，「Hoxim Lane Management Corp.」也是屬於他的。[2]

人們怎麼可以和這些人做生意呢？

二〇一五年春天，瑞士《每日廣訊報》（*Tages-Anzeiger*）也對莫薩克馮賽卡提出這個問題，雖然不全然是道德方面的質疑。二〇一五年二月底，我們的同儕根據我們關於該律師事務所的報導深入追蹤，其中也提到拉米·馬赫盧夫。針對報紙關於拉米·馬赫盧夫的問題，他們得到的回覆是：「對於馬赫盧夫先生以及阿薩德的任何其他盟友間接利用或濫用我們的服務，莫薩克馮賽卡『毫無所悉』（WUSSTE NICHT）！」

這算是道歉嗎？莫薩克馮賽卡真的毫無所悉嗎？還用大寫字母強調？

馬赫盧夫固然在莫薩克馮賽卡不只擁有一家公司，而是一整個境外公司網狀系統，對此莫薩克馮賽卡居然會毫無所悉？

1 直到本書完成編輯，哈菲茲·馬赫盧夫沒有回覆相關詢問。

2 不論是埃亞或埃哈·馬赫盧夫，直到本書完成編輯，均未回覆相關詢問。

我們客氣地說，這不盡屬實。

更確切地說：他們在說謊。

根據莫薩克馮賽卡的檔案顯示，至少在一九九八年，他們就將境外公司「Polter Investments」轉賣給拉米．馬赫盧夫，他是大股東，持有百分之七十的股份。也就是說，從一九九八年開始，莫薩克馮賽卡就知道他是他們的客戶。而尤根．莫薩克的律師事務所在內部怎麼討論這個棘手問題，從二〇一一年春天的信件就可見端倪。

莫薩克馮賽卡的「合規部門」，也就是審核他們的日常業務是否都遵守法律規定的部門，寫信給合夥律師和公司負責人說：「我們真的要繼續和拉米．馬赫盧夫往來嗎？列入制裁名單，那是很嚴重的警告，我們應該對這種人敬而遠之。難道不是嗎？」

瑞士籍的新進合夥律師策林格（Christoph Zollinger）卻力排所有疑慮：「從我看來，」他在二〇一一年二月十七日的信件中寫道，他們還是可以留住馬赫盧夫家族這個客戶，畢竟倫敦的匯豐銀行顯然也不認為和他們往來有什麼問題。[3]

莫薩克馮賽卡在內部討論拉米．馬赫盧夫讓人傷腦筋的個人經歷，其中甚至顯示他們也和匯豐銀行討論這個案件，而之後莫薩克馮賽卡居然聲稱他們不知道阿薩德的這個金主是他們的客戶？

事實的真相是：莫薩克馮賽卡很可能多年來一直負責讓敘利亞的金援不致於乾涸。

尤根．莫薩克則是認為——根據我們的書面文件顯示，他也參與關於馬赫盧夫案件的決定[4]——這件事可能會有嚴重的後果。不管怎樣，如果我們的猜測沒錯的話，他除了巴拿馬籍以外，可能一直都還是德國公民。畢竟，我們在資料裡發現他的德國護照影本，有效日期到二〇〇六年。也就是說，他從十六歲開始，就一直延長他的護照有效日期，為什麼二〇〇六年他沒有申請延長？

如果說他沒有放棄德國公民身分的話，他可能會很後悔，原因在於：德國公民若違反歐盟制裁規定，可能判處十年有期徒刑。莫薩克馮賽卡在回覆瑞士《每日廣訊報》時，試圖駁斥對於他們和獨裁者生意往來的指控，聲稱莫薩克馮賽卡又不是白痴，才不會幹這種事。請注意：「誰會相信，莫薩克馮賽卡會幫助罪犯、獨裁者或洗錢者，而存心地、知情地或不知情地損害三十七年來小心翼翼建立的聲譽呢？」而就像莫薩克馮賽卡以大寫字母強調的：「只為了每年一兩百美元的手續費？」

是啊，誰會相信呢？誰會相信莫薩克馮賽卡不只是膽大妄為，甚至顯然很白痴呢？

或許我們應該問的是：誰會想像得到莫薩克馮賽卡有多麼厚顏無恥呢？

對我們而言，這個案件不只意味著我們可以找出和阿薩德的關連。我們也從中了解到莫薩克馮賽卡的操作模式。

這家公司可以肆無忌憚地散播謠言，扭曲事實，只要他們覺得有此必要的話。

此外，馬赫盧夫的案件也告訴我們，為什麼匿名的信箱公司的存在，對於數百萬人而言，

3 關於策林格的反應，參見第17章。針對相關詢問，匯豐銀行指出根據之前的原則，匯豐在「全球」遵守「所有重要的制裁」。

4 直到本書完成編輯，尤根・莫薩克未回覆我們的相關詢問。

是生死存亡的問題：因為他們可以幫助獨裁者暗中破壞國際間的制裁。因為他們可以幫助殘暴的掌權者將他們控制的國家洗劫一空。因為他們可以幫助他們將贓款藏在境外公司——相關的戶頭往往設在瑞士或盧森堡。在拉米·馬赫盧夫的案件裡，則是存在瑞士匯豐銀行裡。

針對《南德日報》在二〇一五年二月的查證，莫薩克馮賽卡回覆說，他們不會接受任何在制裁名單上的人成為他們的客戶。因此，我們找出聯合國、歐盟和美國的制裁名單，那簡直是獨裁者、恐怖份子和種族屠殺者的名人錄——以及他們的公司。裡頭有好幾百個名字，而且各自有各種不同的拼法。我們把它們拿來和我們的資料比對後大吃一驚。

莫薩克馮賽卡不和任何出現在制裁名單的人作生意嗎？

哪有這回事。

我們發現非洲獨裁者的幫凶、中美洲毒梟、判決確定的性侵犯，以及他們的信箱公司。它們的數量實在太大了，我們看得眼花繚亂，我們抄下名單，將資料和聯合國、歐盟以及美國的資訊做比對。以下是我們的摘要：

約翰·布瑞登坎普（Bredenkamp, John Arnold）：在南非出生的軍火商，從二〇〇九年到二〇一二年因為「和辛巴威政府過從甚密」而列入歐盟制裁名單。美國財政部認為他是「穆加貝政權的同夥」，自二〇〇八年以來，將布瑞登坎普和他的二十家公司列入制裁名單。[5]

埃哈・馬赫盧夫（Mahklouf, Ehab）：敘利亞總統阿薩德的表親，二〇一一年五月遭到歐盟制裁，因為他「金援該政權以鎮壓示威民眾」。

埃亞・馬赫盧夫（Makhlouf, Eyad）：阿薩德的表親，敘利亞國家安全局官員，二〇一一年五月被列入歐盟制裁名單，因為據說他參與屠殺抗議者。

哈菲茲・馬赫盧夫（Makhlouf, Hafez）：敘利亞國家安全局大馬士革分局長，二〇一一年五月和他哥哥一起遭到歐盟制裁。

拉米・馬赫盧夫（Makhlouf, Rami）：大概是敘利亞最有錢的人，二〇〇八年遭到美國制裁，歐盟在二〇一一年五月也跟進。

讓克勞德・達米契（N'Da Ametchi, Jean-Claude）：歐盟在二〇一一年將這個銀行家列入制裁名單，因為他「以資金挹注」當時象牙海岸總統巴波（Laurent Gbagbo）的非法政府。[6]

穆勒・勞騰巴赫（Rautenbach, Muller Conrad）：二〇〇八年到二〇一四年，美國將該企業家及其由莫薩克馮賽卡管理的「Ridgepoint Overseas Development」列入制裁名單，因為他和辛巴威獨裁者穆加貝關係緊密。歐盟在二〇〇九年將其列入制裁，二〇一二年解除。[7]

薩佛・斯提潘諾維奇（Stjepanovic, Savo）：這個斯洛維尼亞人在二〇一五年二月遭到

---

5 直到本書完成編輯，布瑞登坎普未回覆我們的詢問。

6 直到本書完成編輯，達米契未回覆相關詢問。

7 勞騰巴赫的律師強調，其當事人在這期間已經脫離美國與歐盟的制裁。在歐盟與美國做出此決定時，顧及到與勞騰巴赫有關聯的公司。

美國制裁，因為他屬於國際類固醇走私集團。[8]

安納托利・德諾斯基（Ternawski, Anatoli）：這個白俄羅斯人從二〇一二年到二〇一四年一直在歐盟的制裁名單上，因為他據說是白俄羅斯獨裁者盧卡申科（Alexander Lukashenko）的羽翼。[9]

格納迪・季姆琴科（Timchenko, Gennady）：這個俄羅斯和芬蘭籍的寡頭在二〇一四年三月因為涉及克里米亞戰爭而被美國列入制裁名單。[10]

經驗老到的莫薩克馮賽卡律師事務所多年來一直為這些人提供信箱公司。即使這些公司或者他們的股東被官方當局盯上而列入制裁名單，莫薩克馮賽卡仍然不認為有必要立即和他們中止生意往來。我們從以下案件可見一斑：

Brodway Commerce：該公司在二〇一二年遭到美國當局制裁。以「南方女王」著稱的瓜地馬拉籍的羅賽爾（Marllory Dadiana Chacon Rossell）是該公司的董事之一。根據美國財政部的說法，她曾經打造了中美洲最大的販毒集團。[11]

Drex Technologies S. A.：該公司在二〇〇〇年成立於英屬維京群島，美國在二〇一二年將它列入制裁名單，因為它是拉米・馬赫盧夫的公司。[12]

Kuo Oil Pte. Ltd.：這家總部設於新加坡的公司，從二〇一二年到二〇一六年一月被美國列入制裁名單，因為他們從二〇一〇年到二〇一一年間供應伊朗總值超過兩千五百萬美金的石油而違反貿易禁運的規定。[13]

Ovlas Trading S. A.：該公司在二〇一〇年十二月遭到美國制裁，因為據說它的幕後老闆是塔吉登（Kassim Tajideen），而後者是真主黨（Hezbollah）的金主。[14]

Petropars Ltd.：在伊朗貿易禁運期間，該公司從二〇一〇年六月到二〇一六年一月被美國列入制裁名單。[15]

Timpani Exports Limited：該企業總部設於英屬維京群島，二〇〇八年十一月遭到美國制裁，因為它屬於前述的布瑞登坎普，後者是辛巴威獨裁者穆加貝的核心圈成員。[16]

---

8 針對詢問斯提潘諾維奇解釋說，他也是從媒體中才得知，自己被美國政府列入制裁名單。他已經提出除名的申請。其由莫薩克馮賽卡所管理的公司，是為了在谷哥遊戲商店販售手機的應用程式才成立的。

9 德諾斯基的一位女性發言人說，她認為制裁有政治動機。由莫薩克馮賽卡所管理的公司，根據二〇一六年的情況仍然在運作。

10 一位受季姆琴科委託的律師解釋，其委託人並不知道那些被提及公司只要與美國或美國人有所牽連就違反制裁。根據其律師的說法，莫薩克馮賽卡顯然沒有告知。

11 針對此事的詢問，羅賽爾與其律師不願發表任何看法。

12 直到本書完成編輯，拉米．馬赫盧夫沒有回覆有關 Drex Technologies S. A. 的詢問。

13 直到本書完成編輯，Kuo Oil Pte. Ltd. 沒有回覆相關的詢問。

14 針對詢問，塔吉登的一位律師表示，其委託人既非真主黨的成員，也不是支持者。

15 直到本書完成編輯，Petropars Ltd. 沒有回覆相關詢問。

16 直到本書完成編輯，布瑞登坎普沒有回覆我們的詢問。

我們也將我們的發現寄給「國際調查記者聯盟」。在這期間，我們幾乎每天都和聯盟主席賴爾通電話、在聊天室對話或是電子郵件往來。他提出問題，我們回答。資料的結構，我們在資料裡經常看到的避稅地，那些人的國籍，我們在證明文件裡看到的護照影本，賴爾什麼都想知道。只不過，他和「國際調查記者聯盟」是否要介入，他仍舊沒有確定。在這同時，我們一有空就搜尋那些資料，也不斷發現新的故事。

雖然大多數都是很嚴肅的題材——軍火商和獨裁者是不可勝數死難者的元凶——有些則是很荒謬：長久以來，我們一直在追查前烏克蘭總理尤莉亞．提摩申科（Julia Timoshenko）和她的前任者帕維爾．拉扎連科（Pawel Lasarenko）的消息。這兩人據說在一九九〇年代就涉嫌數百萬美元的洗錢。拉扎連科先後遭到瑞士法官和美國法院因為洗錢而判刑。當時美國調查員說，尤莉亞．提摩申科是「沒有被起訴的共犯」。[17]

我們在搜尋工具裡再一次輸入「拉扎連科」，發現了一封傳真，有拉扎連科親筆簽名的傳真。而且不是在一九九〇年代，而是二〇〇五年四月二十一日。

這封傳真荒謬的地方在於：拉扎連科聲稱，他直到幾個星期前才獲知他擁有一家由莫薩克馮賽卡管理的信箱公司，叫作什麼「Gateway Marketing Inc.」。拉扎連科傳真要求他們出示一切相關文件。

哇，一家信箱公司！

拉扎連科是從加州發傳真的，那時候他住在一處風格怪異的超大別墅裡，我們找到該別墅的許多照片，它有高低不同的六座游泳池。[18]

我們在我們的資料裡發現到的政府首長或即國家元首又多了一名。我們曾經循線追查到阿薩德、普丁和基什內爾，發現冰島總理以及前尼加拉瓜總統阿萊曼。現在則是烏克蘭。

在這期間，我們有必要把這些案件歸檔在一個資料夾裡，把它叫作「國家元首」。

〔南德日報〕瑞士一家報社報導了莫薩克馮賽卡和解密的故事。作者也向莫薩克馮賽卡查證過。

〔無名氏〕真的嗎？那麼莫薩克馮賽卡怎麼說？

〔南德日報〕他們說：「我們公司沒有流出任何資料。」

〔無名氏〕哈哈！沒有流出！如果沒有資料流出，那麼我幹嘛需要那麼大的資料儲存空間……

我們的消息來源的資料是從哪裡來的？我們當然很想知道。但是那不是最關鍵的事。關鍵在於，這些資料是真實的，而且對社會意義重大。它的重要意義是毋庸置疑的。在

17 關於尤莉亞．提摩申科的辯解，參見第23章。

18 關於拉扎連科的反應，參見第23章。

多次交叉比對之後，它的真實性基本上也不成問題。

然而被偽造的資料欺騙，是每個調查記者的夢魘。當然，誰有能耐偽造這麼龐大的資料呢？但是這個認知對我們幫助不大。因為只要在關鍵的文件上做手腳然後魚目混珠，那就夠了。整個計畫就會被批得體無完膚，即使百分之九十九的資料都是真實的。

我們已經拿我們的資料和法院證明文件、官方的註冊登記以及更多的消息來於做比對，找不到任何可疑之處。但是有個東西是可以讓我們更加確定的：我們得知，稅務調查員在不久前買到了莫薩克馮賽卡的資料。而我們也得以透過迂迴的管道拿來和我們的資料交叉比對。我們的資料固然更加即時，而且多了好幾倍，但是我們和調查員都握有的境外公司的資料若合符節。

我們也和「國際調查記者聯盟」主席賴爾一再討論這個問題：

誰會有興趣操弄我們？

誰會想要挖坑讓我們跳，他要怎麼設計圈套？

我們要怎樣測試消息來源的可信度？

這種種問題都歸結到一個認知：重點不在於消息來源，而在於資料本身。我們信任它，而這個信任是以在這期間數百次的交叉核對為基礎。

我們和「國際調查記者聯盟」在這點上得到共識，而他也正式告知，我們的資料值得成為和「國際調查記者聯盟」合作的計畫。

計畫要開始了。

在這期間，我們當然也有個問題：資料實在太多了。我們兩個都不是大數據的專家，雖然我們參與過若干這類的計畫。而其中最重要的差別在於這些資料不是儲存在某個地方，而是直接在我們手裡。關於資料的安全和儲存，我們都只是一知半解。我們買了外接硬碟，容量有500GB，我們將資料轉存，製作安全備份，並且將硬碟加密。

只不過，我們的搜尋遇到困難。幾個星期以來，我們的搜尋範圍一直很有限，因為我們沒辦法對「PDF」檔案以及掃描的合約進行文字辨識（text recognition）。我們電腦的搜尋引擎沒辦法辨識文字內容。它只認得資料名稱，而把資料當作圖形檔在處理。

同時，我們的電腦遇到200GB大小的檔案就棄械投降了。資訊部的專家對我們解釋說，資料處理器太小了，不足以應付這麼龐大資料的搜尋：硬碟空間、主記憶體、處理能力。

也就是說，我們需要一部新電腦，而且越快越好。我們的部門主管和總編輯同意我們申購一部功能強大的筆記型電腦。我們甚至獲准不必透過嚴格的採購部門而直接訂購。因為我們問採購部門我們的特殊筆電要多久才會到，這些專家說估計要四到六個星期。而我們上網訂購，電腦只要一個星期就到了。

筆電除了技術上的特殊配備以外還有一個特點：它永遠不會連網。它的「無線區域網路」（WLAN）也關閉，而區域網路線則沒辦法穿透防護罩。人們稱之為「氣隙」（air gap）網路。

從史諾登的解密事件得到的許多教訓之一，就是一部電腦只有完全不連網，才有辦法或多或少地防止入侵。也就是透過「氣隙」和其他系統阻隔。其實特務甚至可以遠端遙控已關機的手機。要入侵一部連上無線區域網路的電腦，那簡直是小菜一碟。相反的，如果是利用氣隙網路，特務就必須直接找到相關的電腦才行，也就是潛入《南德日報》大樓，不過入口會有警衛盤查。

我們每兩三天就開會討論接下來要怎麼辦。即時報導對我們的干擾不大，我們其中一人在這期間也在調查遭到沙門氏菌汙染的蛋品的醜聞，另一個人則每兩個星期就追蹤諸如「互不監聽協議」（No-Spy-Affair）或是對國會的駭客攻擊的後續發展。此外，我們的同事萊恩戴克和歐特也以大量的報導掩護我們。沒有多少人注意到，「歐伯邁／麥爾兄弟」好幾個星期以來一直在進行一個新的祕密計畫。

至此我們已經決定首先著眼於國際層次的事件。在我們將資料公諸全世界之前，我們想要先知道這些不斷湧入的資料在國際上有什麼意義。

在「國際調查記者聯盟」同意介入之後，解密機制才剛剛啟動：賴爾召集了聯盟的資料處理專家、記者和分析專家。這個計畫將會由賴爾的副手瑪莉娜．沃克．格瓦拉（Marina Walker Guevara）主持。這個阿根廷人擔任調查記者十五年，在這個行業的所有獎項，她差不多都得到了：「調查記者暨編輯獎」（Investigative Reporters and Editors Award）、「海外記者俱樂部」（Overseas Press Club）獎項以及「職業記者協會」（Society of Professional Journalists）大獎。她是這個計畫的最佳人選。

我們有許多問題要解決：哪些媒體要加入？我們什麼時候召集國際記者參與？《南德日

報》在這個計畫裡究竟扮演什麼角色？

我們同時也討論了先前的問題：哪一種通訊方式才安全？我們如何傳送第一批資料？哪些程式是可以信任的？對於許多和莫薩克馮賽卡有生意往來的人而言，我們的調查應該是芒刺在背，因此我們很可能會是監聽的對象。

我們真正在討論這些問題時，感覺很正常。加密已經不是什麼新鮮事了。但是每次我們想到資料裡涉及哪些人的時候，總是會覺得惶惶不安。

我們現在有許多關於那些殺人凶手的犯罪痕跡。我們要將它們報導出來嗎？我們想要被義大利黑手黨盯上嗎？或者是俄羅斯黑手黨？

這兩個組織都和莫薩克馮賽卡的信箱公司掛鉤：我們找到了名字，一個俄羅斯人因為涉及俄羅斯黑手黨軍火交易而遭到逮捕，一個義大利人被指控替一個地方黑手黨當會計。畢竟我們還不知道這些公司的用途在哪裡。但是一旦啟動「國際調查記者聯盟」合作計畫，我們就有了奧援：我們可以把這些報導題材轉交給在義大利和俄羅斯的同儕。

那裡的同業也更能夠評估相關的風險。《義大利快訊周報》（*L'Espresso*）的李奧・西斯提（Leo Sisti）揭發各種犯罪集團已經有三十多年之久。他是第一個報導貝魯斯柯尼（Silvio Berlusconi）的境外生意的人，此外他也著書談到蓋達組織的金主和西西里黑手黨。最重要的是：他還活著。

我們對阿薩德的人脈關係宛如上癮一般，從這個人的社會圈搜尋出更多的人，他們發動了一個至今造成二十多萬人死亡的戰爭。搜尋的成果相當豐碩。有個叫作蘇萊曼．馬魯夫（Suleiman Marouf）的人，他是我們資料裡許多家信箱公司的股東。他和拉米．馬赫盧夫一樣，都是阿薩德的密友。根據媒體報導，他被稱為敘利亞獨裁者的「倫敦投機商」（London Fixer），是在那裡的生意的中間人。[19]

有個小插曲：根據維基解密流出的電子郵件，他曾經為阿薩德的太太阿斯瑪（Asma）在倫敦哈洛斯（Harods）精品百貨公司購買昂貴的明朝花瓶和亞曼尼家具，當時她在歐洲早就是不受歡迎人物。在敘利亞內戰中有數十萬人罹難，而阿斯瑪卻因為哈洛斯換季拍賣而大肆採購。[20]

在馬魯夫遭到美國制裁十個月後，莫薩克馮賽卡的「合規部門」聯絡了他們在倫敦的事務所。馬魯夫畢竟是至少十一家公司的所有人，其中有七家是用來在大不列顛購買或持有不動產。合規部門的結論是：「根據我們的風險評估，這些公司會列入高風險層級。」莫薩克馮賽卡的員工讓馬魯夫通過「全球檢查」（world check）：那是一個資料庫，羅列所有和政治人物或犯罪者可能掛鉤的人。此外，只要在谷哥搜尋莫薩克馮賽卡的客戶馬魯夫，就會看到我們也發現的資訊：他是阿薩德「在倫敦的人」，而且被列入制裁名單中。

但是蘇萊曼．馬魯夫一直是他們的客戶，到了二〇一五年還是。有時候，莫薩克馮賽卡的因循苟且畢竟還是值得的：自從二〇一四年以來，馬魯夫就不在制裁名單上。由於馬魯夫的律師們的施壓，英國外交部撤銷對他的制裁，據說是「因為缺少合法證據」。

除此之外，我們也發現一家公司，叫作「Maxima Middle East Trading Co.」，他們在二〇一三年決定在「敘利亞國際伊斯蘭銀行」（Syria International Islamic Bank）至少開設一個帳戶。正當敘利亞人陷入內戰的時候，報導指出銀行應該有金援阿薩德政權以對付各種制裁。因此，該銀行於二〇一二年被美國列入制裁名單，但是莫薩克馮賽卡仍然幫助他們的客戶在該銀行開戶。

我們尤其有個疑問：為什麼這個公司一定要在這家銀行開戶？

我們更仔細地檢視該公司，逐一討論所有文件，在資料庫裡搜尋，詢問專家。我們發現，「Maxima Middle East Trading Co.」在沙迦（Sharjah）的自由貿易區設有辦事處，沙迦是阿拉伯聯合國大公國七個酋長國之一，是祕密供應敘利亞物資的聲名狼藉的轉運站。美國當局也認為這家公司是整個錯綜複雜的公司網樞紐，透過偽造的文件將汽油運往敘利亞。二〇一四年十二月，美國將「Maxima Middle East Trading Co.」及其前任董事長阿瑪德・巴卡維（Ahmad Barqawi）列入制裁名單。[21]

---

19 針對詢問，馬魯夫的一位委任律師解釋說，之前對其委託人的制裁是依據「錯誤而不實的指責」。

20 對於馬魯夫為阿斯瑪所做的事，直到本書完成編輯，馬魯夫的委任律師沒有回覆相關詢問。

21 直到本書完成編輯，Maxima Middle East Trading Co. 與巴卡維都沒有回覆相關詢問。

美國財政部懷疑該公司「和俄羅斯石油以及天然氣企業合作，購買石油以供應敘利亞政府在霍姆斯（Homs）和大馬士革控制的煉油廠」。他們藉此「支援一個將飛機用油輸入敘利亞的計畫」，也就是敘利亞政府轟炸自己的人民所需的飛機燃料。

據說還有一家公司叫作「Pangates International Corporation Ltd」，也涉及「Maxima Middle East Trading Co.」的生意。

它也出現在我們的資料裡，而且有三次。分別是在避稅地紐埃（Niue）、薩摩亞和一次是在塞席爾（Seychelles）。二〇一四年七月，美國終於制裁該公司，因為它「以資金和服務提供敘利亞政府實質支援」。[22]

也就是提供阿薩德。可是莫薩克馮賽卡的內部紀錄顯示他們的往來持續更久，而顯然違反了美國的貿易禁運規定。[23]

22 直到本書完成編輯，Pangates International Corporation Ltd 沒有回覆相關詢問。

23 直到本書完成編輯，莫薩克馮賽卡沒有回覆相關詢問。

6 從納粹黨衛軍、美國中情局到巴拿馬

259 GB。

260 GB。

261 GB。

我們的資料堆成了任何記者報導過的最大解密事件。大過前述的境外解密。

相較之下：維基解密公布的外交文件有1.7GB。瑞士解密，也就是埃爾韋·法爾恰尼的祕密資料，有3.3GB。盧森堡解密有4GB。維基解密裡的阿富汗文件有1.4GB。

當然，解密檔案的大小不是最重要的。如果260GB的檔案裡充斥著不知所云的證明文件，那麼到頭來也就只是沒有意義的證明文件。此外，我們也很難想像260GB有多大。說得具體一點：在260GB的檔案裡，可能會有將近一百萬封電子郵件，數百萬至數億頁的祕密文件。從這些資訊裡更可以找出些蛛絲馬跡。但是「最大的解密」也很自然地會使我們引人側目，當我們有一天公布調查結果的時候。

「你們真的要那麼做嗎？你們真的要公布嗎？」我們部門主管萊恩戴克開玩笑說，他早

就安排我們暫時放下報導的工作，整天守著我們的硬碟。雖說如此，他也盡力為我們在報社的「無所事事」辯護。

此外，解密檔案的大小對我們也有些幫助，因為我們可以藉此引起「國際調查記者聯盟」在世界各地的同儕對我們的計畫感到好奇。解密檔案越大，每個案件發展成各自國家的驚人新聞的機率就越高。而加入調查的同業越多，我們就可以共同披露越多的報導。

這個世界。我們的解密。阿薩德、普丁、冰島、五億美金。這一切簡直太荒謬了。最難以置信的是：消息來源不斷提供資料。他就是停不下來。

第二天，我們和「國際調查記者聯盟」主席賴爾通電話。我們對他解釋這件事，「國際調查記者聯盟」的同業加入調查的理由也更加充分。他聽了很興奮，但是很快就把話題轉向實務方面。「國際調查記者聯盟」會派兩個數據處理專家到慕尼黑：西班牙記者瑪爾・卡巴拉（Mar Cabra），「國際調查記者聯盟」數據與研究小組組長，以及哥斯大黎加的數據專家黎哥貝多・卡瓦亞（Rigoberto Carvajal）。他們兩位會嚴格檢查我們的資料並且試圖理解它們。他們會告訴我們如何處理這麼一大堆資料，也會為我們安裝一個程式，讓我們的搜尋更方便。此外，他們會帶一個硬碟回華盛頓。當然是加密過的。更精確地說，是加密且隱藏的。

方法如下：我們利用「TrueCrypt」或「VeraCrypt」的加密程式，根據史諾登的說法，就連美國國安局專家，一直到最近都沒辦法破解這兩個程式，它們讓一個外接硬碟看起來只有一層加密而已。其實這個硬碟除了看得見的、加密的磁碟以外，還有一個看不見的、加密的磁碟。如果美國聯邦調查局、海關或其他人要求黎哥貝多或瑪爾接上硬碟將它解密，那麼他們就會在密碼查詢的欄位上輸入看得見的磁碟的密碼。於是它會啟動我們只儲存一兩個資料夾的磁碟，裡頭的文件看起來很機密而重要，實則不然。

他們既看不見也沒辦法檢查出裡頭有第二個磁碟。

如此加密的硬碟，對於一直只記得六位密碼的我們而言，雖然不算是太複雜，但是操作起來也沒有那麼簡單。

我們的密碼看起來大概就像這樣：

「Nvc87sad5chj56586356%&fc8796c_ndnuc71dehdtg3%$654tz3」。

這夠荒唐了。突然間、沒有任何預警地，我們都成了傻瓜。

不過我們還可以接受：總算有一點安全防護的感覺，這還不壞。畢竟，在瑪爾和黎哥貝多（我們從境外解密就認識了）來到慕尼黑以前，資料加密的工作得落在我們頭上。

這兩個專家在途中期間，我們正在埋首於一個極為傳統的調查，我們待在檔案館翻閱泛黃的文件。當我們著手理解尤根・莫薩克如何移民到巴拿馬時，有很多問題要在檔案室裡找到答案，我們想知道他父親以前是不是和納粹有關係。他是不是有特殊原因才要移民拉丁美洲。

我們的問題得到初步的解答。艾爾哈德・莫薩克果真曾經是納粹黨衛軍。在德國聯邦檔案館裡找到他的「稅捐卡」（Gebührniskarte）。上頭記載著，莫薩克在一九四四年九月晉升為「下士」。

在美國聯邦警察局的一份檔案裡，我們查到更多內幕：艾爾哈德·莫薩克，一九二四年四月十六日出生於霍耶斯韋達（Hoyerswerda）的艾瑞卡礦區（Grube-Erika），十五歲加入「希特勒青年團」，十八歲成為納粹黨衛軍。此外也有個相符的「特徵」紀錄：左大臂內側有個「除去血型刺青」的痕跡，血型刺青是納粹黨衛軍如假包換的記號，因此，許多納粹黨衛軍到了戰爭後期都會試圖除去刺青。根據檔案記載，艾爾哈德·莫薩克在一九四二年十一月轉調到「第三黨衛軍骷髏裝甲師」，在當時的捷克、芬蘭和挪威作戰。一九四五年一月，在他晉升下士的幾天後，他奉派到西部戰線，一九四五年三月被美軍俘虜。他在十二月逃出法國勒阿弗爾（Le Havre）戰俘營，越過邊境潛逃回德國。

後來，一九四六年他在奧芬巴哈（Offenbach）被捕。美國從事反間諜活動的戰情中心的一個線民聲稱，莫薩克有「一份很龐大的地下組織名單」，他自己也是其中一員。戰情中心對莫薩克的研判如下：「完全被納粹意識型態洗腦。典型的希特勒青年團領隊，一直活在納粹口號的世界裡，是在希特勒統治下的德國青年的明顯例證。」

讓我們百思不解的是：納粹黨衛軍成員後來怎麼有辦法入境美國？因為他在德國的戶籍遷出登記上是這麼說的。

理由是：艾爾哈德·莫薩克在戰後顯然改頭換面。我們從簡單的谷哥搜尋就看到：我們輸入「艾爾哈德·莫薩克」，就找到一個公開和第二次世界大戰相關的美國文件的網頁。其中有一份據稱是納粹黨員的名單，他們在戰後為美國情報局擔任線民。其中有個人就叫作「艾爾哈德．莫薩克」。

如果他要入境美國而不是直接到巴拿馬而已的話，這些都要在入境許可證上聲明。但那或許是中情局特別網開一面的。巴拿馬被認為是納粹黨更安全舒適的避風港，美國基於各種理由不歡迎他們入境。美國作家艾瑞克．李希特布勞（Eric Lichtblau）在他的《納粹的新生》（*The Nazis New Door*）裡也在若干例證當中解釋這點。

美國情報員如何不擇手段地在納粹黨員中找他們的線民，從號稱「里昂屠夫」的克勞斯．巴比（**Klaus Barbie**）的事件就可見一斑。巴比也在巴拿馬住過一陣子。

中情局的一份電訊裡提到，艾爾哈德．莫薩克的線民工作不是很順利。從內容上看似乎是和古巴情報員有關，但是中情局不確定莫薩克是不是很可靠。也不確定他過去的經歷會不會為他惹來麻煩。

莫薩克和情報人員合作，這件事殆無疑義。德國聯邦情報局，德國駐外情報局，都對我們證實這點。我們原本是想知道德國聯邦情報局有沒有艾爾哈德．莫薩克的資料，結果真的有。當然，德國聯邦情報局不會公開它，如果公開資料，可能會「危及德國或其中一邦」。真是莫測高深。

很可惜的是，莫薩克的故事到此就擱淺了。我們只確定一點，有個叫作「艾爾哈德．彼得．莫薩克」的人在一家成立於一九六五年三月的公司擔任董事長，叫作「Union Alemana de Exportación S. A.」。他的太太路易莎．赫佐格．莫薩克也是董事。根據文件記載，該公司一直到一九七〇年左右都有租用辦公室。

他的兒子，境外公司皇帝尤根・莫薩克，在一九八九年試圖以兩萬美元將該公司賣給一個倫敦律師。說也奇怪，後者堅持要一家成立於一九六〇年的公司。「Union Alemana de Exportación S. A.」還年輕了五歲。於是這筆交易就破局了。

一個英國律師在一九八九年買一家成立於一九六〇年的境外公司做什麼？理論上是要假裝公司歷史悠久。例如在參加公開招標時，如果公司已經經營多年，不是幾個月前才成立的，那麼通常會占優勢。專家會稱之為「現成公司」（Shelf-Company），公司看起來已經有點歲數了，就像牛仔褲一樣。但是莫薩克的買家到底想要做什麼，我們不得而知。

由於德國聯邦情報局如封似閉，這個前納粹黨衛軍、後來美國中情局的線民的真正意圖和行徑為何，我們一直不得其解。不過顯然這對莫薩克父子的行事作風很類似：他們在選擇生意夥伴時不會很吹毛求疵。

二〇一五年五月初，「國際調查記者聯盟」兩個數據處理專家，黎哥貝多・卡瓦亞和瑪爾・卡巴拉一起搭飛機到慕尼黑。我們告訴他們艾爾哈德・莫薩克的故事，他們聽得如癡如醉。納粹的主題總是叫人興奮不已，美國中情局也是。而兩者的組合就太神奇了。

黎哥貝多・卡瓦亞和瑪爾・卡巴拉在慕尼黑租了一層房子，我們一進屋子，就感覺宛如身處一部駭客電影的場景。所有百葉窗都拉下來，兩張桌子上擺了幾部筆記型電腦，到處都是傳輸線，外接硬碟閃爍不定，電腦螢幕不斷跳動，資料處理器嗡嗡作響。隨身碟、咖啡杯和背包則散落四處。

看到我們到來，瑪爾和黎哥貝多笑逐顏開。「歡迎來到數據世界，」瑪爾說。我們把自己的筆電也放下來，接著就沉浸在這些奇怪的宇宙裡。

我們將至今收到的資料遞給他們兩人。接著我們解釋我們所知道的一切：莫薩克馮賽卡已經把他們的資料整理得井然有序。莫薩克馮賽卡所成立的每一家公司都有個識別號碼。接著他們會在系統裡建立一個數位資料夾，而且就用這個號碼。莫薩克馮賽卡的員工顯然將和公司有關的所有文件都歸檔到這些資料夾裡：註冊的原始文件、呈遞的卷宗影本、董事和股東的登記、種種合約、正式護照的掃描圖檔，尤其是和公司有關的所有電子郵件。

西班牙籍的瑪爾，「國際調查記者聯盟」數據與研究小組組長，她精力充沛，總是像皮球一樣活蹦亂跳，說話的時候會不斷比手畫腳。就在我們正打算說明我們所知道的一切時，她沙啞著嗓子大笑，對我們抱歉說：「你們怎麼不說話呢？我們可是為了你們才到這裡來的！」瑪爾的思路很有條理。她每幾分鐘就會記下待辦事項，調整新的行程表，擬想最理想和最糟糕的狀況。她總是掌握全局，包括所有共事的人。

程式設計師黎哥貝多大半時間只是靜靜坐著傾聽。但是他的眼睛炯炯有神。他只是偶爾拋出一個問題，我們就明白他在構思什麼。他的工作是處理這些資料，讓記者們可以善用它們。在「國際調查記者聯盟」的計畫結束時，沒有人像黎哥貝多對資料那麼瞭若指掌。他必須清楚所有枝節問題，才能將所有用得上的工具完美編程：為祕密文件建立多重安全防護的資料庫，讓世界各地參與計畫的記者們都能夠查詢。一個安全的論壇，讓所有人都可以透過它交談。還有將結構化資料盡可能視覺化的資料庫：每一家公司以及和他們往來的單位都可以一目瞭然，尤其是那些股東和中間人。黎哥貝多的想法是，只要點選一兩次，所有參與計畫的記者應該就查得到某個人是否也持股其他公司，如果有的話，又是哪些公司。而其他哪些人也持股這些公司等等。那可以說是一個不斷延伸的視覺化。黎哥貝多相當熱中於將錯綜複雜的公司網路以圖像呈現。

當然，這一切沒有那麼容易。因為我們往往在所有人的欄位上只看到：「持有人」（the bearer, el portador）之類的字眼，也就是「無記名股票」。我們在調查之初就了解這點：如果境外公司只發行一張無記名股票，那麼手裡持有實體股票的人就是這家公司的所有人。它的好處是可以不留痕跡地輕易買賣公司，包括屬於公司的一切資產。不管是馬略卡島（Mallorca）上的別墅，或者供應內戰國家一整船的自動步槍。公司的所有人是誰，則完全無從查證，就連莫薩克馮賽卡的內部資料夾，不是完全找不到這樣的資訊，就是只能在某個資料夾的一千份文件中找到一份。

因此，如果我們有一天真的決定公開資料（而我們也承諾了我們的主管），我們就必須讓搜尋更快更有效率。

我們需要像「Nuix Investigator」這樣的程式。「Nuix」是一家澳洲公司，生產資訊科技鑑識軟體。也就是說，人們可以將混亂的資料分門別類而方便搜尋。就連原本無法搜尋的「PDF」檔案、圖片和掃描圖檔，現在也可以掌握。由於我們有數千筆這樣的資料，因此「Nuix」正好符合我們的需求。只不過它所費不貲。會使用這樣軟體的，通常是世界各國的國家安全局、檢察署、警察和廉政署。「除了『Nuix』以外，沒有其他軟體能夠處理這麼大量的資料，以滿足美國證券管理委員會的時間需求」，在「Nuix」的官網上，我們看到這樣的廣告。美國證管會（Securities and Exchange Commission）經常要處理這麼大量的資料。如果「Nuix」能夠應付它，那麼這個程式應該也能應付我們的資料。

雖然「Nuix」價格非常昂貴，但是我們和「國際調查記者聯盟」在境外解密事件時就已經使用過了。「國際調查記者聯盟」主席賴爾來自澳洲，他說服該公司支持「國際調查記者聯盟」的工作，提供若干免費使用授權。

「Nuix」同樣也支持這次的計畫。我們同樣獲得使用授權，在瑪爾和黎哥貝多交給我們的隨身碟裡。於是我們誠惶誠恐地坐在新的筆電前面（它有500GB的儲存空間），瑪爾和黎哥貝多則對我們解釋「Nuix」如何操作。表面上很簡單：一個搜尋文字框（search field），讓我們可以利用谷哥搜尋，一個預覽視窗，以及一個搜尋結果列。就連資料路徑、資料的背景和樹狀結構，也可以在結果列上看到。除此之外，只要點選一次，就可以將所有搜尋結果存檔，如果我們當下沒有時間分析結果的話。

如果人們一直使用免費的搜尋工具，然後改用「Nuix」，應該會有像是從馬車換成一級方程式賽車一樣的感覺。

「Nuix」的基本原理很簡單：要搜尋的資料會以「證據」的形式載入程式，而且自動以關鍵詞分類，或者如專家說的：「編入索引」。「Word」文件和電子郵件的這個功能很簡單。「PDF」檔案和圖片資料就比較困難，更不用說我們現在的資料裡已經有數十萬個這類檔案。因此，「Nuix」程式首先必須能夠辨識螢幕上出現的文字。我們利用一個文字辨識軟體就做得到，也就是「光學文字辨識」（optical character recognition）。直到所有文件都經過「光學文字辨識」處理，「沒有搜尋結果」才真的是找不到符合搜尋字詞的文件。如此當我們以「Angela Merkel」進行搜尋而沒有相符的結果時，才能真正確定資料裡沒有「安格拉．梅克爾」。

此外，在列印出來、後來再經過掃描的傳真文件裡也藏有許多名字，或是用老式打字機撰寫的文件，「光學文字辨識」的程式也會找不到搜尋結果。如此一來，只要我們沒有親眼檢查每一頁，就沒辦法完全確定地排除某個人和莫薩克馮賽卡有生意往來。

在「Nuix」將我們的資料編入索引並且整個進行一次文字辨識之後，我們總算可以很完備地搜尋我們的文件，它目前已經有350GB。瑪爾和黎哥貝多分別飛回西班牙和哥斯大黎加，我們則回到資料處理器前面。問題是：我們要搜尋什麼？柯爾（Helmut Kohl）嗎？施洛德（Gerhard Schröder）嗎？或者是赫內斯（Uli Hoeneß）？*

▤

二〇一二年底，我們在調查境外解密文件時，每四個人一組，待在一個沒有窗戶的房間裡，瘋狂地將搜尋字詞輸入系統。史特勞斯（Franz Josef Strauß）、祖溫克爾（Klaus

Zumwinkel）、艾克曼（Joseph Ackermann）**、柯爾（Helmut Kohl），這些名字可能都不只輸入一次，而可能搜尋了兩、三回。誰會記得他十天前輸入什麼字詞呢？後來我們明白那是在窮折騰，於是列了一個名單：最重要的德國政治人物、最重要的經理人等等。

這次我們一開始就有個策略：我們固然一有空就搜尋我們有興趣的名字。可是我們也列了一張詳盡的名單。在瑪爾和黎哥貝多離開後，我們很清楚，如果沒有這樣的名單，我們會浪費太多時間在瀏覽資料上面。有鑑於資料堆積如山，我們遲早會時間不夠用。

基本上，我們把德國的公眾人物清查了一遍。我們列出所有重要的政治人物、銀行家、運動員、涉及公共事務的人物，我們搜尋富商巨賈、罪犯和貪汙犯，我們盡可能列出「醜聞人士」。包括所有涉及基民黨政治獻金事件、洛伊納事件（Leunaaffäre）***、巴爾夏事件（Barschelaffäre）****或其他重要的醜聞和貪汙案件的人物。我們的資料有辦法追溯到一九七〇年代。

我們打算以後用這份名單在資料裡撈魚。我們利用「Nuix」進行：我們載入記載搜尋名

* 德國拜仁慕尼黑足球俱樂部主席，二〇一四年因為逃稅兩千七百二十萬歐元而被判三年六個月有期徒刑。二〇一六年二月假釋出獄。

** 史特勞斯（1915-1988），德國基社黨政治家。祖溫克爾（1943-），曾任德國郵局總經理。二〇〇九年因逃稅被判兩年有期徒刑。艾克曼（1948-），瑞士銀行家。曾任德意志銀行執行長、蘇黎世保險集團總裁。

*** 指洛伊納化工廠民營化過程中可能對政治人物行賄的傳聞。

**** 什列斯威霍斯坦（Schleswig-Holstein）州長巴爾夏（Uwe Barschel）在一九八七年發生的競選醜聞。

單的「Excel」檔案，就會得出列舉搜尋結果的「Excel」檔案。搜尋結果會依據相符百分比等級排列。例如說，輸入「Gerhard Schröder」，與字詞相符的搜尋結果是百分之百，「Gerhard Schrader」大約百分之九十五，「Gerd Schröder」是百分之八十，「Gerard Schroem」則是百分之六十或更低。最後我們必須一筆筆手動檢查搜尋結果。

在我們的「政黨政治獻金事件」名單裡最後得出一百三十個人名，至於前東德國家情報局（Stasi）及可能的幫凶名單則多達九萬四千八百五十六人。

我們同時也一再輸入很可能成果豐碩的名詞，因為它們可能會幫我們找出有意思的電子郵件。比方說，莫薩克馮賽卡往往和犯罪者有關，而從犯罪者又可以追蹤到政府官員。我們是不是也該查一查「搜索令」這個字詞？

我們輸入「搜索令」搜尋字詞，還真的得出一長串搜尋結果。其中有一連串在英屬維京群島註冊的公司，一個名為「利比亞資產追蹤委員會」（Libyan Asset Tracing Committee）的組織，便懷疑其中一家公司是個虛設行號，據說幫助格達費和他的幫凶將一億五千萬美金轉到國外。莫薩克馮賽卡駁斥這個嫌疑，卻已經足以驚動原本對這些案件很冷淡的「金融調查局」（Financial Investigation Agency），英屬維京群島的金融調查機構，他們在二〇一三年十月三日，對當地的莫薩克馮賽卡律師事務所發出搜索令。

讓我們大開眼界的，還有各種焦慮不安。我們甚至可以在內部信件裡看到這樣的句子：「該死，我們多年來真的都在幫助格達費的嘍囉們洗劫他們的國家嗎？」

又多了一條線索。我們在「國家元首資料夾」底下設了一個子資料夾，裡頭的公司名稱聽起來如詩如畫，甚至很浪漫：「Wildwood Traders Ltd.」、「Moon Silk Ltd.」、「Sirvent Star Corporation」、「Bristows Corp.」、「Regency Belle Corporation」、「Seafire Systems Ltd.」、「Sea Swells, Morning Star Technology Ltd.」、「Pacific Mist Ltd.」、「HC Nominees (BVL) Ltd.」、「Albion International Group.」。

我們更仔細地查看這些公司，發現若干官方的公文。我們看到調查員懷疑這些公司都屬於一個叫作「阿里．達拜巴」（Ali Dabaiba）的人。這個博學多聞的地理學家是格達費政府的「行政中心發展組織」（Organization for Development of Administrative Centers）的主管，那是個規模龐大的政府採購部門。[1]

這個案件特別引人入勝的地方，在於它是最新的時事。我們需要更多資訊。

〔無名氏〕　我今晚睡不著，我必須想想若干人士對於這次揭密會有什麼反應。這家公

1 關於達拜巴的反應，參見第26章。

司有些客戶可能會很想把我挖出來。他們其中有些人還是情報人員。

〔南德日報〕很有可能。你要小心。

〔無名氏〕我盡量。你們有採取什麼預防措施嗎？莫薩克馮賽卡的客戶應該也不會很喜歡參與這次行動的記者們吧？

〔南德日報〕我們盡力而為。

一個個星期過去，我們越來越謹慎，當我們越來越清楚，這些資料可能對全世界造成重大的影響。我們只讓絕對有必須知道我們計畫的人進入編輯部，我們的部門主管以及總編輯。此外，我們和「國際調查記者聯盟」的合作也完成編組。瑪爾和黎哥貝多將我們在慕尼黑傳給他們的資料暫時分析一下。他們作了初步測試，看看該怎麼整理這些資料，如何讓掃描圖檔可以搜尋，他們也設置了一個加密的論壇。我們每兩三天就和黎哥貝多．卡瓦亞、瑪爾．卡巴拉、傑拉德．賴爾以及瑪莉娜．沃克．格瓦拉開會，討論資料、計畫和正在進行的工作，以及準備要和哪些國家哪些同業會談。阿根廷方面很清楚與《國家報》。英國則是《衛報》和英國國家廣播公司。法國是《世界報》（*Le Monde*）以及愛德華．貝翰（Edouard Perrin），盧森堡解密事件中的揭密者。

可是我們還需要俄羅斯的記者。只不過這不是件容易的事。俄羅斯的記者沒有多少人能夠直言無隱的。真正慷慨陳詞的人，則要冒很大的風險。刑求，監禁，甚至有生命危險。

在中國也是如此。莫薩克馮賽卡在中國大約有十家事務所。也就是說，在中國很多有錢人都是他們的客戶。但是我們在中國或香港一個同業都找不到。

為什麼？

我們在二〇一四年初和「國際調查記者聯盟」合作對境外解密的追蹤報導，調查信箱公司的中國業主。我們先前擱置了這個部分，因為中國人名的查證曠日廢時。後來我們從境外解密的資料發現，中國權貴在避稅地大規模進行祕密交易。我們找到重要政治人物的親戚的信箱公司。此外也出現若干富商巨賈以及國營企業的領導階層，他們都捲入貪汙的醜聞。

當時我們是和香港的《明報》合作。《明報》顯然是鋌而走險，但是沒有人知道風險有多大。一方面他們人在香港；另一方面，即使是在相對自由的香港，批評中國高層仍舊是甘冒大不韙的事。不管怎樣，《明報》總編輯劉進圖（Kevin Lau）在預計披露以前就遭到調職，改派一個對政權婢膝奴顏的繼任者。此舉在社內引起大規模抗議，不過事情不了了之。我們在當時刊出我們的報導時，幾個鐘頭以後，在中國大部分的報導都遭到查禁。《南德日報》（我們在上面以中文公開調查結果）和「國際調查記者聯盟」其他夥伴的首頁也都再也進不去。

事情越演越烈：有一天，劉進圖在停車場前遭到不名人士在街上持刀攻擊。他背部和大腿身中六刀，傷勢嚴重，幸而大難不死。凶手駕機車逃逸。後來有若干黑社會成員遭到逮捕。他們只是聽命辦事的小嘍囉：兩個年輕人為了一點錢就對記者下手行凶。至於唆使人是誰，至今仍舊沒有水落石出。目擊者推測凶手無意致劉進圖於死命，應該只是要恐嚇他而已。

「國際調查記者聯盟」為我們的計畫找到歐蕾珊（Alexa Olesen）加入團隊。她是美聯社（*Associated Press*）新聞部駐中國特派員，以獨立記者的身分加入「境外解密」的工作。這次也是由她負責所有與中國有關的報導。果然幾天後就傳來初步的結果：她從資料裡發現一個黨政高層的孫女，此外有兩個中國軍事將領以及一個電影明星。

相較於國際層次的發現，我們在德國的搜尋結果就顯得很可笑。但是在這幾天裡，我們又發現值得在德國追蹤調查的幾個名字。

確切地說，我們發現了一個對我們而言不知所云的名字：C・M。

但是這個名字出現在一長串的銀行證明文件裡，而且都是最近發生的事。由於他的名字聽起來是德國人的名字，於是我們用谷哥搜尋它。或許有人認識他吧？

視窗跳出的第七條搜尋結果是哥倫比亞日報《觀察家報》（*El Espectador*）一段關於哥倫比亞政府和游擊隊談判的報導，如果我們《觀察家報》的同業報導無誤的話，「C・M」是一個德裔阿根廷人的化名，他負責和哥倫比亞游擊隊「民族解放軍隊」（ELN）談判釋放德國人質的問題。

而「C・M」的本名叫作W・M，一個行事作風很隱密的私家偵探。M曾經幫助談判者讓許多游擊隊的人質獲釋，也曾經尋回失蹤的有毒氣體儲存桶、遭到綁架的億萬富翁弗里克（Friedrich Karl Flick）的屍體，以及科隆大教堂的聖物。

德國聯邦刑事警察局稱他為「M機構」。據說他是「名副其實的來歷不明的人（Dunkelmann）」，同時也是個「政治家」，《明鏡周刊》前任總編輯奧斯特（Stefan Aust）在一九九九年出版的《探員M》裡如是寫道。我們的記者部主任萊恩戴克還曾經特地飛到哥倫比亞的叢林現場採訪M：他正負責營救哥倫比亞游擊隊「民族解放軍隊」手裡的義大利人質。

這個人是個傳奇人物。於是我們著手追蹤關於他的線索。

7 神祕的情報員

如果我們在資料裡發現的「C‧M」就是私家偵探W‧M，那麼我們就有一大堆工作要做：我們在資料中看到一張帳單，光是二〇一一年，W‧M在莫薩克馮賽卡的信箱公司費用就有兩萬三千七百二十五美元。

一年就花了兩萬三千七百二十五美元。

大多數其他客戶每年的費用都在四位數以下。C‧M，或者說W‧M顯然不只擁有一兩家信箱公司。那毋寧是一個小型帝國。[1]

此外，我們也在內部的匯款一覽表裡看到若干帳戶是C‧M委託莫薩克馮賽卡開設的。我們也發現若干金額驚人的款項。

如果說M真的藏身在這個結構背後，那麼我們不只有很多工作要做，而且會有很驚爆的故事。因為M很可能是德國頂尖的私家偵探，卻也肯定是爭議性最大的。他出生於一九四〇年，父親是個商人，一九六一年開始他的事業，成立自己的第一家偵探事務所。在那之前，他當過吸塵器業務員。事務所剛開始的業務多半是外遇蒐證，不多久他就接到大型保險公司的委託案，尋回若干失竊的汽車。「警方對嫌犯的興趣大於贓物，也很樂意讓保險業務助理看他們的檔案，」《明鏡週刊》在一九九六年如是寫道。M偶爾也會提供「黑社會的內幕消息」作為回報。

德國的治安機關也注意到才華橫溢的M先生，因此他不久以後就為警察局、聯邦情報局、各邦的刑事警察局以及聯邦憲法保衛局工作。他的仰慕者把他叫作「多功能武器」，M則大言不慚地自稱是「打擊犯罪的急先鋒」。「有證據證實，由於我的參與，有一千六百多人被拘捕到案，」他甚至在呈遞德國聯邦情報局的一份公文裡如此聲稱。

只要在報社檔案室裡查詢「W‧M」這個人，都會注意到兩件事：其一是，相較於仰慕者對他的讚譽，他顯然更加自命不凡，這似乎也影響到他的工作。

其二是批評者早就警告過要提防他的手法。有些書也提到他的工作方式，就連下薩克森邦議會也成立一個調查委員會處理M的問題。

但是他的事業顯然很成功，而他的勞務費也跟著水漲船高。他的案件更是源源不絕。《法蘭克福論壇報》不僅證實說，私家偵探M「生活奢華」，更是質疑他的錢從哪兒來的。

在哥倫比亞，政府當局一度指控他暗中串通游擊隊，不過所有對他的控訴到頭來都不成立，這段故事是M在他自己的首頁上描述的。

於是我們有很好的理由澈底檢視莫薩克馮賽卡致「C‧M」的所有書面文件。

1 關於W‧M與其律師的辯解，參見本章末。

首先我們必須證明M就是我們資料裡的「C・M」。此外我們必須知道，M一直以數不清的假身分在行動。他自稱是「霍斯特・法柏」和「蘭普博士」，或是直截了當的「賈克」或是故作優雅的「馬洛」。就我們所知，他多年來換了許多名字。[2]他在萊茵蘭法爾茲的鄰居以為他叫「理察・尼爾森」，黑森邦的刑事警察局找他追蹤一起汽車竊案時，他叫作「歐托・約翰」，而他的飛機駕照上則是登記成「賀伯・瑞克」（至少有一陣子）。[3]他也以這個名字娶了他的第二任老婆。

但是他也自稱是「C/K・M」。他用這個名字營救哥倫比亞的人質，也用這個名字追蹤塞維索（Seveso）化工廠消失的毒氣儲存桶：一九七六年，義大利北部塞維索一家化工廠發生戴奧辛毒氣外洩事件，造成一百八十七人生病。在清理過程當中裝填了一百五十一噸劇毒廢棄物，由德國曼內斯曼集團（Mannesmann-Konzern）義大利分公司清運。一九八二年，貨運車載著毒氣儲存桶越過義大利和法國邊境，卻神祕失蹤。四十一具裝滿毒氣的儲存桶從此人間蒸發。這個事件對曼內斯曼集團而言不但很危險也相當尷尬。

他們找來W・M，而且由下薩克森邦的憲法保衛局發出一本以「C・M」為假名的護照（其原因至今不明）。而他真的在法國找到毒氣儲存桶的竊賊，以金額不明的錢誘使他們交出所謂的贓物。一九八三年五月，那些儲存桶被發現安置在法國聖康坦（Saint-Quentin）附近廢棄的屠宰場裡。可是後來有人懷疑，追蹤到這裡來會不會太遠了一點。

我們從資料裡看到，一九八五年十一月，一家叫作「Transacta Valores」的公司在巴拿馬註冊。公司一開始是發行無記名股票。也就是說，外界無從得知所有人是誰。可是我們在證明文件裡看到，這些股票在二〇一四年一月從內部轉讓給「C·M」。

我們尤其發現一份文件，那是一個叫作「C·M」的人的護照掃描圖檔。上面記載著M在一九四二年二月七日出生於哈根（Hagen），護照號碼是「2103086891」，由西梅恩鎮（Simmern in Hunsrück）發出。我們知道M就住在那個地區附近。出生日期不對，但是在假身分上也做這種手腳，就有點奇怪了。

護照上的照片是一個年紀大很多的男人，穿著襯衫和領帶。M的照片並不多見，但是照片裡的人很可能就是M，看起來有點像，但不一定就是他。

就連親眼見過M的萊恩戴克也不敢確定「Transacta Valores」的所有人是不是他。

接著我們在網路上看到一篇文章提到這家公司。那是《明鏡週刊》在一九九七年的封面報導，用十二頁的篇幅敘述一些德國人如何將錢運到列支敦士登。文章裡也提到M以及他在列支敦士登的家族基金會「Werida」。該文章說，基金會的章程裡提到兩家信箱公司，古拉索的「Nolilane N. V.」和巴拿馬的「Transacta Valores S. A.」。

可是如果說「Transacta Valores」是M的家族基金會的公司，而證據顯示「Transacta Valores」將股票轉讓給我們的「C·M」，這其中就有點蹊蹺了。我們從資料裡抽絲剝繭，

2 針對詢問W·M證實並強調，他還使用過很多其他的名字。

3 針對詢問W·M解釋說，自從一九八四年一場攻擊事件後，基於安全考量，至今他必須放棄使用自己本名的飛機來支援運輸。

找出和「C・M」相關的所有線索。我們知道會很值得。

在《明鏡週刊》報導裡，我們又讀到，「Transacta Valores」在法蘭克福擁有兩間房屋。而我們真的就在我們的資料裡發現一家法蘭克福不動產公司房屋管理部的文件、區分所有權人會議通知以及雜費結算單。

《明鏡週刊》提到的其他境外公司在我們的解密裡也都找得到：「Nolilane N. V.」於一九八〇年在荷屬安地列斯註冊。我們看到該公司顯然在德勒斯登銀行拉美分行開了一個戶頭，也就是所謂的「『Nolilane』帳戶」[4]。此外，我們從證明文件得知，「Nolilane N. V.」的總部設在M居住的地方，也就是舊斯翠米希（Altstrimmig）。

舊斯翠米希居民有三百五十人，位於科亨姆・采爾（Cohem-Zell）地區，比中斯翠米希（Mittelstrimmig）還小。附近還有個叫作烏里西（Würrich）或潘茨威勒（Panzweiler）的地方。有許多森林、風車，網路連線很不穩定。M於一九六八年在萊茵蘭法爾茲購置大批土地，現在則屬於「Nolilane N.V.」。他的別墅看起來宛如一座碉堡：面對大街的窗戶呈長條狀，前面有植物以及由頁岩砌成的外牆。除此之外，從外面什麼也看不見。別墅外面圍起深綠色的鐵絲網，上面有三排鐵刺，後面種植幾公尺高的冷杉。如果還搞不清楚這是什麼意思的話，沒關係，還有一塊告示牌：「小心內有惡犬。」

M的鄰居一直以為別墅裡住的是尼爾森和他太太，他是美國一家鋼鐵公司的業務。他也以這個名字在那裡設籍。我們從資料上看到，「Nolilane N. V.」一直都是設籍在荷屬安地列斯。二〇〇五年，公司變更登記為「Nolilane NV Inc.」，設籍在巴拿馬。[5]這個私家偵探的別墅外面有一條步道，鐵絲網間或有塔柱加強支撐。從遠方可以看到土耳其綠的屋頂：M的馬術訓練場就在樹叢後面，由鐵絲網圍起來。《萊茵日報》（*Rhein-Zeitung*）說它「可以用來舉辦奧林匹克大賽」。

在這期間，我們又從消息來源那裡得到莫薩克馮賽卡大約二十一萬五千家公司的名單。「C・M」在兩家公司裡登記為股東，它們叫作「Boreal Management」和「Anysberg International」。M的兩家至今不為人知的公司。

現在我們一共發現四家公司和M有關。

我們把新的清單寄給「國際調查記者聯盟」，我們認為M的調查很重要，而「國際調查記者聯盟」則是從全局著想。瑪爾・卡巴拉，數據與研究小組組長，對清單這種東西情有獨鍾。有了清單，她就可以把混亂的資料整理清楚。我們可以看到資料裡的哪些公司設籍在哪些避稅地，它的股東則是在哪些國家。然後她可以為每個國家建立一個清單，後來各國的記者看到這份清單應該會雀躍不已。在瑞士解密的調查裡，這樣的清單很有幫助。記者不必搜尋所有資料，而可以專注在他們國家的人物有關的資料上。

---

4 W・M宣稱Nolilane沒有銀行帳戶。關於他的態度參見本章末。

5 對此M解釋說，設籍資料的錯誤必須更改。

因為不是所有地方的記者都像我們這樣得天獨厚：到現在為止，我們為了這個計畫已經有半年沒上班了。我們從以前的計畫得知，在非洲和拉丁美洲的同業，除了參與計畫以外，他們每天還得替報社寫稿，或是就任何可能的題目製作即時電視新聞報導。對他們來說，這樣的清單可以說是天降甘霖。它們提供了一個切入點，而省卻好幾個星期的搜尋時間。

此外我們也明白，我們的匿名消息來源幾個月以來不斷提供的資料，會是「國際調查記者聯盟」有史以來最大的調查計畫。各大洲的記者都會加入。「國際調查記者聯盟」的計畫主持人瑪莉娜每天和聯盟成員逐一通電話說明這個計畫：成員不是很多，因為參與者的核心圈剛開始不會很大，但是規模也要大到足以展開調查。

我們就連計畫的題目都有了：普羅米修斯（Prometheus）。就像「星鑑迷航記」影集裡的太空船。「國際調查記者聯盟」的計畫題目以往都是由數據專家黎哥貝多．卡瓦亞選定的。黎哥貝多很喜歡「星鑑迷航記」影集。「國際調查記者聯盟」內部將瑞士解密稱為「企業家」，盧森堡解密則是「探險家」，而世界銀行功敗垂成的調查計畫則叫作「奧德賽」。所有名字都是「星鑑迷航記」裡的太空船。

現在則是「普羅米修斯」。

在我們的W．M或C．M所擁有的那四家的證明文件當中，我們看到各式各樣的文件、買賣契約、租賃契約，而替M和莫薩克馮賽卡溝通的人，則是叫作「沃克．B」。這個中間人不是默默無聞的人：他在德勒斯登銀行擔任高階經理人幾十年，以前是盧森堡分行的主管，甚至被稱為德勒斯登銀行的「總代理」。

二〇〇五年耶誕節前，沃克・B在盧森堡安排一次會議。他為「『Nolilane N. V.』的真正所有人」以及他太太介紹莫薩克馮賽卡的一個德國同事。律師事務所的業務代表後來在備忘錄裡說，會議進行得很順利，他和「很可能成交」的客戶相談甚歡，他很值得「專案處理」。[6]

這個值得「專案處理」的客戶，莫薩克馮賽卡在備忘錄裡以挖苦的語氣幫他另外組合了一個新的名字。

呃……到底有沒有人知道這個人的真正身分？

沃克・B在莫薩克馮賽卡律師事務所擔任十二家公司的連絡窗口。[7]我們逐一檢查，發現所有公司都和W・M或C・M有關連，只不過對外有時候以持股掩飾。這些公司於一九八〇年到二〇一四年相繼成立。除了比較有名的「Nolilane N. V.」、「Transacta Valores」、「Boreal Management」和「Anysberg International」以外，我們還看到「Bradler International Corporación de Inversiones Cascabel」、「Goldborn Overseas」、「Goodwin Holdings Corp」、「Nerball Enterprises」、「Zabo S. A.」、「Baird Resources」和「Capriccio Management」，

6 沃克・B解釋，對於這次會面他只有模糊的記憶。根據他的印象，會談內容關於銀行事務的問題。參見本章末。針對相關詢問，莫薩克馮賽卡沒有回覆。

7 沃克・B解釋，M「不是他的客戶」。他只是「偶爾基於友善的關係，就銀行事務問題」給予協助。參見本章末。

都是屬於M的。

其中最年輕的公司，「Anysberg International Corporation」，直到二〇一四年底才在巴拿馬註冊，根據證明文件顯示，W．M或即C．M是唯一的股東和代表人。其中他也出示長期居留巴拿馬的外國人身分證。至於地址，他則填寫巴拿馬城一個優雅的住宅區。W．M或即C．M在一份文件裡填寫公司資本額為「一百多萬美元」。

誰會需要這麼多境外公司呢？這不只是所費不貲，而且很容易搞得暈頭轉向。M自己就發生這種狀況：二〇〇七年一月，沃克．B寫信給莫薩克馮賽卡說他的委託人找不到「Zabo S. A.」和「Boreal Management」這兩家公司的無記名股票，可是莫薩克馮賽卡只是對他解釋說接下來該怎麼辦。

M為什麼要這麼大費周章建造這個結構呢？更何況他還有《明鏡週刊》提到的在列支敦士登的「Werida」基金會，而他在當地還有另一個基金會，叫作「Micuwe」（這是新的基金會），它有時候會出現在M的「Transacta Valores」和「Nolilane N. V.」的股東名單上。

我們簡單整理一下目前的狀況：一個德國偵探讓一個德勒斯登銀行盧森堡分行前任經理管理設籍在巴拿馬和荷屬安地列斯的多家境外公司，同時在列支敦士登也有個基金會，分別在巴拿馬、德國和巴哈馬的銀行開設帳戶。

為什麼要有這些亂七八糟的開支呢？從莫薩克馮賽卡的一份內部備忘錄或許可見端倪：客戶想要以這個結構「保護他的財產和稅賦利益」。[8]

德國稅捐調查員對此會很有興趣，當然M也會問題不斷。根據我們的資訊，就在我們在這裡調查的時候，他遇到麻煩了。[9]

同時，匿名的公司和帳戶也很適合將贖金轉交給叛軍和匪徒。

不過有一件事很清楚：透過這些結構，就像M所經營的，可以瞞天過海地掩蓋金流和隱匿財產。全世界的情報人員和信箱公司以及境外信託糾纏不清，也是不無道理。德國聯邦情報局多年來應該也有大量的信箱公司，藉此購買外國的軍事科技，或者隱匿自己的行動。美國中情局在九一一事件以後用來綁架恐怖行動嫌疑犯的飛機，也是透過信箱公司放行過境的。二〇一四年，美國情報人員在立陶宛首都維爾紐斯（Vilnius）附近設立祕密監獄，透過一家美國信箱公司買了一棟房屋，那家信箱公司則是屬於另一家巴拿馬的信箱公司。情報人員因為他們的行動惹議，自然是想盡可能祕密進行，而諸如莫薩克馮賽卡之類的公司在這點上就幫得上忙。

瑪莉娜・沃克・格瓦拉，「國際調查記者聯盟」副主席澆熄了我們的M熱。她很緊張：

8 關於M的辯解，參見本章末。

9 M解釋說，就他所知並沒有任何針對他的調查。

現在是五月底，「國際調查記者聯盟」的成員和媒體原本承諾的計畫還沒有啟動。例如《世界報》、《衛報》、「組織犯罪和貪腐報導計畫」（The Organized Crime and Corruption Reporting Project, OCCRP），或是瑞士的《週日報》（*Sonntags-Zeitung*）。而我們計畫在十一月披露。那意味著我們要上緊發條了。瑪莉娜說，我們總得有個籌備會議，在會議中擬定計畫、討論、分配任務，並幫助參與計畫的同業評估相關花費。這些會議也是「國際調查記者聯盟」從「境外解密事件」學到的教訓，當時所有重要事項都透過電子郵件和電話討論，許多計畫的夥伴都沒見過面，因此分享資訊的信任度和意願也就各自不同。

因此，自此以後，每個大型計畫都會先召開大會：「盧森堡解密」是在布魯塞爾，「瑞士解密」是在巴黎。在一整天的會議裡，「國際調查記者聯盟」對參加會議的記者說明事件始末，商討調查結果的交換以及計畫公開的時間點。「普羅米修斯」計畫的會議原本是訂在五月，後來改為六月在慕尼黑舉行。接著資料越來越多，如果我們在六月就召開大會，顯然我們還不知道自己手裡究竟有多少東西。於是我們延期，再延期……

但是消息來源不斷傳來資料。

我們現在的解決辦法是：前後召開兩次會議。夏末在慕尼黑《南德日報》大樓召開一次大型會議，在暑假前則為有意組成調查團隊的媒體先舉行一場小型會議。瑪莉娜建議在「國際調查記者聯盟」總部所在的華盛頓。

我們同意了，即使那對我們部門微薄的差旅預算而言有點吃緊。

北德廣播電台（ＮＤＲ）調查部門的尤莉亞．史坦（Julia Stein）也會同赴華盛頓。她也是「國際調查記者聯盟」的成員，是個很優秀的記者。我們在「境外解密」、「盧森堡解密」和「瑞士解密」就已經共事過。尤莉亞的團隊現在已經對這個計畫很熟悉了，而且還會有更多北德廣播電台的同事加入。西德廣播電台（WDR）也會參與，《南德日報》和這兩家電台組成了一個調查聯盟。

但是M的案件一直糾纏著我們。藉著我們在M的文件裡讀到的每個資料夾、傳真和電子郵件，我們越加深入他的境外迷宮。

M在一九九七年對《明鏡週刊》說，主管機關都知道他在列支敦士登的「Werida」基金會以及相關的資產。「它該分攤的稅賦當然也都繳清了，」當時他這麼說。[10]

我們真的在當時提到的兩家公司找到報稅單。其他十家公司則付之闕如。[11] 一九九七年，綠黨對聯邦政府要求說明M的稅捐稽徵問題。他們回答說，聯邦刑事警察局有個情報隊長介入科布倫茲（Koblenz）高等稅務署，「俾使M夫婦繳清稅捐」。他們應該是一直維持著假身分。德國聯邦情報局也協助處理M的稅務問題時，「當時主管稅捐機關……同意以一般稅率課徵

10 針對詢問，W．M的律師解釋說，「所有《明鏡週刊》在這篇報導中提到的基金會、公司與股票，從一開始即依照規定向主管機關登記，該繳的稅也都繳交。」M的相關說詞參見本章末。

11 關於M的辯解，參見本章末。

勞務費。」

那真是沒大腦的徵稅。[12]

稅務署在二〇〇六年通知他要查帳時，M求助於當時的基民黨國會黨團副主席波斯巴哈（Wolfgang Bosbach）。[13]根據《焦點雜誌》（*Focus*）的報導，M的律師曾經寫信給他說，M寧可選擇「估定稅捐」的模式。波斯巴哈將他轉介給北萊茵威斯特法倫邦的財政部長林森（Helmut Linssen），他又叫M去找相關部門的主管。

M是如何逃避稅法規定的，林森三緘其口，只說那是稅務祕密。可是當時M卻對《焦點雜誌》的記者說，當時並沒有人對他查稅。他只有「兩家公司」。只有兩家嗎？[14]

然而德國聯邦情報局在回覆我們的問題時說，情報局沒辦法公開M的檔案文件：「基於公共利益」。因此，就像艾爾哈德・莫薩克的資料一樣，M的資料屬於「若是公開則會危及德國或其中一邦的利益」。

沒關係，我們自己關於M的資料也在不斷湧入。我們得花幾個星期的時間才能穿透它。

一兩天後，我們發現了C・M的護照掃描檔案，還有個叫「米夏拉・M」（Michaela Möllner）的人。顯然他太太也拿到假證件。護照上的相片清楚可辨，的確是M。而我們的新發現還有個特別之處：文件上的發照日期註記為二〇一四年五月，因此護照有效日期是二〇二四年。

他一直待在萊茵蘭法爾茲，因為C・M的護照是在那裡發出的。雖然萊茵蘭法爾茲議會的監督委員會也在二〇一五年商討「用假名申請真護照」的問題。我們聽說憲法保衛局告知委員會，大概有七十人拿到這樣的護照，而這些人都是萊茵蘭法爾茲監督委員會的同事。根據我們的資訊，萊茵蘭法爾茲邦刑事警察局並沒有核發護照給M，這或許也是問題所在。

所以說，W・M或即C・M在二〇一五年時是萊茵蘭法爾茲邦的情報員嗎？或者聯邦政府在回答綠黨的問題時說了謊？[15]

M最近的境外活動將會是震撼聯邦政府高層的國內政治事件。

我們和北德廣播電台的同事一起寫信給M，向他求證我們初步的調查結果，幾天後，北德廣播電台的法務部門就接到一通電話。M和他的律師要求暫時不回答任何問題，可是他們

12 針對詢問，M從德國聯邦情報局得到的勞務費以一般稅率課徵，此事是否正確。W・M的律師表示，M在一九八六年據稱沒有繳稅而被告發。這件事的背後是前東德國家情報局（Stasi）的錯誤訊息所導致。一九八七年春天，針對M進行中的裁罰，後來因國家安全部門的干預而中止。

13 對此W・M的律師解釋說，他的當事人「從未在任何時間點」，企圖「影響稅務機關」。

14 針對屬於他的境外公司，M的說詞可參見本章末。

15 針對我們的詢問，德國聯邦政府解釋說，對於單一個人的情況「基本上」不表示意見。萊茵蘭法爾茲邦的內政部門，其為聯邦憲法保衛局的上級機關，則證實說，M的假證件是由翠米希的地區行政機關發出的。「內政部門與此無涉也不清楚。」

想先談談。他們建議先見個面再說。

在一個陽光燦爛的星期三早晨，我們搭火車前往斯圖嘉特（Stuttgart）。M的律師的事務所在這裡，M也在等候我們，北德廣播電台法務主任和北德廣播電台的同事楊．史托齊克（Jan Strozyk）和尤莉亞．史坦。那不算是例行的會面。M很用力地和我們握手致意。在會議室裡，他已經為我們準備了幾堆文件、DVD和資料夾。他也準備了黑色的筆記本，以書面方式回答我們的問題。可是M在遞給我們之前，他想要「簡短」說幾句話。他所謂的「簡短」一講就是一個多鐘頭，這個「祕密武器」不停地自我吹噓他的臥底功夫和成就。他從早年說起，給我們看一張張他們夫妻和游擊隊的合照，對我們說他如何潛入熱那亞（Genoa）黑幫，肅清那些匪徒，促成哥倫比亞的停戰協議，此外還曾經和黎巴嫩真主黨談判過。那聽起來真的是豐功偉業，事實上也應該是。「我一直在對抗魔鬼和死亡，」M說。可是基於種種安全理由，他不想說明具體的情況。畢竟現在犯罪組織吸收記者為己用的情事時有所聞。

M說，他也認識我們的消息來源。「四十歲，杜塞爾多夫，馬爾他，」宛如我們可以據此循線追蹤似的。而且他有毒癮問題。他也在對付這個傢伙。

真有意思。

接著他遞給我們一份四十四頁的卷宗。那是他對於我們以及他的律師提問的回答。裡頭說M先生從來沒有賄賂警察，除了他對稅捐機關申報的公司以外，他從來沒有逃稅。「Baird Resources」、「Capriccio Management」、「Bradler International」、「Nerball Enterprises」和「Zabo」，他「從來沒有使用，而且很久以前就註銷了」，此外，「Nolilane」「至今在世界各地也沒有任何帳戶」。

然而更重要的是：從一九八七年到一九九〇年，「有證據顯示他安然無恙地救出三十七個人質」。至於文件中看到的假名，M在他的臥底行動中，「也曾經擔任德國聯邦當局的約聘人員，也支援西方國家的相關機構，在長達五十多年的特別行動中，有關當局會發給我假身分證以策安全，也方便我潛入犯罪集團」。

包括「C・M」的護照嗎？

M愣了一下，看了他的律師一眼，否認持有該護照。

他沒有以「C・M」為名的護照？

他用疑問的眼光看一看他的律師，搖搖頭。

所以說：他既沒有叫作「C・M」的護照，也不曾使用過這樣的護照？

這點我們或許可以稍後再談。現在我們得先靜下心來讀一讀那四十四頁的卷宗，律師對我們說，然後就和M一起離開會議室。

十五分鐘後，M和他的律師回到會議室來。現在他含糊其詞地說，那護照不是德國官方核發的，他們只是「盡力配合」。我們想追問確切的內幕，不過他語焉不詳。

M再次強調說，他從來沒有逃稅，就他所知，也沒有人對他查稅，更沒有人搜索他家，這和我們聽到的不相同。然而最重要的是，他說已經向稅捐機關申報他所有的公司和基金會。

包括二〇一四年成立的「Anysberg International」嗎？

「那家公司不是我的。」

我們越是仔細逐一詢問個別的公司、帳戶以及資料，M的回答就越加閃爍其詞。他提到他的一家位在巴拿馬城的不動產公司，可是他從來沒有挪為己用。後來他又說，他偶爾會在那裡提供人們藏身之處。可是對此他不願多說什麼。接著他又提到那些不屬於他的公司，可是或許有些「企業」和「組織」和他有關係。至於細節如何，他同樣不肯透露。基於安全的理由。

那麼和沃克．B，德勒斯登銀行以前的「總代理」呢？我們想知道他們是什麼關係。在我們的資料裡，他顯然是C．M所有公司的管理人。我們寫信給他，打電話給他，可是都沒有回音。

現在M說了，是啊，他認得沃克。「但是等一下，」他翻找他的書面文件，最後遞給我們一張傳真。那是沃克．B傳來的，M說。信頭上有「Volker B」的字樣以及傳真號碼，和我們已知的傳真號碼相符。傳真文件寫道：「M先生不是我的客戶。只是偶爾基於友善的關係，就銀行事務問題提供我的意見。」他在「現在或以前」不曾管理我們所提到的那些公司。他只是「Nolilane NV Inc.」董事會的成員。至於二〇〇五年十月和莫薩克馮賽卡在盧森堡的會談，B寫說「記憶很模糊」。至於B，他在會談裡談的是「銀行事務的問題」。

M對我們的問題越來越不自在。他緊握的雙拳擱在桌上，說話很急促，對於重要的問題卻顧左右而言他。

再談下去已經沒什麼意思了。

M送我們進電梯，提到他極機密的任務，暗示說我們隨時都可以跟他前往。那應該會是個大新聞。不過我們現在還不能報導他的故事。否則一切免談。

我們辭謝他。再見，W．M先生，啊，是C．M先生。

8 到尼永的足跡

就在我們盡可能詳盡地調查個別故事的同時，資料也不斷增加。400 GB、500 GB、600 GB。我們對於它的檔案大小早就沒有感覺了。起初我們還會作比較，例如說要多少本像聖經這樣的圖檔，資料才會有這麼大。曾幾何時，我們已經放棄這種比較了。誰能想像一百萬本聖經是什麼意思呢？

「國際調查記者聯盟」的數據和研究小組為了這次國際合作設置了加密的論壇，叫作「iHub」。「Hub」是集線器的意思，「i」就是指網際網路。這個論壇的名字取得太好了，在未來幾個月裡，它將會是我們工作的集線器。計畫參與者可以將他們的調查成果在論壇上分享，並且討論接下來的作法。那有點像是調查記者的臉書，每個個別主題都有個討論群組，我們甚至可以在上面按「讚」。起初只有「國際調查記者聯盟」的工作人員和我們加入。可是我們終究得把我們至今的調查結果彙整起來。如果其他記者在華盛頓大會之前也可以加入論壇，應該會是很大的激勵。

在這期間也會有預備會議：我們在六月底會先飛到華盛頓。在那之前，我們想要在若干大案件方面有個具體成果，例如說俄羅斯、敘利亞或冰島。我們有很多功課要做。

五月底的時候，一則從調查結果披露的新聞快報讓我們分了心：國際足球總會（FIFA）多名高層人士遭到逮捕！

第六十五屆國際足球總會大會預計在蘇黎世召開，在大會前兩天，調查員在一家豪華飯店逮捕了國際足球總會的六名高層官員。其中有兩位是國際足球總會副主席，來自蓋曼群島的傑弗瑞・韋伯（Jeffrey Webb）和來自烏拉圭的費戈雷多（Eugenio Figueredo）。

這次逮捕行動是基於在紐約的一次調查結果，由美國司法部長蘿莉塔・林區（Loretta Lynch）主持，美國顯然要藉此對世界發出明確的訊息。

而世界則為之震驚不已。在因循苟且的歐洲和德國，檢察官和政府官員對於國際足球總會在體育界的行為坐視不管，人們只要看看我們《南德日報》的同事湯瑪斯・基斯特納（Thomas Kistner）所寫的《國際足球總會黑幫故事》（*FIFA-Mafia*）就可以窺見端倪。不然也可以看看英國國家廣播電台詹姆士・奧利佛（James Oliver）製作的影片，他也是「普羅米修斯」計畫的工作夥伴。多年來他為英國著名的電視調查報導節目「廣角鏡」（Panorama）拍攝許多關於國際足球總會及其醜聞和貪腐的影片。後來他拿到一家很可疑的運動行銷公司動輒支出數百萬美元的祕密帳冊，發現國際足總的三個執行委員透過前任足總主席阿維蘭熱

（Joao Havelange）收受賄賂。

國際足球總會的烏煙瘴氣已經是眾所周知的事。但是至今沒有人對這個令人髮指的情況有所作為。現在美國人要插手了。他們告訴大眾說，國際足球總會對他們而言絕對不是無懈可擊的。事實上，他們就把國際足球總會視為「由騙子領導的犯罪集團」，因此調查員可以引用特定的法律整治他們。

在國際足球總會以及歐洲足球協會聯盟（UEFA）內部，引起對於主席布拉特（Joseph Blatter）的短暫抵制聲浪，他在逮捕行動的兩天後，以一百三十三票當選連任。

來自紐約的調查員以洗錢、詐欺和貪汙起訴十四人。在二十四年期間，這些人建立一個系統，「在國際足球賽當中貪汙舞弊」而致富。高層官員收受的賄賂高達一億五千萬美元。

國際足球總會的系統。

我們取得起訴書，這些公開的訴狀在美國從網路就很容易找得到。我們真的從那裡讀到，許多信箱公司在被告可能的賄款流向裡扮演重要的角色。我們在資料裡逐一搜尋被告和信箱公司。

十四個被告當中，我們一下子就找到三個。烏拉圭前任國際足球總會副主席費戈雷多，在蘇黎世被捕的六個官員其中之一，他就和若干公司牽扯不清。[1]

阿根廷運動行銷商烏戈·金奇斯（Hugo Jinkis），可能的行賄者之一，出現在他的公司

「Cross Trading S. A.」的資料上，根據對於國際足球總會官員的起訴書所述，他涉嫌藉由該公司轉手動輒數百萬美元的賄款。金奇斯和其他人意圖藉由行賄取得南美洲冠軍聯賽（美洲盃足球賽〔Copa América〕和百年美洲盃〔Copa América Centenario〕）的獨家轉播權。[2]

第三個被告是金奇斯的兒子馬立安諾（Mariano），他和其父親都登記為該家境外公司的董事。

我們首先檢視「Cross Trading S. A.」的資料夾，它分別設立在塞席爾、紐埃和內華達州，也就是說，有三家公司登記為同一個名稱，因此有三個資料夾。可是我們在資料夾裡沒有找到和國際足球總會的合約。不同於其他信箱公司的運作模式，金奇斯父子並沒有操作名義董事，也就是說，他們生意往來的合約不必送到莫薩克馮賽卡簽字。不過我們找到和歐洲足球協會聯盟的合約。歐洲足球協會聯盟，至今很例外地沒有醜聞纏身。

那些合約是關於歐洲冠軍聯賽、歐洲盃和歐洲超級盃的獨家電視轉播權，而且權利金低得驚人。合約存放在莫薩克馮賽卡這裡，那只是因為歐洲足球協會聯盟將關於這些電視轉播權的合約寄到在紐埃註冊的「Cross Trading S. A.」。莫薩克馮賽卡的員工拆開信件，將合約

---

1 相關反應參見第28章。
2 檢察官傳訊，金奇斯父子均未到庭應訊。

掃描成圖檔，再以電子郵件寄給金奇斯父子。可想而知，那是要手續費的。

然後它就到我們手裡，因為莫薩克馮賽卡的員工將電子郵件井然有序地歸檔到對應公司的資料夾裡。

我們在這個時候決定做我們早就想做的事：我們跟歐洲足球協會聯盟很籠統地詢問，他們是否也和國際足球總會官司的十四個被告及其公司有生意往來。當然不會提到「Cross Trading S. A.」，我們只是想知道歐洲足球協會聯盟和金奇斯或其他人是否有往來。

歐洲足球協會聯盟的回覆如下：

「根據承辦人員所述，歐洲足球協會聯盟在過去十五年來和台端所提到的人士或企業不曾有生意上的關係。」

我們必須很保守地說，這聽起來很詭異。我們固然沒有明白問到「Cross Trading S. A.」，但是歐洲足球協會聯盟肯定和烏戈・金奇斯有生意往來，他是「Cross Trading S. A.」的老闆，和歐洲足球協會聯盟至少簽過一份合約。而且是以真名簽字的。

現在「Cross Trading S. A.」的合約對我們來說就越發耐人尋味。那是關於冠軍聯賽的三個賽季：二〇〇六／二〇〇七年、二〇〇七／二〇〇八年以及二〇〇八／二〇〇九年；歐洲盃：二〇〇六／二〇〇七年、二〇〇七／二〇〇八年和二〇〇八／二〇〇九年；歐洲超級盃：二〇〇七和二〇〇八。

根據合約，金奇斯父子的公司以總共不到十四萬美元取得獨家電視轉播權。就算相較於德國電視台要支付的權利金，在厄瓜多的電視轉播權顯然便宜得多，我們還是覺得有點可疑。

厄瓜多畢竟有一千五百萬人口，而眾星雲集的冠軍聯賽對當地的足球迷而言也應該很有號召力的。

我們在對國際足球總會官員的起訴書裡找到可能的解釋。紐約調查員相信有證據顯示，金奇斯父子對國際足球總會和其他聯盟行賄以取得或延續足球賽事的電視轉播權，然後再以更高的價錢轉賣出去，比方說美洲盃或百年美洲盃。

起訴書裡有個具體的事證：二〇一一年秋天，據說金奇斯父子在烏拉圭家中宴請中美洲足球協會的高層官員，當時有三個官員答應金奇斯父子可以得到特定的媒體行銷權利。而他們則會得到報酬：其中一人得到大約二十五萬美元，其他兩人各得十萬美元。根據起訴書所述，這四十五萬都是從「Cross Trading S. A.」的一個戶頭匯出的。[3]足球黑幫的報酬系統。

現在問題很自然地浮現：歐洲足球協會聯盟是否也有類似的情事？

我們發現，歐洲足球協會聯盟賣給金奇斯的「Cross Trading S. A.」的厄瓜多電視轉播權，後來是轉賣給厄瓜多的媒體集團「亞馬遜電視台」（Teleamazonas）。亞馬遜電視台付了多少錢才取得轉播權？

我們在厄瓜多也透過「國際調查記者聯盟」連絡上當地的調查記者，而他們的處境通常

3 檢察官傳訊，金奇斯父子均未到庭應訊。

是很艱難的。我們對厄瓜多日報《宇宙報》（*El Universo*）的記者莫妮卡・亞麥達（Monica Almeida）說明事件始末，而她真的在一兩天後就找到我們要的數字，而且挖出更多內幕。

不過這是後話。

我們從手中的文件發現歐洲足球協會聯盟和「Cross Trading S. A.」在二〇〇六年九月十三日簽訂的合約，是關於二〇〇六／二〇〇七年、二〇〇七／二〇〇八年以及二〇〇八／二〇〇九年的冠軍聯賽賽季的獨家電視轉播權。歐洲足球協會聯盟得到的權利金總共是十一萬一千美元。莫妮卡取得電視台和「Cross Trading S. A.」的合約，上頭記載著亞馬遜電視台為了同樣的轉播權付給「Cross Trading S. A.」三十一萬一千一百七十美元，將近三倍的金額。金奇斯父子賺了二十萬一百七十美元，而這只是和歐洲足球協會聯盟的「一次」交易而已。

尤有甚者：我們找到第二份合約，日期是二〇〇七年三月二十三日，還是歐洲足球協會聯盟和「Cross Trading S. A.」簽訂的，這次的電視轉播權則是二〇〇六／二〇〇七年、二〇〇七／二〇〇八年和二〇〇八／二〇〇九年的歐洲盃賽季以及二〇〇七年和二〇〇八年的歐洲超級盃。「Cross Trading S. A.」支付歐洲足球協會聯盟兩萬八千美元的權利金，而根據厄瓜多的報紙報導，「Cross Trading S. A.」以十二萬六千兩百美元轉賣給亞馬遜電視台。金額高達四倍半，多了將近十萬美元。

關於這點，我們基本上只看到兩種可能的解釋：

或許歐洲足球協會聯盟的管理階層太無能，他們搞不清楚自己產品的行情。那麼這會是管理失當的經典案例。

或者金奇斯父子是以起訴書中所述的國際足球總會的模式和歐洲足球協會聯盟往來：他們對官員行賄以取得優惠的電視轉播權，然後再高價賣出。而且他們甚至利用同一個載具：「Cross Trading S. A.」

如果是這樣，那就是犯罪行為了。

對於第二個變數，我們有個證據，那就是歐洲足球協會聯盟完全否認和金奇斯父子有生意往來。歐洲足球協會聯盟只是為了安全起見，而聲稱他們不知道「Cross Trading S. A.」的幕後老闆是誰！可是在合約上就有烏戈．金奇斯以大寫印刷體的簽名：烏戈．金奇斯董事。

根據我們從厄瓜多取得的合約，歐洲足球協會聯盟的更正聲明比我們所想的還要荒謬。厄瓜多電視台在三年前就已經取得歐洲足球協會聯盟的轉播權，而且依照相同的模式：透過「Cross Trading S. A.」。然後亞馬遜電視台以四十萬美元購買歐洲足球協會聯盟於二〇〇三／二〇〇四年、二〇〇四／二〇〇五年以及二〇〇五／二〇〇六年賽季的冠軍聯賽、歐洲盃和歐洲超級盃轉播權。這個金額和我們手上另一份亞馬遜電視台的合約差不多。

我們有許多理由相信，這個令人側目的模式已經行之有年了：「Cross Trading S. A.」從歐洲足球協會聯盟以低價購得轉播權，然後高價轉賣給亞馬遜電視台。

也就是說，歐洲足球協會聯盟和在國際足球總會的官司裡列為被告的運動行銷公司，以極為可疑或至少很不利的條件在生意上牽扯不清，而他們更嚴詞否認此事。

歡迎來到運動政治的沼澤裡。

9 釣魚、發現和偉大的藝術品

壓力太大了。壓力，堆積如山的資料，在這期間已經超過1TB，它正在等著我們以手動的方式爬羅剔抉。我們當然知道現在利用「Nuix」搜尋個別的人、名詞和事件不是很有意義的事。因為只要資料持續增加，我們就必須不斷重複意義不大的搜尋。可是我們已經撐不住了。我們一再地坐在筆電前面大半個鐘頭，把漁網撒到每個星期不斷擴大的資料大海裡。「國際調查記者聯盟」的同事說我們是在「釣魚」，祝福我們「釣魚快樂」……

重點是：我們總是會找到什麼東西。每次我們花二十幾分鐘輸入關鍵字詞，就會發現什麼線索，看起來可能違法的、不尋常的、有趣的，甚或是緊張刺激的事。但是我們沒辦法馬上深入調查，因為我們沒那個工夫，而每個案子都有它的複雜度。我們先將看起來有意思的資訊放在我們電腦裡一個加密的資料夾裡，隨便取一個名字，然後……它就躺在那裡。

可是有時候我們看到的東西實在太引人入勝了，一下子就沉浸其中。不知怎的，我們想到一個主意，輸入「繪畫」這個詞（我們往往很快就忘記「釣魚」時是出於怎樣的直覺），結果出現數百則搜尋結果。如果我們不想停止這種隨機搜尋的話，那會沒完沒了。但是第一則搜尋結果就冒出莫迪里安尼（Amedeo Modigliani）的畫作，叫作《持拐杖的男人》（*Homme assis*〔*appuyé sur une canne*〕）。

莫迪里安尼是義大利畫家，二十世紀初住在巴黎，和同時代的畫家如畢卡索（Pablo Picasso）和雷諾瓦（Pierre-Auguste Renoir）誼切苔岑。《持拐杖的男人》創作於一九一八年，我們的快速搜尋如是說。那是一幅持拐杖的男子坐像，市值數千萬美元。

我們從搜尋的預覽視窗看到，這一則提到這幅畫作的資料是個法庭文件。我們把它叫出來查看，發現有個名叫麥斯特拉奇（Philippe Maestracci）的法國人控告紐約的「海利・納哈邁德畫廊」（Helly Nahmad Gallery），為的就是莫迪里安尼的這幅畫作。簡單說，麥斯特拉奇聲稱納粹將他祖父收藏的這幅畫偷走，而海利・納哈邁德畫廊則說他們既沒有這幅畫，也不曾展出它。

海利・納哈邁德是大衛・納哈邁德（Davide Nahmad）的兒子，他爸爸已經很有錢了，他自己則更加富可敵國，他是黎巴嫩裔的億萬富豪，持有義大利護照，住在摩納哥。海利・納哈邁德在紐約的名媛仕紳界是很有名的人。他在中央公園不遠處有一家收藏印象派和現代藝術的美術館，也就是海利・納哈邁德畫廊。[1]

在藝術專家眼中，納哈邁德是國際市場中的大買家。他們的藝術品有一部分典藏在日內瓦——所謂的「自由港」（Freeport）——戒備森嚴的倉庫裡，其中也有不少畢卡索的畫作。

1 直到本書完成編輯，海利・納哈邁德沒有回覆相關詢問。

我們從七個同樣儲存法庭文件的資料夾裡（其中一個資料夾是一家叫作「International Art Center, IAC」的境外公司），找到一家銀行財富管理部於二〇一一年底的一份傳真。他們要求莫薩克馮賽卡讓他們安插在「IAC」裡的董事們簽署一份文件，證明莫迪里安尼的《持拐杖的男人》為該公司所有。有時候調查就是這麼簡單，那是一張拍賣公司佳士得（Christie's）於一九九六年開立的購買證明，以及一張所有權證明書。這兩份文件都證明所有者是「IAC」。根據證明文件記載，那幅畫就保存在日內瓦自由港，正是納哈邁德儲藏藝術品的地方。

二〇一四年十月的《華爾街日報》（*Wall Street Journal*）有一則長篇報導，有助於我們了解事情的來龍去脈。根據《華爾街日報》所述，故事是從一九四六年的巴黎開始的，猶太裔藝術收藏家史泰提納（Oscar Stettiner）寫給官方的一封信，信中要求歸還在納粹占領法國時期被強制拍賣的畫作。史泰提納於一九三九年逃離巴黎，他要求歸還他的藝術品。納粹黨派人管理他的畫廊，管理者在四次拍賣會上出售畫作，包括《持拐杖的男人》。

一九四七年，政府的一個調查員著手追查史泰提納聲請歸還莫迪里安尼畫作的案件。調查員的結論是，梵德克立普（John van der Klip）在一九四四年購得畫作。他把地址抄了下來：巴黎柯賽爾街（Rue de Courcelles）三十六號。除了莫迪里安尼的畫以外，他還買了一張地毯以及史泰提納童年時期的肖像畫。

史泰提納幾乎就可以取回畫作：調查員找到梵德克立普，並與他以及史泰提納約在巴黎某個民宅的後院見面，那張地毯就放在後院的棚子下。梵德克立普表示願意歸還它。

可是莫迪里安尼的畫作卻不在那裡。

梵德克立普說，他把該畫作賣給聖彼埃區的一個米拉熱（Miriage）先生，他也出現在這場會面中。米拉熱解釋說，他在一九四四年十月以兩萬五千法郎轉賣給一個美國軍官，他們約在巴黎皇家廣場（Place du Palais Royal）離羅浮宮不遠的賀杭咖啡廳（Café du Rohan）。然而關於這位美國的買家，調查員既沒有得到他的姓名，也沒有地址。莫迪里安尼的《持拐杖的男人》就這樣消失了將近五十年。

直到一九九六年，它在佳士得的倫敦拍賣會上重新出現，根據我們的資料記載，畫作由「IAC」購得。拍賣型錄上的來源附註只說是由匿名人士提供拍賣。「IAC」以三百二十萬美元購得。

十二年後，二〇〇八年秋天，《持拐杖的男人》又現身拍賣會上，這次是在蘇富比（Sotheby's）。當時估計市值在一千八百萬至兩千五百萬美元之間。展覽型錄上的來源附註則說，所有者可能是猶太裔藝術收藏家史泰提納。也就是說，莫迪里安尼的這幅畫有可能是遭到納粹黨洗劫的藝術品。《持拐杖的男人》在那次蘇富比的拍賣會上並沒有找到買家。

加拿大的一家徵信社蒙達克斯（Mondex）自一九九〇年代中期就在追蹤納粹掠奪的藝術品，幫助它們物歸原主或是他們的後代，當然他們也會抽成。這件事沒多久就引起徵信社的關注，在法國找到史泰提納唯一的後代，也就是後來的告訴人麥斯特拉奇，雙方簽訂委託書以追回畫作，並且證明史泰提納的確曾經是該畫作的所有人。藝術偵探在威尼斯雙年展的檔案室裡發現該畫作的照片，也就是說，史泰提納曾經在一九三〇年的雙年展提供展出。

問題是：現在那幅畫在哪裡？

在一九九六年的拍賣以後，莫迪里安尼的畫分別在巴黎的現代美術館（Musée d'Art Moderne）以及倫敦的皇家藝術學院（Royal Academy of Arts）展出過，但是在紐約的納哈邁德畫廊展出兩次。因此麥斯特拉奇找上納哈邁德畫廊。他透過律師寫了兩封信給畫廊，要求和納哈邁德晤談，希望他歸還《持拐杖的男人》。但是麥斯特拉奇沒有得到回覆。

於是麥斯特拉奇在二〇一一年在紐約和納哈邁德畫廊對簿公堂——這就是我們在資料裡第一次看到的文件。我們稍微擴大搜尋範圍，確定該訴訟還有若干證據有待釐清。我們和「國際調查記者聯盟」提到這件事，他們的總部設在華盛頓，到紐約只有一兩個鐘頭的車程。或許我們的同儕可以在下一次開庭時驅車前往。

瑪莉娜告訴我們說，她的同事傑克·伯恩斯坦（Jake Bernstein）已經在追蹤這個題材了，他一讀到我們在論壇上的第一次貼文就立刻深入調查。此外傑克也連絡到藝術徵信社「蒙達克斯」以及原告的律師。

我們上「公共使用法院電子紀錄資料庫」（Public Access to Court Electronic Records, PACER）調查被納粹劫掠的莫迪里安尼畫作。那是個很實用的資料庫，一份文件只要幾分美元，就幾乎找得到美國所有法庭訴訟的書面文件，不管是進行中的或判決確定的：辯方、控方的書狀和申請舉證。訴訟中的所有書面文件，我們都可以輕易取得。

我們找出「麥斯特拉奇訴納哈邁德畫廊案」（Philippe Maestracci vs. Helly Nahmad Gallery）。

我們讀了幾十頁的答辯書，看到麥斯特拉奇的律師陳述，該畫作從史泰提納如何經過納粹委託的掮客，也就是前述的梵德克立普，輾轉被納哈邁德畫廊收藏的過程。一切聽起來都有憑有據。

不過納哈邁德以書狀保證他們的畫廊「從來沒有」擁有莫迪里安尼的那幅畫。他只是在一次畫廊展覽中借展過。此外，納哈邁德的律師也對法庭提出拍賣公司的書面證明，顯示莫迪里安尼的畫作於一九九六年由巴拿馬的公司「ＩＡＣ」購得，而不是納哈邁德畫廊。

麥斯特拉奇一時間無法反駁這個證據，他在二〇一二年撤回告訴。二〇一四年，他透過由法院指定的「史泰提納遺產管理委員會」重新提告。這次被告不只是納哈邁德畫廊，還包括據稱擁有該畫作的「ＩＡＣ」以及納哈邁德父子。「ＩＡＣ」以及納哈邁德父子都由紐約最炙手可熱的律師代理訴訟。他對法庭解釋說，「ＩＡＣ」是唯一的所有人。「除此之外，世界上任何人，包括納哈邁德畫廊以及納哈邁德父子，都不曾擁有該畫作。」

如果只從法律上看，這個主張當然沒問題。但是我們的資料顯示：「International Art Center S.A.」是在一九九五年由吉奧賽普・納哈邁德（Giuseppe Nahmad）成立的，他是大衛・納哈邁德的哥哥，海利・納哈邁德的伯父。二〇〇八年，他將「ＩＡＣ」半數以上的股份轉讓給大衛・納哈邁德。而我們找到二〇一四年十月二十二日的一份文件，大衛・納哈邁德在上面以「唯一股東」的職稱簽名。二〇一五年，這個大衛・納哈邁德透過他的律師在最高法院庭上聲稱，該畫作只屬於「ＩＡＣ」。

錯綜複雜的所有權關係，也導致在巴黎的遺產管理委員會在兩次訴訟中把當事人搞錯。納哈邁德因為他們境外公司的架構不透明而占上風。

我們想要和他們兩人談一談「ＩＡＣ」以及《持拐杖的男人》的事。可是一直到這本書編輯完成以前，我們的查證都沒有得到回覆。代表「IAC」以及納哈邁德父子的律師，在一次訪談時解釋說，「IAC」屬於誰，這個問題與本案「無關」。

的確如此：就算原告最後對「IAC」要求歸還畫作，他也很可能拿不回來。對一家在巴拿馬註冊的信箱公司執行美國法院判決，那會是很曠日費時的事。我們和一個律師就此長談過，他的結論是：「祝你們玩得開心……」

還有幾天就要到華盛頓開會。機票已經訂好了，十一點四十分搭乘美國聯合航空從慕尼黑直飛華盛頓。

這趟航程可能會有點棘手，因為我們隨身帶了我們的資料。現在已經超過1TB。也就是說，我們必須將一顆硬碟加密，設置一個隱藏的磁區，把資料存在裡頭。

我們已經知道程序。只不過以前都是別人攜帶硬碟越過大西洋。這次硬碟則是在我們的行李箱裡。這很難讓人放輕鬆。

如果我們被攔下來該怎麼辦？在美國國家安全局事件沸沸揚揚的時候，大衛．米蘭達（David Miranda），史諾登的密友葛倫．格林華德（Glenn Greenwald）的伴侶，在倫敦希斯洛（Heathrow）機場遭到英國警方拘留。官員搜查行李。「他們一直威脅我說，如果我不合作的話，就會被關進監獄，」米蘭達在事後說。後來他還是把硬碟的密碼說出來了。

如果發生在我們頭上，我們該怎麼辦？如果美國官員看到這些資料呢？美國警方、特務、稅捐機關和證管會，應該都會對這些資料很感興趣吧？也許在資料裡頭也可以發現到美國的醜聞？

我們是否能保持冷靜，只對美國警方說出外層的密碼，不冒冷汗，說話不結巴，也不露出任何蛛絲馬跡，讓人想到硬碟裡頭還有其他東西？

簡單說：我們這幾天還真的有點緊張。

10 有白宮當靠山

安然抵達華盛頓特區。

此刻的我們只能試著忘記行李箱裡的文件、深深吸口氣，然後放輕鬆，提醒自己不過是兩名來自德國的普通記者，一切會安然無事的。然而即便如此，從下飛機到提領行李，一路上我們的心情還是極度忐忑不安。

唯恐過海關檢查時會有人從我們行李搜走硬碟。

不過幸運的是真被檢查時，我們也無法洩露任何資料，因為光是硬碟的加密密碼就長達四十個字元左右，我們也蓄意未將密碼存在電腦或手機裡，更沒有隨身攜帶在身上。但是為了應付美國海關抽檢的可能，我們還是備有另一份密碼，只不過那組密碼只能解讀部分硬碟裡的資料，而資料夾內就存了一些無趣的舊檔案。整組密碼最終會在我們結束此次旅程回到德國後，用加密的方式傳給「國際調查記者聯盟」。

排到移民局官員檢查證照的窗口還需一段時間，隊伍大排長龍。我們看著耐心等候的人不斷增加，隊伍一圈一圈地蜿蜒。低的天花板下，成千的旅客流著汗，拖著因長途旅程疲憊的身軀緩緩前進，處處可見神情不耐的大人和哭鬧的小孩，在隊伍盡頭等著的是決定這一切是否值得的移民局官員和海關。在華盛頓機場沒有不時發生暴走衝突事件，真令人覺得不可思議。

對於容易恐慌的人而言，這裡宛如地獄。對於不知是否會被海關挑中，盤問行李箱裡可能有竊取來的資料的人，這也不是什麼理想狀況。

就這樣牛步地緩慢向前，然後一位移民局工作人員將我們從長長的隊伍中一一劃入不同的櫃台，我們順著他手勢的方向移動。櫃台後方等著我們的是表情嚴肅的男人，以審視的目光與職業性的點頭示意。就這樣而已！我們順利領取行李。

檔案也正式入境美國。

我們驅車前往「國際調查記者聯盟」時，已經是傍晚了。聯盟位處華盛頓市中心的西北十七街上，距離白宮不遠，在二樓的辦公室可容納約十名記者。我們和聯盟主席傑拉德．賴爾、副主席瑪莉娜．沃克以及資料庫負責人瑪爾．卡巴拉，針對未來幾天活動的細節做最後的確認。

某一刻，瑪莉娜對我們微笑，問道：「明早的簡報你們做好萬全準備了嗎？」

我們友善地點頭回應。

其實，我們沒有多少時間準備，瑪莉娜在一星期前才通知，我們應該親自介紹這個計畫。

之前在布魯塞爾的「盧森堡解密」準備會上，聯盟的工作人員負責簡報，然後由首先獲得解密資料的同行愛德華・貝翰補充說明。同時聯盟還邀請專家解說大企業內各式神祕的租稅優惠。而「瑞士解密」的情形也雷同，主要是先由「國際調查記者聯盟」對與會者解說，關於揭密者埃爾韋・法爾恰尼從匯豐銀行日內瓦分行獲取的珍貴資料。而兩位有機會首窺資料的法國《世界報》的同行，傑瑞・達維（Gérard Davet）以及法柏瑞・洛姆（Fabrice Lhomme）則是倚桌微笑並回覆提問。這次我們必須上台演說。用英文。在華盛頓。

在慕尼黑準備頭幾頁的簡報時，我們已經開始感到些許緊張。讀到瑪莉娜・沃克的郵件寫著：「巴斯提昂和弗雷德瑞克，請你們務必準備一份精采的簡報，內容不僅要激勵大家的參與意願並對其他記者有所幫助。」我們的緊張並無緩和。

瑪莉娜非常能幹。她是主導這種國際合作案的要角，無時無刻提醒參與記者準時、精確與可靠的重要性，而且必要時她也可以非常直白。

不過她的想法是對的，因為此次前來的四十位同行裡只有部分的人略知一二，知道是個解密事件、有境外公司資料以及精采程度令人咋舌等。我們的任務就是激發他們的興趣。

瑪莉娜的郵件促使我們在飛機上順了一次又一次的稿。

而在與「國際調查記者聯盟」談完話後，我們在下榻的飯店又做了最後一次的修潤。

第二天一早，用完過於昂貴的早餐，我們頂著三十度悶熱氣溫在九點多一點來到位於華盛頓特區的國家新聞大樓（National Press Building）。開會地點是在十三樓可以一眼眺望白宮的「第一修正案休息廳」（First Amendment Lounge）。我們眼前聚集著來自全球各地的同行，例如阿根廷、英國、哥斯大黎加、義大利、西班牙、美國與其他國家等。其中也包括世界頂尖的調查記者，如《衛報》的詹姆士・博爾（James Ball）、幾年前獲得普立茲新聞獎的傑克・伯恩斯坦，還有來自以色列的烏利・布勞（Uri Blau），他的調查甚至引發政府危機。

這些優秀同行現在都坐在長桌前等著聽我們的簡報。

我們在「第一修正案休息廳」的策略就是，以解密資料的規模立即吸引眾人的注意：

——它是史上最大的解密資料，目前的資料量達1.5ＴＢ，而且規模持續增加。

——再者解密的資料非常即時，例如資料裡最新的郵件是幾天前才發生的。

——還有整份資料囊括將近二十五萬家境外公司的詳細資訊。

為此我們特地拜託報社圖像組的一位同事，將幾件解密案的規模繪製成一份比較圖表，如此就可以明顯看出我們資料量達1.5ＴＢ，境外解密事件有260ＧＢ，而大部分維基解密裡的解密案只有幾ＧＢ而已（當然其內容還是非常豐富）。這看起來頗驚人的比較圖表讓室內一片鴉雀無聲。

成功贏得聽眾的注意力，幾分鐘過後我們的神經不再緊繃，開始能夠暢所欲言。我們談到普丁的親信、冰島總理、阿薩德的表親、神祕的德國人以及存在巴哈馬戶頭五億美金的黃金。演說的同時，光從同行的表情我們就可以看出，要說服他們加入普羅米修斯計畫，已無須費唇舌。

我們大約是從早上九點一路談到中午。我們解釋資料的結構、說明想要資訊的所處位置以及從何下手找到它們，當然也談及有所缺失的部分。

下午我們則是一起規劃戰局，包含何時公開、主題方向以及哪些題材我們必須以小組方式進行。令人驚喜的是，經由這次的合作，我們簡直是把《南德日報》既有的專業知識擴增了好幾倍。詹姆士．奧利佛是國際足球總會的專家，來自阿根廷的同業非常熟悉基什內爾這個主題，而冰島的同事比我們更能判斷他們國家總理的事件。更讓我們感到欣慰的是同行的反應，因為到目前為止都只是我們對「自己」的解密案有信心，並且認為這值得進行大規模的國際合作。不過當同樣的想法從普立茲獎得主的口中聽到時，那種信心層次還是有所不同。還有我們也感受到《衛報》、英國國家廣播公司和《世界報》同行的興奮，以及他們立即投入團隊工作的態度。法國的「新聞前線」（Premieres Lignes）製作公司以及美國西班牙語的環球電視台記者，都帶著攝影機到現場拍攝會議的畫面，並且訪問了我們。

華盛頓這場會議改變我們看待這項工作的方式，它不再只是手邊的某個專案，而是個浩大的工程，我們必須更加小心謹慎不讓辛勞付諸流水，畢竟我們是整件合作調查的中心。其他媒體遇到類似事件時，可能會馬上進行參與人員、設備或是經費等各項擴充。聽說《明鏡周刊》獲得維基解密時，便動員了三十個人參與。三十個人！

然而《南德日報》的編制完全無法應付這樣的事件，因為平常我們這組就只有四個人，主要工作是協助完成日常的新聞報導。

我們組裡沒有人熟悉資料新聞學，也無人能說流利的西班牙語，而資料中一半以上的文件都是西班牙語。我們也沒有預算擴增人員或是提升資訊設備。唯一有的就是部門主管對我們的信任以及總編輯沃夫岡・克拉赫（Wolfgang Krach）和庫特・基斯特的支持。克拉赫以前在《明鏡周刊》擔任過調查記者，他對於大調查案的熱誠一絲不減。

我們一群人從國家新聞大樓前往「國際調查記者聯盟」訂位的晚餐餐廳。這段路簡直是為了持續強化我們激動的心情，我們路過了白宮，然後往法拉古特廣場（Farragut Square）前進，轉進康乃狄克大道（Connecticut Avenue），再往杜邦圓環（Dupont circle）。這些不都是我們在美劇《紙牌屋》（*House of Cards*）還有《白宮風雲》（*West Wing*）裡熟悉的場景嗎？

晚餐後我們來到一家氣氛宜人的餐廳，在露台上品嚐各式少見的啤酒。三不五時就有幾位調查記者坐過來想多了解消息來源。我們也漸漸習慣提問者聽到我們真的不認識消息來源時的驚訝反應。

真的是無名氏？

我們微笑。

是的，是這樣。

我們持續微笑。

這就是真相。

在華盛頓的第三天我們正式開工。「國際調查記者聯盟」的機器已經啟動，計畫開始執行，現在要討論如何配合，確認哪些是大案子、何時公布以及哪些主題要共同進行等。

我們被邀請參加聯盟在一間小會議室中舉行的「枯燥數據會議」，與會人員大都是資料新聞學的專家，當他們在討論如何運用專門的軟體過濾、分類以及搜尋資料時，我們只能在旁邊微笑聆聽。

我們唯一能快速理解的是，只要我們用傳統的方式找資料，各種搜尋路徑都會走到死胡同。

我們真的需要懂資料庫的專家。

在這次的聚會中，法國的同行克里斯多福・阿亞德（Christophe Ayad）把我們拉到一旁說：「你們看，我在資料裡找到阿拉・穆巴拉克（Alaa Mubarak）的名字，他是前埃及總統胡悉尼・穆巴拉克（Hosni Mubarak）的兒子。」又是一件和總統相關的案子。這位同行告訴我們，他在一家公司「Pan World Investments Inc.」的文件裡看到這位獨裁者兒子的名字。

於是我們將這家公司資料夾調出，打開每個文件夾，逐年逐件地讀著。一切看似正常，就像一般境外公司都會有的資料，例如公司成立證明書（一九九三年在英屬維京群島）、規費單據以及名義董事的更換。就這樣！

就連二〇一一年當穆巴拉克被人民推翻倒台，他的兩個兒子阿拉和賈邁勒（Gamal）被逮捕時，這家公司的資料也沒有任何變化。對埃及人而言，這兩個兒子是貪婪權貴的典型代表，他們靠壓榨人民致富並且徹頭徹尾地吸取國家的錢。他們兩人被移送法辦，就在我們出發前往華盛頓前被判挪用公款。就這樣資料與事實相吻合。

阿拉·穆巴拉克這個已經被判刑的獨裁者之子，早從二十年前就是「Pan World Investments Inc.」的最終受益人（Ultimate beneficial owner, UBO）。無論是阿拉伯之春、他父親垮台、法院判決或是全球頭條新聞都未改變這個事實。

直到二〇一三年英屬維京群島金管會詢問「Pan World Investments Inc.」的相關資料時，莫薩克馮賽卡律師事務所的合規部門和法務部門之間出現了一段饒富興味的對話。內容關於政府機構所詢問的，正是那些應該存在卻從未有過的資料。

因為連阿拉·穆巴拉克自己都該想到，他所擁有的「Pan World Investments Inc.」應該會被評為「高風險」。卻沒想到這家信箱公司一直到二〇一二年，也就是阿拉伯之春的隔年，還繼續被莫薩克馮賽卡律師事務所評為「低風險」。於是法務主管警告公司絕不能提供任何資料，不然就等於承認「我們的風險評估公式錯誤百出」。

阿拉·穆巴拉克畢竟不是一般的政治敏感人士，於是合規部門的一名工作人員寫道，穆巴拉克是個受制裁者、國際上被視為不法之徒。這位前埃及獨裁者的兒子「因為盜用公帑」

於二〇一一年被歐盟列入制裁名單。[1]

這種事情事務所應該會立即發現。我們在二〇一五年二月時，因為檢調單位搜索德國商業銀行，因此詢問過事務所。他們還保證嚴守「認識你的客戶」這項政策，不僅對所有新客戶執行盡職調查，還會定期複審並且更新現有客戶的資料。

你真的認識你的客戶嗎？

二〇一三年八月莫薩克馮賽卡律師事務所的一位律師寫給同事：「事實上，我們打從一開始就沒有確認真正所有人的身分（那理當是我們的本分）。」律師事務所幫獨裁者的兒子建了檔案，裡面甚至有他的護照影本，卻又佯稱對他一無所知。[2]

在華盛頓的飯店停留時，我們還發現了一份律師事務所工作人員製作的表格，上面是登記於塞席爾的所有莫薩克馮賽卡公司的名單。這些公司區分為兩組，一組是知道所有人是誰，另一組則是不知道。在這一萬四千零八十六家公司裡，莫薩克馮賽卡律師事務所只知道兩百零四家公司的所有人是誰。

這是無能的體現。它顯示莫薩克馮賽卡律師事務所全然忽視自己應盡的義務。任何一個不肖份子，無論是殺人犯、黑社會老大或是獨裁者都有可能是這些公司的所有人。而莫薩克馮賽卡律師事務所還是會為他們服務，不會提出任何疑問。

1 阿拉・穆巴拉克至本書完成編輯，對於相關詢問未有回覆。

2 關於莫薩克馮賽卡律師事務所如何應對受制裁者的辯解，參見第5章。

11 火花四射，此起彼落

打道回府。二〇一五年七月三日回到德國，發現電子信箱裡的郵件暴增，四分之三有著相同的主旨：「某某某在論壇有新增紀錄，按此連結」。這些通知郵件是從「國際調查記者聯盟」為此計畫所建立的加密論壇發出的。華盛頓的聚會明顯地鼓舞了大家，所以幾乎每天都有新發現。一方面也是因為瑪莉娜在這段期間又找了幾位同行加入調查，也就是說轉眼間我們有七十名記者參與此計畫。

搜尋出現新的結果！烏拉圭總統候選人、伊朗軍售案的軍火商、前祕魯情報局局長、俄羅斯億萬富翁，或是一家涉及謀殺案的公司等都是吸引人的故事題材。

有些發現仍讓我們感到驚訝：一位美國同行找到了科喬・安南（Kojo Annan），也就是前聯合國祕書長科非・安南（Kofi Annan）的兒子。根據文件顯示，他名下有三家公司，兩家登記在英屬維京群島，一家則在薩摩亞。

我們於是開始嘗試了解整個來龍去脈，同時又讀到科非・安南於二〇一三年發表在《紐約時報》名為〈停止掠奪非洲〉的專文。他在文中譴責那些用匿名信箱公司的不肖份子，以及設立在避稅地的企業掠奪掏空非洲大陸。他舉奈及利亞為例，那正是其中一個被掠奪的國家。

真是巧合。

因為至少二〇一五年以前，科喬・安南在英屬維京群島一間公司的合夥人就是奈及利亞前國會議員的兒子。我們無法從手邊資料判斷出公司成立目的。針對「國際調查記者聯盟」的詢問，科喬・安南的顧問解釋，公司的營運「一切遵守相關司法管轄區的法律和法規」。也就是說如需繳稅時，也會在當地國家繳納。至於公司成立的目的則是「處理家庭以及企業相關事宜」。

科喬・安南幾年前才身陷伊拉克「以油換糧」（Oil- for- food）計畫的醜聞案。因為他擔任顧問的公司贏得了聯合國這項計畫的合約（當時科非・安南擔任聯合國祕書長），負責檢查所有獲准運送至伊拉克的物資。在一九九九年時就有一家英國媒體對此提出質疑，而科喬・安南如何從這家公司獲得酬庸也在當時備受議論。由美國前聯邦儲備銀行（Federal Reserve Bank）主席保羅・佛克（Paul Volcker）組成的調查委員會，最後以「無證據」顯示老安南有從中獲利結了案。而科喬・安南除了不配合調查外，也無證據顯示有違法行為。安南的顧問因此在一封信件中如此結論：「沒有任何證據或是調查委員的調查結果顯示，科喬・安南曾試圖聯繫或影響任何聯合國組織裡的人，以圖利與其有關的廠商」。

觀察著我們的數據資料如何瞬間就有了生命，著實令人著迷。嚓！搜尋又有了結果。它們常常就只是因為與美國和南美的時差，隔一夜就冒出來。目前幾乎每分每秒都有位在某時區的同行，坐在電腦前從資料庫裡搜尋新的關鍵字。

用完午餐回來，某同行又發現了一位國家元首或行政首長。當歐洲同行使用資料庫時，我們幾乎是以每小時的間隔在體驗新發現。而且相當多的新線索都令人歎為觀止：

阿拉伯聯合國大公國現任總統。

約旦前總理。

一位前南美洲獨裁者的家庭成員。

巴勒斯坦副總理。

還有巴基斯坦現任總理納瓦茲・謝里夫（Nawaz Sharif）。謝里夫曾在九〇年代兩度擔任過總理。一份由世界銀行提出的關鍵報告指出，謝里夫極有可能利用兩家登記在英屬維京群島的公司「Nescoll」與「Nielson」，處理過可疑的商業行為。他也應該是以兩家公司的名義在倫敦等地購買豪宅。這樣一過手公帑就變成私人別墅。根據資料顯示至少到二〇一二年為止，公司所有人是瑪莉雅姆・沙達夫（Mariam Sadarf），本姓謝里夫（Sharif），也就是納瓦茲・謝里夫的女兒。[1]

我們總是試圖深入每個案件，以便了解來龍去脈或是思考是否可以予以協助。畢竟這整份資料我們已經研究了好幾個月，最清楚它的結構，甚至可以告訴其他同行從何處下手能挖

1 無論是總理或是他的女兒至本書編輯完成，對於相關詢問未有任何回覆。

出更多資訊。

正值六月底七月初《南德日報》位於慕尼黑市郊大樓的改建計畫，部分牆壁會拆掉，新舊大樓合併。這個被稱為「一個南德」的計畫，目的是把網路新聞與報紙兩個編輯部合而為一，並且一起成長茁壯。因為直到不久前，兩個編輯部的距離超過十層樓，現在報紙以及sz.de的政治版編輯都將坐在同一樓層。重組後我們的小組也會從二十五樓搬到二十四樓。

其實在哪一層樓我們都無所謂。因為此刻我們不需要和新聞部或是頭版有密切而快速的溝通。誠如我們部門主管漢斯・萊恩戴克故意戲謔我們的說法，反正我們也不需要寫新聞了。

不過他堅持我們該有自己獨立的辦公室，也就是所謂的「作戰室」。牆邊有及腰的檔案櫃，牆上有可擦拭的磁白板。所有和大樓其他辦公室一樣的玻璃隔間，都被貼上錫箔紙遮住視線。而且管制進出，無論警衛、清潔人員或甚至總編輯都無法進入。

這真是個好地方。計畫已正式啟動。我們在「作戰室」做的第一件事，就是將「普羅米修斯」這個計畫名稱寫在一張紙上，然後張貼在牆上。白板上畫了表格，裡頭是所有和現任與卸任國家元首或政府首長的相關線索。

最前面是國家，後面是角色種類與關聯，例如：

巴基斯坦，現任總理。[2]

冰島，現任總理。[3]

敘利亞，現任獨裁者的表親。[4]寫下來足足有十來名左右。這份清單每天都激勵著我們，同時讓我們對整個趨近瘋狂發生的事件有個概觀。

各國元首是整個故事中較引人注目的部分，除此之外還有中情局的軍火供應商，幫伊朗政權處理石油的境外公司以及美國總統候選人的財閥支持者。

我們並不清楚莫薩克馮賽卡律師事務所的人是否真的知道他們收錢的對象是誰。只是這種張三李四都可以當客戶的業務模式，也因此幫助客戶掩飾了真實身分。

無論是西西里島黑手黨成員、俄羅斯黑社會的親友、墨西哥毒梟的支援者、特務、騙子、經濟犯、銀行盜匪通通都名列資料中。

一切都很完善，除了一個很小的問題。就在這七月中旬，當全世界的同行搜尋著幾百GB的資料時，我們自己卻面臨動彈不得的窘境。因為這龐大傲人的資料庫已增至1.7TB，而我們的資訊設備卻完全無法匹配。

問題就出在Nuix，這個由「國際調查記者聯盟」提供的文件分析軟體非常吃記憶體。一般使用Nuix的客戶，如大稅務所或是通訊社都配有功能強大的電腦，經費對他們而言很少是問題。我們那台價值一千五百歐元的筆電，在這行裡算是很不得了的配備。

2 謝里夫總理至本書編輯完成，未對問詢做出任何回應。
3 關於貢勞格松總理的反應，參見本書第25章。
4 參見本書第5章。

但是要在1.7ＴＢ資料裡編入索引並且比對文字，也超過這台筆電的負荷。顯示在螢幕上的訊息再也不是告訴我們還有多少文件尚未過濾，而是出現轉著又轉著的圈圈，代表電腦當機。怎麼也動不了。

筆電就這麼一次又一次地當機。

一場夢魘。

我們決定去找總編輯解釋為何又需要一台新電腦。因為我們需要更多的記憶體、更強的中央處理器，更多ＴＢ的儲存空間，越多越好。「國際調查記者聯盟」的資訊小組提供了一些建議，Nuix軟體專家也協助諮詢，然後我們又繼續詢問其他專家。

當然我們也可以採納聯盟的建議，由他們的資訊小組過濾資料，在他們那裡跑文字辨識軟體，然後將取得的資料交給我們。不過我們希望兩年後也還能在這裡使用這些資料，所以問題還是得解決。

最後我們決定選一台含64ＧＢ記憶體的電腦。給個小對比：一般筆電的記憶體是4ＧＢ，再好一些也不過8ＧＢ。此外我們還買了四顆儲存硬碟，其中一顆是固態硬碟（ＳＳＤ）。雖然我們不懂技術，不過這點我們還是知道的，固態硬碟代表的就是比一般儲存硬碟快速。

資訊部與採購部門的同事再三和我們確認是否有筆誤，真的要購買這一台可以當主機使用，卻不能拿來寫篇文章的「超級電腦」。

不過總編輯希望社內能有這台機器，於是我們有了第二台電腦！

在超級電腦送來前，有待查詢的資料堆積如山，其中包含一些老線索，例如西門子的五億男或是普丁的大提琴家摯友。再加上每天又有不斷增加的新發現。

傑克．伯恩斯坦，這位「國際調查記者聯盟」中得過普立茲新聞獎的同行，已經如火如荼地展開調查。他在資料庫裡掃過了半個中東，發現了例如卡達總理。

還有直到二〇一五年擔任伊拉克臨時政府副總理的伊亞德．阿拉維（Ayad Allawi）。「國際調查記者聯盟」副主席瑪莉娜．沃克，因此在論壇裡留下苦澀的評語：「每次你在論壇發表成果時，就又是位政府首長中槍。」

傑克從兩家登記在英屬維京群島，還有一家登記在巴拿馬，不過已經解散的公司文件中看到阿拉維的名字，甚至連護照影本都被他發現。

阿拉維是信奉什葉派的富商之子，曾參加過海珊領導的阿拉伯復興社會黨（Baath Party），七〇年代離開伊拉克。流亡海外期間與美國中情局過從甚密，在海珊倒台之前已經嶄露頭角，因為他聘請著名公關顧問，與英美政要以及有影響力的媒體搭上線。阿拉維似乎從不為錢發愁。

特別令人吃驚的是，其中那家已經關掉的信箱公司還是和前黎巴嫩總理的幾個孩子共有的。即便是在中東，一位前伊拉克副總理和前黎巴嫩總理的孩子們共同擁有一間信箱公司，也算是不尋常的組合。而且公司在二〇〇五年成立時，阿拉維才剛擔任臨時政府總理數個月。

不過這樣的發現又讓人感到似曾相識。至少我們手邊已經看到約旦、巴勒斯坦、巴基斯坦以及卡達等國的前任或是現任元首。

整個狀況匪夷所思，有多少阿拉伯國家的元首或政府首長將錢轉往海外？似乎每個人都這麼做。「瑞士解密」時就發現兩位國王、一位埃及前經貿部長，以及突尼西亞之前的獨裁者班・阿里（Ben Ali）的姻親，他們在瑞士有銀行帳戶。

而這次根據我們的資料，我們已經快搞不清楚到底有多少酋長、獨裁者、王子或是親王名列其中。當中有許多國家貧富差距懸殊，老百姓僅能勉強糊口，而上述這些人卻享有難以想像的奢華。幾個非洲和中東國家完全被這些貪腐的權貴徹底掏空。

「阿拉伯之春」時獨裁者的海外帳號和信箱公司被掀出，但那些大概也只是冰山一角。直至今日利比亞政府尋找著已故強人格達費藏匿的財富。對於老百姓而言這何嘗不是件可悲之事，因為即便他們推翻了貪腐政權，也拿不回已經流到海外的公款。

然而這些獨裁者或是他們的親信何以如此容易隱藏所囤積的財富？因為他們可以利用匿名公司的系統。也就是說，因為有像尤根・莫薩克以及雷蒙・馮賽卡的人幫助他們隱藏痕跡。

二〇一一年在世界銀行與聯合國發表的一份詳盡報告中，就點出這些問題。他們的專家針對全世界檢察官起訴的兩百一十三件貪腐案進行分析，發現信箱公司在其中一百五十個案件中扮演重要角色，真正的公司所有人藉此隱藏鉅額金錢。當時查到的累積金額約五百六十四億美元。

叮咚！有一項重大結果。

又是一位中國政要的親戚。這項搜尋結果的爆點就是，它再次揭露當中國官員要隱藏累積的財富時，往往利用親戚當作受益人。

我們陸續在資料裡發現多位太子黨成員，這些人的負面新聞，無論是有關他們的法拉利跑車，或是開的淫亂趴、傲慢的態度、酒駕意外或是性侵案等都常常上報。從資料中發現的相關線索，也就被在我們登記在「作戰室」的圖表上。

〔無名氏〕我在思考緊急計畫，如果突然必須離開，有哪些地方該避免前往？

〔南德日報〕可能別去中國的好。有些人在資料裡。

〔無名氏〕真的？我不知道這事，不過我也沒有計畫去中國。

〔南德日報〕反正能避免就避免。

〔無名氏〕至少我不要像史諾登一樣困在莫斯科機場。以目前情況來看，去莫斯科絕對是個壞主意。

叮咚！

5 針對「國際調查記者聯盟」的詢問，伊亞德．阿拉維方面證實他是 Foxwood Estates Limited、Moonlight Estates Limited 以及 IMF Holdings Inc. 的唯一董事與股東。IMF成立的目的是為了維持物業。均有準時納稅。

《世界報》的一個同行貼出一條訊息：他在資料裡找到一份五頁的清單，是二〇一〇年莫薩克馮賽卡律師事務所的工作人員所製作，並以電子郵件寄送的。裡面記錄幾十家公司的真正所有人，滿滿都是俄羅斯人的名字。

那可不是什麼張三李四的名字。

例如是某位非常有名的俄羅斯商業寡頭的家屬，或是俄羅斯軍火商羅斯特克（Rostec）總裁謝爾蓋．契梅索夫（Sergej Tschemesow）的兒子。契梅索夫在普丁還在德勒斯登掌管前蘇聯國家安全局（KGB）時就互相認識，二〇一四年他被美國列入制裁名單上。[6]

更有趣的是波里斯（Boris）和阿爾卡季．羅騰貝格（Arkadi Rotenberg）[7]的名字也都出現在這份清單上。這兩個人是普丁的親信，可能是俄國總統最親近的商業夥伴。他們當然也在制裁名單上。

這些名字會讓我們忙上好幾個星期。我們在華盛頓時與英國國家廣播公司、《衛報》、瑞士《週日報》以及「組織犯罪和貪腐報導計畫」，組成了一個俄羅斯特別小組，而「組織犯罪和貪腐報導計畫」有俄羅斯的同仁，甚至有些就在俄羅斯進行報導。這個團隊勢必會挖出更多令人震驚的名單。

俄羅斯的故事成形，肯定巨大不已。

6 針對相關詢問，契梅索夫的公司羅斯特克證實，契梅索夫的兒子是一家公司的受益人。至於公司名稱則未透露。

7 針對相關詢問，至本書完成編輯，波里斯與阿爾卡季．羅騰貝格均未回覆。

12 恐懼與更多的恐懼

〔無名氏〕還有一件事，我需要你們在公布的幾星期前先通知我。

〔南德日報〕沒問題。

〔無名氏〕我考慮事件公布前先告訴家人。不過還未打定主意就是了，因為那也可能會增加風險。另外我準備告訴幾個可信任的朋友，以防我或他們之間有人遭殃。

〔南德日報〕這可能會讓他們陷入險境。

〔無名氏〕我知道。某種程度上他們多少已經身陷險境了。我不會告訴他們所有事，只有他們應該知道的部分，特別是在最糟狀況時如何連絡《南德日報》。假使我發生意外或無故失蹤時，至少有一個人知道真正的原因。

〔南德日報〕了解。

〔無名氏〕計畫何時公布？

〔南德日報〕明年年初。資料越來越多，我們趕不及十一月完成。

〔無名氏〕　明年初？誰知道到時我們是否還活著？

〔南德日報〕　活著，一定還活著。

〔無名氏〕　你們不怕嗎？你們身為記者將子彈朝向這些極度有權勢的人。在作者列中出現的是你們的大名，而不是我的（希望如此），並且刊登在所有報紙上。

我們怕嗎？其他的合作同行越來越常提及這個問題。只要不去想就不怕。一旦認真思考，難免會打個寒顫。或許那不算是種恐懼，而是一種到目前為止從未有的不安。不過像我們這種已經調查過全德汽車俱樂部（ADAC）、巴伐利亞雞蛋（Bayern-Ei）公司、天主教教會或是德國軍火商的人有何好怕。只要與新納粹或有暴力傾向的薩拉非份子（Salafisten）沒有意見相左，德國還算是個媒體開放的文明國度。在網路上經營政治部落格的記者，遭到調查的情況極少發生，而且他們也沒被收押、刑求、綁架或是被謀殺。

不過這次的調查案遠大於我們目前為止所做的十倍甚至十五倍以上。無論如何，選擇國際合作是個好主意，原因之一就是為了我們自身的安全。目前已經有三位數以上的記者可以查看我們的資料。所以把我們剷除的意義不大，因為報導不會因此中斷，反而會引起更多人對這件事的注意。

另外一方面，正是因為我們將資料分享給「國際調查記者聯盟」以及其他數十家媒體，所以如果有人想以殺雞儆猴的方式，嚇阻這種記者合作模式也是可以想像的。

而且很不幸的是，我們已經找到足夠想找打手教訓我們的人。

我們已經找到三家公司和羅爾杜金有關，他是位大提琴家，同時也是普丁的好友。除了在調查初期就發現的「International Media Overseas」，還有「Sonnette Overseas Inc.」以及「Raytar Limited」。三家公司都掛在那個曾於二〇一四年對媒體宣稱自己不是商人，更沒有百萬家財的羅爾杜金的名下。那我們就好奇這些錢該屬於誰。

然而這些公司只是整個信箱公司綿密網路的一部分，牽涉在內的還有其他普丁的親信以及名氣較小，卻幾乎都是來自聖彼得堡的銀行家和商人。聖彼得堡也正好是普丁崛起之地。

莫薩克馮賽卡律師事務所經辦的境外公司，主要處理的都是俄羅斯大企業的股票交易。而且金額很大，難以置信的大。

許多西方世界的專家認為，這位在二〇一四年年收入七百六十五萬盧布（約十一萬九千美金）的俄國元首，藉友人之名擁有多家大型企業的股權。俄羅斯分析家貝克斯基（Stansilaw Belkowski）估算普丁在二〇〇七年時就有四百億的身價，只是沒有資料佐證。不過類似此種推測普丁財富金額的傳言甚多，差別只在普丁究竟擁有一百億、四百億還是兩千億美元。

普丁是背後的藏鏡人？這個推論是有可能的。

我們那群優秀的國際俄羅斯小組成員從整個錯綜複雜的關係裡，一家家公司、一張張合約地尋找大提琴家的痕跡。大家準備於數星期後在慕尼黑舉辦的聚會上展現成果。於是我們看到了許多少見的文件，例如修改過日期的合約，或是從未償還過的貸款以及神祕的匯款。光是羅爾杜金網路裡的帳號或公司經手過的總金額就高達五億美元。而我們的調查才剛開始。

蘇聯解體後，在俄國什麼事都有可能發生。但是一個像羅爾杜金這樣的大提琴家能左右幾千萬美元則不太可能。

他背後必定要有強而有力的人士。

於是我們又回到恐懼這個話題。

俄語版《富比世》（*Forbes*）雜誌於二〇〇四年首次公布俄國最富有的百大人士（許多人名都可以在我們的資料裡發現），數星期後該雜誌總編輯就在辦公室附近遭人槍殺身亡。針對俄國車臣戰爭做過許多報導的記者安娜・波里科夫斯卡婭（Anna Politkowskaja）於二〇〇六年在她莫斯科公寓的樓梯間被謀殺。背後主使者至今不詳。只是事發日期，二〇〇六年十月七日，一個對俄國人民再熟悉不過的日子，正是普丁五十四歲生日。

又是令人全身不適的感覺。我們那兩位幾星期前才加入「國際調查記者聯盟」的俄羅斯同行羅曼・安寧（Roman Anin）以及羅曼・施萊諾夫（Roman Schleynow）做何感想？羅曼・安寧原來在對政府持批評態度的《新報》（*Nowaja Gaseta*）裡當體育記者。這幾年他成為俄羅斯調查記者的硬漢之一，因為他揭露並且抨擊軍隊、政治以及商業之間的貪腐以及裙帶關係。例如安寧揭發了索契冬季奧運中享受利益的建商都是普丁的支持者。他深知自己涉入險境，毫無安全可言。

目前安寧為「組織犯罪和貪腐報導計畫」這個組織以及其他媒體工作。最近一份報導是他幫路透社撰寫的〈資本主義同志〉（*Genosse Kapitalismus*），是個關於俄羅斯貪腐權貴的系列。另外一名記者，羅曼・施萊諾夫目前是俄羅斯《經濟日報》（*Wedemosti*）的調查記者，參與一份《華爾街日報》、俄國一家出版社以及《金融時報》（*Financial Times*）共同合作的計畫。

這兩位同行都無法進入我們加密的論壇，因為那必須先有支智慧型手機。智慧型手機裡的程式是整個複雜解密系統裡的一環。但是基於安全考量，羅曼・安寧以及羅曼・施萊諾夫都使用一般手機。安寧曾經在他的手機上發現被人安裝了監視軟體。所以我們的搜尋結果都只能用加密的電子郵件寄送。畢竟安全優先。

對於我們的資料和機器，我們也強力要求自我規範。所有的硬碟都有加密，而外掛硬碟鎖在保險箱裡。新電腦還加了一個帶鎖的機箱，機箱外則用鍊條固定，讓他人不能輕易將整台電腦搬走。而且機箱上的螺絲釘都被我們塗上帶亮粉的指甲油。

對，就是那種我們的小孩會忌妒得要命的亮粉指甲油。這是一位保全專家的建議，他說，如此一來，只要有人動過電腦機箱，我們就可以馬上察覺。一般的指甲油很容易被掩蓋過去，而亮粉指甲油會留下明顯異狀。

這一切的措施都只侷限在資料保護，當有人找上門時，亮粉指甲油也起不了什麼作用。但是還有什麼方法呢？我們還沒有害怕到要穿防彈背心的地步。不過我們建議所有參與普羅米修斯計畫的同事們，至少到戶政事務所申請隱藏通訊地址。因為任何人都可以權充記者身分到戶政事務所詢問我們的居住地址，而且一般也都拿得到手。

我們知道有此可能，是因為我們其中有人的姓名和相片被發現在一個類似緝拿告示的新納粹網頁上，上面還暗示可以結伴前往拜訪。自此我們的姓名就從門牌去掉，也不准第三者有機會從戶政單位取得住址。這些措施從那時起都成為標準作業程序。

在此強調一下，對於絕大部分從事調查工作的記者而言，德國是理想的國家。同樣的調查結果，對於「國際調查記者聯盟」中非洲、中東、東歐或是拉丁美洲的同行而言，危險性會是四倍以上。更遑論他們所處的險境日益增加。一位埃及同行在二〇一五年二月「瑞士解密」公布時就收到情報局來電，電話那頭警告說：「只要你報導下列相關題材，就有麻煩了。」然後對方報上一串題材名稱。同行完全了解警告的含意，也配合照做。如果事情發生在我們身上，我們也會有一樣的反應，畢竟我們又沒瘋。

哈蒂婭・伊斯瑪伊洛娃（Chadidscha Ismailowa）甚至不能一起參與調查，因為她被關在亞塞拜然的監獄裡。二〇一三年時我們和哈蒂婭一起為「境外解密」工作，她負責調查亞塞拜然總統伊利哈姆・阿利耶夫（Ilcham Alijew）家族所涉及的境外公司。哈蒂婭當時還在為兩個單位工作，一是目前已遭停播的「自由歐洲電台」（Radio Free Europe），另一個則是「組織犯罪和貪腐報導計畫」，並與來自南美、高加索以及中亞的調查記者合作。這兩個單位主要進行當地媒體因為怕遭報復或是無法承受經濟壓力，而不敢從事的調查、揭發以及公諸世人的工作。

根據哈蒂婭「境外解密」的調查顯示，亞塞拜然總統的數名家族成員擁有信箱公司。光是他兩個女兒萊拉（Leyla）與阿爾祖（Arzu），二〇〇八年時就在英屬維京群島成立三家境外公司。而總統以及同時是國會議員的第一夫人梅赫利班（Mehriban）則是在二〇〇三年時成立了自己的境外公司：Rosamund International Ltd.

在亞塞拜然揭露這類不法事件的人基本上都置身險境。無國界記者組織於二〇一五年時將亞塞拜然的新聞自由度列為全世界一百八十國裡的第一百六十二位。

雖然哈蒂婭・伊斯瑪伊洛娃接到的恐嚇不斷，她卻不為所懼。二〇一三年時她被短暫拘留過，而當她二〇一四年由歐洲返國時，則在巴庫（Baku）的機場遭官員扣留數小時。當時官員堅持要看隨身碟裡的資料，但是她以無相關法令規定而拒絕，並且找警方介入。事後哈蒂婭表示當時隨身碟裡面是空的，但是事關合法性。

二〇一四年十二月她再度被拘捕，其中一項控訴理由是她將前男友逼到自殺。一些旁觀者、朋友以及同事都認為那是荒謬的指控。人權觀察組織（Human Rights Watch）表示，「哈蒂婭・伊斯瑪伊洛娃明顯是令人不悅的訊息傳播者。她被拘捕充分顯示亞塞拜然政府盡全力消除批評政府的聲音」。而國際特赦組織（Amnesty International）則認為，「這項舉動和其他企圖有共通點，都是為了讓亞塞拜然的自由媒體噤聲。哈蒂婭・伊斯瑪伊洛娃是這個國家碩果僅存的獨立聲音。」

二〇一五年七月她在巴庫被判刑七年半。在宣判結果後幾分鐘，「組織犯罪和貪腐報導計畫」就在官網上公布，「今天亞塞拜然政府判哈蒂婭．伊斯瑪伊洛娃七年又六個月的有期徒刑。他們休想我們會因此停止報導。」

曾和哈蒂婭在「組織犯罪和貪腐報導計畫」共事過的米蘭達．帕妥琪（Miranda Patrucic），也在我們的資料裡發現了亞塞拜然獨裁者伊利哈姆．阿利耶夫家族的名字。我們對於哈蒂婭．伊斯瑪伊洛娃報導的真實性從無疑問，而現在看起來她當時所描述的只是冰山一角。

根據我們的資料顯示，阿利耶夫的太太——諷刺的是——與亞塞拜然的財稅部長，藉由巴拿馬的一個基金會掌控亞國的最大企業，即亞拓控股（Ata Holding）。這家控股集團旗下有銀行、高科技公司、旅行社、保險公司等，幾乎涉及各產業。集團所得獲利至少有一段時間是經由英屬維京群島和巴拿馬的公司與基金會，流向了阿利耶夫的兩個女兒還有兒子身上。[1]

除此以外，「組織犯罪和貪腐報導計畫」的幾位同行也找到兩家至今未被發現的阿利耶夫女兒的公司，分別是「Kingsview Developments Limited」以及「Exaltation Limited」。根據資料顯示，後者成立於二〇一五年一月，目的是為了隱藏一個位於英國價值超過百萬美元的房地產。

1至本書完成編輯，伊利哈姆．阿利耶夫和他家人都未對相關詢問做任何回覆。

13 西門子的千萬賄賂門

正當我們試圖追蹤所有與國家元首有關的線索，並且隨時注意論壇動態之際，也仍舊緊盯著德國西門子前主管漢斯・姚阿幸・K 的動靜，因為二〇一三年十一月顯然有筆近五億美元，以黃金支付的方式進到他在巴哈馬的戶頭裡。為了補齊殘缺不全的拼圖，我們卯足了勁在網路上搜索和他有關的消息。在看了無數張千篇一律的相片後——一名髮量稀疏、面容憔悴、戴著眼鏡的男子，不知不覺間我們都開始懷疑自己真的認識這個傢伙了。我們得知他在上個世紀初擔任西門子安地斯地區的執行長，在二〇〇三到二〇〇九年間則轉調至墨西哥的西門子，同樣身居高位。這些可都不是小蝦米。我們還知道他目前受聘為顧問，不但觀賞了他公開講演的影片，也蒐集了他的個人資料。不過還是少了些什麼。

他在法國興業銀行巴哈馬分行有個戶頭，我們再次仔細檢查了這個帳戶上的每一筆進出，因為顯然有些東西被遺漏了：有筆約五萬美元的匯款在二〇一三年春季轉入，一旁還另外註記：「從 Gillard Management 轉出」。一條全新的線索。

我們的確在資料中發現了一家名為「Gillard Management」的公司，而那名在二〇〇七年夏季向莫薩克馮賽卡事務所訂購這家公司的男子就是漢斯・姚阿幸・K。但是我們從這家公司的數位檔案裡發現的不只他一人，還有另外三名西門子的前職員，其中不乏高階主管。這三名員工和K一樣都曾管理過設立在拉丁美洲的賄賂基金，根據西門子案的法庭檔案：其中一名曾經擔任西門子墨西哥分公司的總經理，另一名是居住在厄瓜多的西門子前員工，最後一名則是西門子哥倫比亞分公司的前業務經理。

四名捲入此案的西門子幹部全在同一家境外公司？

我們需要更多的背景資料。從西門子前總裁烏利耶爾・夏瑞夫（Uriel Sharef）的起訴書中，我們發現K也曾遭到起訴。我們設法取得了相關紀錄，並且看完好幾百頁資料，裡頭記載著西門子在拉丁美洲的領導團隊是如何經由公司的正式管道，偷偷將錢從原本的帳戶搬運出來，顯然這套模式就這般持續運轉了多年，一直到大約十年前才畫下休止符。這些錢是可隨意運用的賄賂基金，八成是用來支付那些讓錢不斷流通的「顧問」。

我們從資料裡發現的四名男子之中有三人在調查中坦承——雖然時而具體，時而模糊——將西門子的錢，經由好幾個分屬不同銀行的帳戶轉出，從一家境外公司到另一家，然後再匯回來。此外，同一份資料也指出，我們在好幾個月前發現的「Casa Grande Development」公司也陸續在戶頭裡累積了好幾千萬，作為西門子在哥倫比亞、厄瓜多、委內瑞拉和祕魯的賄賂基金。從二〇〇一到二〇〇三年間，西門子在這四個國家的一切活動都是由身為「安第諾集團」（Andean Group）執行長的K主導決策。我們的資料不只顯示了這個賄賂基金是如何在莫薩克馮賽卡事務所的協助下成立，同時也指出，這筆總數約三千兩百萬美元的數目又是如何在西門子案爆發後，再次透過莫薩克馮賽卡的信託部門轉回給西門子。

現在的問題是，西門子利用賄賂基金行賄已經不是什麼新聞了，但是我們在「Gillard Management」公司的調查檔案中，卻怎麼也找不到和K有關的蛛絲馬跡。

為何他會在西門子案爆發多年後再度活躍？他的錢是從哪裡來的？又要用來做什麼？

關於「Gillard Management」公司的故事要從二〇〇七年的八月二十八日講起。一名莫薩克馮賽卡事務所的女性員工曾在註記裡提及，有位同事「和（他的老客戶）K先生碰面」，並且談定要成立一家境外公司，而這家公司的銀行帳戶將由莫薩克馮賽卡事務所管理。有筆大約兩百二十萬美元的金額會進到這個帳戶，而且應該「盡可能從盧森堡、德國或是瑞士」匯入。

暗藏在「Gillard Management」公司內部的機密實在令人印象深刻。我們在取得資料的幾個月內瀏覽過的公司紀錄絕對不下數百家，但是如此深謀遠慮的設計堪稱前所未見。這些西門子的傢伙幾乎不在電子郵件中署名，而莫薩克馮賽卡事務所的員工則一概使用縮寫代稱他們。「K先生」就是漢斯・姚阿幸・K，而他在西門子的同事則是以「LL」或是「P先生」等代號進行交易。另外，事務所內部也絕對不會寄發任何文件給姚阿幸・K，所有文件必須「留在事務所裡，直到收到新的指示」。[1]

1曾就此向K進行確認，並未得到回應。

「K先生」遵循的就是一條避免可疑交易曝光的老規矩：「手稿即劇毒」（Schrift ist Gift）。

此外，K似乎還申請了一個加密的匿名郵件帳號，「以便和我們聯絡」。通常這種公司對外公開的官方網站看來就與一般尋常的進出口公司無異，不過實際上它卻隸屬於莫薩克馮賽卡事務所。在「Gillard Management」公司的數位檔案中，我們發現了兩個匿名的寄件者帳號，其中一個使用「阿茲卡班」（Askaban）作為代號，另一個則叫做「布魯妮」（Bruni）。阿茲卡班是哈利波特魔法世界中監獄的名稱，至於布魯妮這個名字則在我們反覆研究調查檔案之後才發現，原來它是姚阿幸・K母親的名字。[2]

一個匿名的電子郵件帳號？

一張莫薩克馮賽卡事務所內部的便條紙，為我們解開了這個疑惑：客戶希望「以最萬無一失的方式」處理這件事。

換言之，錢應該是匯給了新成立的那家公司。為了不留下任何痕跡，顯然他們刻意繞了一大圈，透過一份和莫薩克馮賽卡事務所之間的信託協定進行此事。

不過「Gillard Management」公司當然需要一個戶頭，而要開立一個戶頭，這家公司就需要有一個「真正的所有人」。西門子這些人決定以在厄瓜多退休的那名男子為代表，莫薩克馮賽卡大多以ＬＬ代稱他。這個帳戶應該是開在貝倫貝格銀行（Privatbank Berenberger）的瑞士分行，這是一家和莫薩克馮賽卡往來多年，且雙方默契一向良好的銀行。不過事務所仍得替ＬＬ出具某種聲譽證明供銀行徵信使用。

承接這項業務的是莫薩克馮賽卡資產管理部門，也就是莫薩克馮賽卡資產管理公司（Mossfon-Asset-Management S. A., MAMSA）裡的一名德國人。他寫了一封信，信裡宣稱「有一筆即將存進貴行的資金」是ＬＬ「存了一輩子的積蓄以及繼承自父母的財產」。

真是不可思議。剛開始往來的前幾封郵件多是以成立「Gillard Management」公司為主要內容，在這些郵件當中有一封明確告知莫薩克馮賽卡承接業務的人，匯入該帳戶的錢會從其他來源。然而：如果這個帳戶真的是為了「一輩子的積蓄以及繼承自父母的財產」所開設，為什麼之後這些錢又流向了西門子？

這種處理架構在當時對莫薩克馮賽卡內部來說，也顯得相當與眾不同。一名主管級的員工就認為，這家公司不但為事務所帶來了「重大風險」，更是一筆「棘手的交易」。不過他倒不是想以此為由拒絕這門生意，而是要求了更高的傭金。最後決定讓事務所的合夥人來判斷，是否要接受「ＬＬ先生」這位新客戶。這並非常見的標準流程，這件事由領導團隊決定，而他們也這麼做了。尤根．莫薩克表示贊同的那封郵件只寫了短短一行字。[3]

就如同我們在資料裡讀到的，西門子的人在這家公司成立之後，就匯了幾百萬又幾百萬元到貝倫貝格銀行的帳戶。他們後續甚至還在法國興業銀行的新加坡分行，以及巴拿馬的金融太平洋銀行（Financial Pacific）又分別開立帳戶。背景：二〇〇八年二月份，K和ＬＬ在巴

---

2 曾就此向K進行確認，並未得到回應。

3 尤根．莫薩克對於相關問題並未做出回應。

拿馬城的某家百貨商場和莫薩克馮賽卡的聯絡窗口碰面，並且向他表示他們對於設在瑞士的帳戶有些疑慮，因為他們在瑞士的另一個戶頭被當地官員懷疑涉嫌洗錢，遭到了凍結。[4]

同一時期，二〇〇六年年底遭到檢察官起訴的西門子案仍在進行，這使得姚阿幸．K的手頭越來越緊。調查員很早就發現西門子在拉丁美洲設置了賄賂基金，而K則從一九九六年起幾乎一直是這個團體的領導人物。他自願前往德國出庭。二〇〇八年六月十日，週二的午後一點鐘，姚阿幸．K在律師陪同下現身慕尼黑檢察署，之後他和調查員密談了大約三個鐘頭。

同一天，距離偵訊結束才不到幾個小時，莫薩克馮賽卡負責和K在德國聯繫的窗口，就以電子郵件的形式寄出一封明顯感到失望的通知信函：他「今天從K先生那裡得知一則壞消息」，並證實西門子的錢確實會匯回德國。這表示，「我們將會損失這些錢以及Gillard Management這名客戶。」

值得注意的是，這項訊息並未明確指出，莫薩克馮賽卡幫西門子藏了好幾百萬到千萬的賄賂基金。

而是透露了，現在這些錢可能要匯回去，莫薩克馮賽卡也將失去這筆生意。

K和事務所的顧問決定，K應該盡快前往巴拿馬，好在午餐時於布里斯托飯店研議因應辦法。經過商討後，他們想出的對策是：首先必須解除「Gillard Management」公司現有的三個帳戶，然後經由莫薩克馮賽卡的信託部門將這些錢轉到西門子，之後再解散這家公司。[5]

聽起來很完美，顯然姚阿幸．K在慕尼黑檢察署的供詞也相當可信。二○一二年，他才因背信罪被慕尼黑檢察署根據德國刑事訴訟法（StPO）第153a條判處四萬歐元罰金。如同多數的西門子同事，K並沒有試圖為自己犯下的重大罪行辯護，而是不斷解釋，雖然他們付給「顧問」數百萬到千萬的費用，以維持公司營運，但「顧問」是否賄賂了政治人物或是其他關鍵決策者，K則表示，他「不認為這些金額是拿來『分配』給他們的」。

此外，K也一再強調，他不斷努力嘗試將錢匯回西門子。事實上，早在二○○六年年底，姚阿幸．K就通知了西門子的合規部門，說明賄賂基金的存在，並且詢問這筆錢如何記到一般會計帳上。而在此不久前，二○○六年的十一月，西門子才遭到大規模的搜索。

二○一○年七月，姚阿幸．K從西門子收到一份正式文件，證實「所有由漢斯．K先生管理，以及後來根據公司內部和檢察署的調查所列出的每項帳款，都已經匯入西門子公司的帳戶」。

只不過：西門子是如何得知賄賂基金實際上有多少？在警察的偵查資料中，個別帳戶的數字會隨著偵訊對象不同而有所差異，介於三千五百萬到五千五百萬美元之間。檢察署也沒有挖出更多不為人知的黑幕，不但無法交代西門子帳上的數千萬賄賂基金從何而來，也無法

4 曾就此向K進行確認，並未得到回應。LL則是一概否認此處描述的經過。

5 K否認有此會面。

確定醜聞爆發後，所有的錢都確實回到西門子。K在偵訊過程中不斷強調自己「絕無中飽私囊」，而檢察署在沒有其他線索的情況下，追查他戶頭裡的金錢流向之後，採用對被告有利之推論，認為他讓「所有的錢完整地匯回」。

根據我們的資料，經過再三檢視，我們得出以下推論：

大約有四千一百萬美元，從「Gillard Management」公司在巴拿馬的金融太平洋銀行的主要帳戶，匯回到了西門子的一般帳戶，這一點和K在巴伐利亞邦刑事警察局的偵訊筆錄是一致的。至於付款原因則顯得有些曖昧不清：「Gillard Management」公司和西門子之間「先前多筆交易」積欠的帳款。不過這個帳戶並沒有因此而歸零，還有兩百萬美金左右的餘額。之後這筆金額轉到了「Gillard Management」公司在袖珍國家安道爾一家私人銀行開立的新戶頭，也就是安道爾銀行。

一直到二〇一二年所有訴訟程序都告一段落後，K才開始分配莫薩克馮賽卡事務所的那筆錢。此時他已經離開西門子三年，成為一名自立門戶的顧問。這筆錢的最大份額大約是兩百多萬，匯入蘇黎世瑞士銀行（ＵＢＳ）的一個戶頭，受款人則是瑞士銀行的一名行員。根據調查檔案，在二〇一〇年夏季，當K從瑞士銀行把另一筆大約四千萬歐元的賄賂基金匯回西門子時，這名行員正是為他服務的「理財專員」之一。

然而那兩百萬幾乎沒有要轉到瑞士銀行的跡象，主要是莫薩克馮賽卡的合規部門耽擱了許多時日：他們對於受款人的相關資訊掌握不足，更不用說事務所內部根本沒有必備的護照影本。國際防制洗錢規範會針對可疑的大筆金額採取特別措施，不過替K做事的人早就把任何可疑的跡象擦得一乾二淨。

根據我們的資料，莫薩克馮賽卡的領導階層透過電子郵件得到通知，並同意執行轉帳。而事務所的一名女職員再次詢問：這筆錢的用途是什麼？K在莫薩克馮賽卡的顧問隨即回覆說，他已經和相關的聯絡窗口確認過，不過對方「並不清楚（……）受款人要如何利用這筆款項」。這筆錢很可能是「用來開立一個新的帳戶」，或是「再作分配」。

如今看來這一切真是不可思議：這段對話絲毫沒有提及要將錢匯回西門子。就算當時看來也教人難以置信：因為錢還是匯出去了，即便事務所對於受款人所知甚少。但是這兩百萬還是到了蘇黎世，而莫薩克馮賽卡則獲得大約七萬五千美元的傭金。

我們詢問了瑞士銀行是否知悉這筆匯款交易、該帳戶是否真的屬於瑞士銀行的行員，以及銀行內部是否曾針對此事進行調查。不出所料，我們收到這樣的回覆：「基於法律規定以及相關規範」，無法「提供個別客戶或任何匯款的資料」。就此看來，瑞士銀行既沒有肯定、也沒有否認這個戶頭確實屬於該行理財專員。

同時，我們也聯絡了該名行員，而他已經離開這家銀行。他親切但明確地告訴我們，自己不便透露任何與這個過程有關的事，唯一可以說的，就是他個人未曾從中獲取一分一毫。

這給了我們一條新的線索。為什麼一名行員可以讓一筆極可疑的款項匯入自己任職的銀行？如果這筆錢不是匯給了這名行員，還會進到誰的戶頭呢？

西門子的嗎？這根本不可能。按照K還有西門子的說法，這筆錢早就在二〇一二年匯回去了。我們再次向西門子確認時，他們也給了明確的答覆，指出二〇一二年之後只有先前在瑞士被凍結的賄賂基金回到帳戶上。「Gillard Management」公司的帳戶不可能被凍結，而且根本也不在瑞士。

我們仍舊毫無進展。

不過倒是發現了：這筆錢轉到瑞士銀行的帳戶後，還有七萬美元的餘額。K透過電子郵件指示，將其中的兩萬元匯給代號LL的西門子前同事[6]，至於剩下的五萬元，莫薩克馮賽卡的顧問注意到，早有人「通知銀行」以「嘉惠『友人』」的名義匯出了。[7]

這名「友人」就是姚阿幸·K本人。正是這筆在二〇一三年春天的轉帳紀錄「由 Gillard Management 公司轉出」，讓我們轉而調查「Gillard Management」公司。

在一份慕尼黑檢察署的調查資料中，K在數年前曾宣稱，「這些戶頭裡的錢從未進到他私人的口袋裡」。

我們終於透過電話聯繫上姚阿幸·K。他再次澄清自己並不知道「Gillard Management」這家公司——不過他在檢察署時倒是唸出一組該公司的帳號。這個戶頭的匯款紀錄，他當然也完全不知情。他的電子郵件信箱在二〇一四年遭到駭客入侵，我們可能因此得到錯誤的訊息。之後K甚至透過電子郵件把檔案號寄給我們，核對後證實他所言不假。不過這些東西一點也沒幫助，尤其，我們發現的事情過程遠早於二〇一四年，那時K使用多個不同的郵件帳號。

多數時候K都試圖以他的郵件信箱遭「駭客」入侵，來迴避我們的問題，直到我們提到他在莫薩克馮賽卡的聯絡窗口，以及其他同樣遭到懷疑的共犯時，K就掛斷電話。之後我們寄了一封郵件給他，詳細描述我們的推斷：他將西門子帳戶的錢分配給有嫌疑的受款人，他就停止回應。

但是不只「Gillard Management」公司的帳戶仍有餘額，出現在法院檔案裡的「Casa Grande Development」公司，也都還有些許資產。後來經莫薩克馮賽卡匯回西門子的三千兩百萬美金裡，有很大一部分就是從「Casa Grande Development」轉過來的，甚至在錢匯出之後，這個帳戶中還留下大約七十五萬美元。

一個曾與K在西門子共事，莫薩克馮賽卡內部簡稱為「RPS」的傢伙，顯然想要獨占這筆錢。在面對事務所的德籍顧問時，「RPS」毫不掩飾自己的意圖，態度出奇坦白。他寫道，「老同事們」把一個超過五十萬的「財務缺口」丟給他，「一毛錢都不想付」，「因此我急需現金」。

很明顯地，「RPS」不但收到了一筆四十二萬美元的匯款，還要求對方以「土地稅」的名義匯出。帳目上註記「顧問及管理服務」。這很少見。尤其他還「預借」了十萬美元。我們手上的資料並未顯示任何還錢給「Casa Grande」的紀錄，之後這家公司又匯出四萬五千

---

6 LL在電話中解釋，他不曾從Gillard Management公司獲得任何金錢，他連聽都沒聽過這家公司。

7 K否認曾經指示匯出這筆錢。

美元，讓他清償「過度負債」以及支付所謂的「移轉稅」。沒多久又再加碼四萬美元，「好打平現金赤字」，不斷這樣下去。[8]

照我們的計算，儘管當時所有的賄賂基金早已匯回西門子，但總共約有兩千八百萬美金成了漏網之魚。

K的五萬美元在二〇一三年三月，進到法國興業銀行巴哈馬分行的戶頭裡。根據我們的資料，同一個戶頭在二〇一三年十一月又以黃金支付的方式，匯入了四億八千四百萬美元。之後這個帳戶就有進有出，清一色是大筆金額流動。

在我們最後一批的資料裡，我們發現莫薩克馮賽卡資產管理部門與姚阿幸・K的結算帳目。到了二〇一四年年底，帳戶上原有將近五億的美金已全數歸零。這是如何操作的，仍然是個謎。

難道輸入錯誤？莫薩克馮賽卡的員工一時疏忽點選了錯誤的幣值？這是一筆失誤的匯款嗎？還是K早在很久之前就把這筆錢輾轉匯出去了？

當我們向他問起這五億美金時，他先是透過電子郵件解釋，「這輩子還未碰過這麼荒謬的事」。至於這個帳戶是否屬於他，他則沒有回應。後來在電話上他承認自己確實有這個帳戶，而我們在同一份資料裡還看到了其他筆的金錢存入，他也一併坦承確有其事。但是他仍堅持巴哈馬的戶頭裡從未出現如此大的數目，然後再次解釋這一切都是駭客攻擊造成的，我們搞錯了。其中有幾個月份的進出特別啟人疑竇，我們嘗試向他索取對應的帳戶往來明細，K說會讓銀行直接把資料寄給我們。不過直至本書完成編輯，我們仍未收到這份明細。

儘管如此，我們得到其他震撼的新消息：某位瑞士銀行內部相當核心的人士信誓旦旦向我們保證，那筆兩百萬美金的匯款的確是轉到瑞士銀行在瑞士的戶頭裡，他還提供了相關細節（我們並未在談話中對他提過），像是轉帳的日期、金額，以及匯款人，也就是「Gillard Management」公司。不過關於該帳戶的所有人，這個消息來源卻給了我們另一個名字。按照他的說法，這個帳戶並不屬於那名瑞士銀行的行員，而是姚阿幸．K本人！

即便莫薩克馮賽卡在轉帳時，清楚地把銀行行員的姓名寫在受款人的欄位上？這名瑞士銀行的消息來源表示，受款人的欄位填寫了誰的名字其實一點都不重要，因為行員在處理轉帳業務時，幾乎只會確認帳號是否一致，而不會多花心思去注意戶名。我們諮詢了幾位銀行專家，每個人都證實確實如此，真正關鍵的是帳號而非戶名。也因此，瑞士銀行的消息來源合理認為，這個案件中的帳戶應屬姚阿幸．K所有。

倘若如此，在針對K的調查停止後，K就直接把西門子賄賂基金的餘額，全部轉到自己的帳戶裡。而先前兩百萬所在的戶頭，按照K在檢察署的自白，那是黑錢帳戶。

我們再次寫了一封郵件給K，針對這筆極有可能被盜用的兩百萬，向他詢問所有細節。沒有回覆。我們又發了另一封郵件，向他詢問那個瑞士銀行的戶頭。但是姚阿幸．K不再回應。

8「RPS」並未針對我們的提問做出回應。

14 幫兇與同謀

〔無名氏〕 一旦所有資料公諸於世，莫薩克馮賽卡會發生什麼事？

〔南德日報〕我想，那家公司會有麻煩。任何從事資料保密這行業的公司一旦流出這麼多的祕密數據，肯定會惹上很多麻煩，而且不單單只是從他們客戶端來的麻煩。

〔無名氏〕 那尤根．莫薩克和雷蒙．馮賽卡呢？他們真的會被送進大牢或是遣送出境嗎？或者他們會試圖逃匿？

〔南德日報〕應該不會。從違背國際制裁的角度來看，如果我們資訊正確的話，巴拿馬政府有針對這種商業行為量身定做的法規。而且我們也懷疑巴拿馬政府有追緝這兩人的決心。

〔無名氏〕 可是尤根．莫薩克是德國人……

〔南德日報〕他可能無法四處旅行。但是如果他只待在巴拿馬的話，應該是沒問題。

〔無名氏〕 真令人氣餒，或許你們說得有道理。可是假設這種人能無罪開脫，身為記者的你們不會憤怒嗎？

〔南德日報〕當然會，可是我們不是檢察官。

時值八月，資料量也增加至2TB。這幾個月下來光是我們兩人就不知讀過幾千幾百份公司資料和來往電子郵件。再加上陸續有來自五十國一百多名記者，整個普羅米修斯調查計畫已經開啟並且檢視五位數以上的公司資料。莫薩克馮賽卡在其中呈現出的面貌與它試著傳達的形象迥然不同，就我們以及同行所看見的，這不是一家普通律師事務所偶爾倒楣接了幾個從事非法交易的客戶。相反的它是一家對外喊著合規以及堅守客戶盡職調查規範，對內明顯不是如此乾淨。

莫薩克馮賽卡在西門子拉丁美洲行賄案裡的角色就是最佳例子。在這件事上莫薩克馮賽卡扮演的是配角，而西門子的經理是驅動者。但是律師事務所不僅協助經理們把行賄款項洗進正常管道，也同時顯現出他們如此輕忽應遵守的鋼鐵原則。

過去幾年只要有記者抨擊莫薩克馮賽卡時，這家公司的標準回覆都是他們和終端客戶沒有直接往來，也不會幫終端客戶執行銀行轉帳工作，更重要的是他們要求達到「高標準」的客戶盡職調查。再者，他們絕不容忍更不可能支持非法交易行為。

讀到這種說法時，往往感到無言，即便這幾個月下來，我們對於這種藉口早該麻木。但是每次看到莫薩克馮賽卡律師事務所將自己的業務說得冠冕堂皇時，我們還是驚訝不已。

莫薩克馮賽卡的顧問認得執行的西門子經理，也就是說他們認識終端客戶，而且雙方顯然還在巴拿馬的一間飯店或是購物中心見過面。有證據顯示莫薩克馮賽卡的顧問協助一些個人，幫他們以及所擁有的信箱公司進行轉帳。他們甚至假借第三者名義設立帳號，以存放西門子的行賄款項，進行管理之後並關閉該帳號。二〇一二年時他們沒把客戶盡職調查當一回事，甚至幫忙轉了將近兩百萬美元到瑞士銀行的一個帳戶。

莫薩克馮賽卡裡有員工對於西門子前主管漢斯．姚阿幸．K曾參與行賄案而提出異議，然而莫薩克馮賽卡的律師對於同事提出的異議只以一句那是陳年舊事而置之不理。然而這位前西門子主管的境外公司裡累積的千萬金額正是來自這陳年舊事。

光是這案件，莫薩克馮賽卡忽視各式警訊的程度已到不可思議的程度：不僅部分參與者不願提供詳盡個人資訊、使用好幾個帳號、互相串通、對資金來源的說明充滿矛盾，而且還疑似涉嫌金融犯罪案。只要在銀行裡工作，有一絲責任感的人都能察覺這種種洗錢專家不斷警告的現象。而且莫薩克馮賽卡的員工也不是天真的，我們發現其中一位合夥人的女兒甚至為事務所主辦過打擊洗錢的研討會。

然而莫薩克馮賽卡的員工卻一而再，再而三地忽視這些跡象。

西門子案例顯示出，莫薩克馮賽卡對於了解其管轄公司是否從事可疑行為興趣缺缺。直到二〇〇八年年中，事務所的人才知道這棘手的西門子現金庫一事。然而莫薩克馮賽卡並未因此與客戶解約。相反的，工作人員還大剌剌地協助四處轉帳。K在莫薩克馮賽卡的顧問甚至提供貝倫貝格銀行錯誤的資金來源說明。之後莫薩克馮賽卡的職員再把錢輾轉匯到漢斯．姚阿幸．K本人以及另一位西門子同事的手上。

無論是借助代號、縮寫甚至匿名郵件帳號等，這一切都是莫薩克馮賽卡為了掩飾機密細節所使用的各式純熟手法。

莫薩克馮賽卡的人員不是只有在處理西門子個案時，用如此偷雞摸狗的方式，我們發現在許多案例裡，莫薩克馮賽卡資產管理部門甚至幫那些號稱毫無直接往來的終端客戶設立匿名郵件帳號。這些郵件帳號結尾是@tradedirect.biz，是一個我們從未聽說過的信箱服務帳號。在www.tradedirect.biz的網頁上顯示公司提供「國際貿易以及專業諮詢」，特別專注在「國際進出口」。網頁上只有一個聯結，閃著「安全郵件」字眼。我們點了連結，然後畫面就顯示出尋常Outlook的登錄頁面。而且和《南德日報》郵件登錄網頁還挺相似的。只是這會登錄到哪個系統呢？

從資料中搜尋一番後，我們知道那是莫薩克馮賽卡的一台內部郵件主機。而且很快的我們也發現「Trade Direct International」，公司名稱和莫薩克馮賽卡客戶用來祕密溝通的郵件帳號結尾相同，它其實屬於莫薩克馮賽卡的宇宙體系。根據我們的資料顯示，尤根・莫薩克和雷蒙・馮賽卡經由一家設在英國的公司「Serena Services LLP」，而握有「Trade Direct International」的股權。而上頭寫著國際進出口業務的網頁充其量只是個表面。[1]

我們發現了一些內部溝通郵件，上面規定客戶登錄郵件帳號的方式。並且詳載客戶使用代號所代表的郵件帳號（如「winniepooh @ tradedirect.biz」）、郵件顯示名稱（Winnie

1 針對相關詢問，尤根・莫薩克和雷蒙・馮賽卡至本書完成編輯，未做任何回覆。

Pooh）、帳號使用人名稱（winnie）以及密碼（win4891）。理論上我們可以直接登入一些郵件帳號，只不過即便這主意再誘人，我們也不會嘗試。

許多掩護代號取得很有意思，除了源自插畫與卡通的「小熊維妮」外，我們也看見魔法學生「哈利波特」，以及飾演《哈利波特》一舉成名的演員「丹尼爾・雷德克里夫」（Daniel Radcliffe）。其他還有「鬥士」、「巴拿馬」、「十月啤酒節」，甚至「爸爸」、「女兒」和「兒子」。

更有趣的是，莫薩克馮賽卡的顧問像是在演一齣不入流的諜報片，他們真的在郵件裡稱呼對方的代號，例如：

「親愛的哈利」。

「嗨！兒子」。

「哈囉！爸爸」。

其中我們最喜愛的一句是寫給「小熊維妮」的：「我指的是我和哈利波特的會面。」

順便一提，「哈利波特」是一個事業有成的美國律師，「爸爸」也是，「小熊維妮」是女經理。而「鬥士」呢？則是得過世界冠軍的拳擊手。

這些經由莫薩克馮賽卡內部郵件系統寄給其客戶的郵件也真的只有代號，所以每次我們都必須先找出「爸爸」、「哈利波特」或是「布魯妮」代表何人。引人注意的是，這些使用莫薩克馮賽卡所屬「Trade-Direct」公司郵件的客戶，似乎常常有無法申報資金來源的問題。更有趣的是他們在莫薩克馮賽卡的顧問似乎也不因此大驚小怪。

舉幾個例子：

某位客戶來函表示想存幾張面額十萬美元的支票，但是又不願意和他本人或所擁有公司有任何牽連。任何一位銀行新進人員遇見這情形，也一定會問：「您為何要如此做？」

然而莫薩克馮賽卡的顧問卻會花心思為客戶找出最佳解決方案：例如先把錢放到一個匿名基金會，然後以基金會的名義買進某公司的股票，之後公司再把錢捐贈給這位客戶。莫薩克馮賽卡的一名律師也建議過，先設一個境外公司，在填寫表格上說明「此甲公司也在乙公司的名下，從事某種生意」，那麼就可以用乙的名字開設銀行帳號。

莫薩克馮賽卡的顧問也建議了另外兩個客戶類似的不尋常作法。客戶甲想從美國轉出許多錢到國外。客戶乙想把自己在新加坡的錢不著痕跡地轉回美國。莫薩克馮賽卡有了如下的主意，即甲乙彼此轉帳給對方：客戶乙將八十萬美元轉到客戶甲於瑞士的一個銀行帳號，同時客戶甲把等額金錢轉到客戶乙在美國境內的帳號。如此甲乙客戶都達到各自目的。而且莫薩克馮賽卡的人還建議甲乙客戶思考，如何把轉進美國的錢合理化。或許擬個勞務合約，好讓客戶甲能合理給付客戶乙那從未實際發生的「勞務費」？

結果莫薩克馮賽卡真的建議開立假發票。這是種隱匿財產的建議。

然而莫薩克馮賽卡遵從法紀的下限竟是如此之低。他們甚至建議稱作「女兒」的客戶，以莫薩克馮賽卡的名義請銀行開具資信證明（Referenzbrief）以便將錢轉入瑞士，而且說因為莫薩克馮賽卡「是個律師事務所，所以不會讓人覺得或聯想您將錢從國外帶進來」。也就是說，莫薩克馮賽卡協助製造假象，而且向客戶保證「我們會嘗試以某種方式避開合規」。

什麼？避開合規？

假如這種例子是偶發事件，那麼還解釋得通，把它看成個人的行為失誤。但它們並非單一事件。在許多地方，一旦牽扯到可疑交易或是令人產生疑竇的詢問時，我們都會看見莫薩克馮賽卡參與其中。[2]

一個前西門子董事正是這樣一個案例。他明顯利用莫薩克馮賽卡把錢謹慎地從瑞士轉到巴拿馬。二〇一二年十一月底「德瑞租稅協定」確定胎死腹中後的幾天（假若租稅協定通過，就表示逃漏稅的人可以被判無罪並且繼續保持匿名），莫薩克馮賽卡收到幾封有提及這個董事姓名的郵件。安道爾銀行的客戶經理解釋，他們想使用莫薩克馮賽卡「第三方支付擔保交易服務」（Escrow-Service，信託付款服務），也就是說錢會經由莫薩克馮賽卡相關單位經手匯出。

在二〇一二年十二月一封來往郵件上寫到，客戶的資產是在美國和瑞典經商有成累積而來的。幾個瑞士的銀行戶頭中的存款加起來大約有兩百萬歐元以及將近一百萬瑞士法郎。根據郵件內文，這個前西門子董事想要把錢轉到安道爾銀行巴拿馬分行的一個投資帳號裡。我們甚至在相關文件裡找到他效期至二〇一四年的護照影本。另外我們還看見一封蘇黎世資產管理人的推薦信，保證這個前西門子的人從二〇〇八年就是他的客戶，是位「穩重可敬之人」。

根據文件顯示，錢從一個非他本人的，而是一家信箱公司的帳號分批轉到一家信託公司，然後再轉到另一個信託公司設在安道爾銀行巴拿馬分行的帳號。這家信託公司是屬於莫薩克馮賽卡的。而莫薩克馮賽卡也收到指示要將信託公司收到的百萬現金馬上轉到「終端客戶」的帳號上。而且一定要注意的是，帳號所有人的名字絕不能在轉帳過程中被發現。

二〇一二年十二月約有三百萬歐元就用這種方式從瑞士轉到巴拿馬，對外毫無出現前西門子董事的名字。然而莫薩克馮賽卡內部當然有具名收款者的姓名。

為何這位「穩重可敬之人」不直接把錢從瑞士匯到巴拿馬投資帳號？為何要選擇這麼複雜又昂貴的方式呢？莫薩克馮賽卡對這種隱密轉帳方式的手續費是轉帳金額的百分之零點五。約三百萬歐元的轉帳金額，就是一萬五千歐元的手續費。這麼一個簡易的轉帳在有些銀行可能還免費，卻花了一萬五千歐元。

只是這樣金額的轉帳很難不被財稅機關注意，更遑論這個前西門子董事的姓名。[3]

莫薩克馮賽卡的日常業務並非是像處理前西門子董事這類的信託業務，而是販售大量虛

---

2 針對文中所舉例子，莫薩克馮賽卡至本書完成編輯，未做任何回應。

3 針對我們的詢問，有位律師回函要求延長回覆時限。大約過了一星期，他表示前西門子董事對這事件的過程毫不知情。最後他又書面通知我們，稱委託人針對我們的問題「無法提供訊息」。

設的公司和基金會給仲介機構。仲介商再轉售公司給客戶，按莫薩克馮賽卡的說法就是終端客戶。莫薩克馮賽卡這種日常主要業務是無關天文數字的資產，當然也不會提供客戶「哈利波特」之類的郵件帳號。這些公司大部分都屬於普通想節稅的房屋仲介商、牙醫以及企業家。莫薩克馮賽卡對這些人所知甚少，而且從莫薩克馮賽卡內部文件來看，他們甚至不知道成千上萬境外公司的所有人是誰。

但是一旦認識或了解莫薩克馮賽卡，就可以明白為何銀行或是資產管理人會需要這些信箱公司。身為大盤商，莫薩克馮賽卡的員工理所當然地要常常拜訪客戶，特別是在瑞士、盧森堡或是英國的信箱公司區域代理。

莫薩克馮賽卡的工作人員會將談話內容寫成書面報告，而且是鍵入公司既定格式的系統裡。所以呈現在我們眼前的報告再清楚不過了：

許多註記與銀行相關，因為銀行的客戶有「未申報的資金」，所以對於保密相關事宜「非常敏感」。關於某個客戶莫薩克馮賽卡的顧問註記著，「他的客戶一般都會要求把財產藏起來，以避免繳稅或是被太太發現」。大部分報告內容類似如此。還有許多報告大談二〇〇五年歐洲推出的利息所得稅，可促進與各類客戶談生意的機會。因為這個稅只侷限於歐洲公民的戶頭，不含括巴拿馬公司的帳號。所以實施這項稅法對於莫薩克馮賽卡這類公司的業務宛如渦輪增壓：光在瑞士，境外公司所持的戶頭就增加十個百分比。而私人帳號數量也相對減少。

這不禁讓人懷疑，許多信箱公司成立的目的是為了不讓帳戶持有人曝光，而只出現匿名公司，讓人無法清楚知道所有人是誰。

近幾年在莫薩克馮賽卡的內部備註中，不乏針對銀行的牢騷，因為銀行越來越少管理黑錢一事，所以不太可能再當客戶了。

許多案例裡，我們觀察到銀行毫不掩飾自己是幫兇的角色，而莫薩克馮賽卡不僅不拒絕銀行以及銀行客戶，還會大力相助。莫薩克馮賽卡的人會解釋，哪些需求去哪些避稅地最適合，如何設計才能形成最佳保護網，然後對所有人再三保證，如此高度隱密的資料放在莫薩克馮賽卡最牢靠。「境外解密」爆發後，一位瑞士客戶關切自身檔案狀況，莫薩克馮賽卡的客戶經理安撫他說，莫薩克馮賽卡有著「最先進」的資料中心，而且所有溝通管道都是以「世界級」的加密方式處理。莫薩克馮賽卡也和其他客戶保證，所有機密資料可以放心交到他們手上，絕對不會流出巴拿馬。[4]

然而這樣的事現在正好發生，資料不僅在我們這些記者手上，德國稅捐機關也有。前面已經提過，根據我們的消息，他們不久前才花了一百萬歐元買了六百家莫薩克馮賽卡管理的公司資料，這些公司的所有人疑是德國公民。調查員根據這些資料於二〇一五年年初不僅搜查像德國商業銀行這樣的幫兇和仲介，還包括百來個莫薩克馮賽卡的終端客戶。

調查員搜索到的文件，可以說是莫薩克馮賽卡內部登記事項的對應資料：一邊是意圖逃漏稅，而另一邊則是逃稅的證明。

莫薩克馮賽卡協助德國公民逃漏稅的證據，也因此正由檢調提供。

4 莫薩克馮賽卡至本書完成編輯，未做任何回應。

幾家和莫薩克馮賽卡合作的銀行，如德國商業銀行和德國北方銀行也為了結案而接受千萬歐元的罰鍰。德國商業銀行罰鍰一千七百萬歐元，而德國北方銀行則是罰鍰兩千兩百萬歐元。金額是罰款以及非法所得利益的總額。如果銀行沒有協助逃漏稅，他們應該也不會接受這個付款。

德國商業銀行一開始對於和莫薩克馮賽卡合作是抱遲疑態度的，銀行的工作人員擔心這種祕密業務會被起底或是冒牌負責人會將客戶的錢捲款而逃。莫薩克馮賽卡一次次地對他們解釋整個系統，最後甚至提供一個特別有保障的解決方案，也就是銀行的客戶可以將錢放在有匿名基金會當保護傘的境外公司裡。客戶享受到的好處就是，「可以對德國稅捐機關否認所詢問帳號所有人、受益人以及權限等屬實性。」簡單說，就是客戶可以對稅務局說那個帳戶既不是他的，也拿不到錢。因為那個帳號屬於甲公司，而甲公司又隸屬於另一家基金會——只不過該銀行客戶是基金會的受益人。

根據手邊信件顯示，這個主意是由「我們的資深合夥人，尤根·莫薩克」，也就是莫薩克馮賽卡的德籍老闆提出的。[5]其實近幾年來莫薩克馮賽卡因為由他們所登記的公司遭調查，而一再被檢察官盯上。例如二〇〇八年巴拿馬總部收到一封來自塞席爾群島辦公室同仁語帶驚恐的郵件。郵件上寫著，塞席爾群島的檢察總長要求調查莫薩克馮賽卡旗下管理的四家公司，而這已經是這個月以來的第六次了。該名女職員明顯感到害怕，並寫著，「如果事情鬧到法院時怎麼辦？」然後詢問，「是否有類似免責條款，可以幫助莫薩克馮賽卡的員工不被調查？」

其實到目前為止，我們未曾發現有任何一個案件將莫薩克馮賽卡列為從犯。檢察官最終還是針對主犯，也就是在莫薩克馮賽卡那裡尋求隱匿的個人或機構。

至少到目前為止是如此。

根據我們的消息，德國稅捐機關正在調查莫薩克馮賽卡律師事務所是否因為協助逃漏稅而需要負責。也就是說針對尤根・莫薩克。

調查員懷疑，在巴拿馬律師事務所內的人知情程度比表面上看起來的多。

與調查員相反，我們不再懷疑這種可能，而是確定事情就是如此。

而莫薩克馮賽卡的核心防衛策略，不攻自破。

基本上幾乎人人明白境外公司成立的原因，既然莫薩克馮賽卡決定要對我們演這齣戲，我們也不需要拆穿西洋鏡。在我們面前莫薩克馮賽卡將自己描述成一個不知終端客戶如何使用產品的大盤商。但明明在許多案例裡，律師事務所非常清楚這些公司的成立目的。莫薩克馮賽卡常常要維修「產品」，並且還列冊管理。在那些由莫薩克馮賽卡「出」名義董事的公司裡，莫薩克馮賽卡不少次直接涉入可疑的業務。

二〇一五年二月莫薩克馮賽卡和我們解釋，他們會使用「全球檢查」資料庫來審查每個得到公司委託書的人。他們不接受任何啟人疑竇的人士，更別說開給對方委託書。然而我們在文件裡看到一個案例，是一位任職南美洲某國營石油公司的高階經理人。莫薩克馮賽卡的人發現此人姓名，於是向石油公司經理人的律師解釋無法開立公司委託書。然而事情最後演

5尤根・莫薩克至本書完成編輯，對於相關問題未做任何回應。

變成，他們開了委託書給此人的兒子，而且還說明不要提到被委託人是真正公司所有人的兒子。

大盤商的形象根本是假的，但是莫薩克馮賽卡不斷嘗試這樣自我定位，如此律師事務所才可以和它們「挑戰道德尺度」的終端客戶做切割。「挑戰道德尺度」正是尤根・莫薩克在一封寫給英屬維京群島金融監管機構的遊說信上，對於此類客戶的描述。其實他也可以直稱：罪犯。

尤根・莫薩克和他的合夥人一副曾努力對抗過這些道德挑戰者似的。

15 遠眺阿爾卑斯山的祕密會議

我不得不再次重申，我們的職業的確是蠻特殊的。我們幾個月來埋首在資料堆裡，幾乎沒有在《南德日報》的報社裡跟任何人提到這件事。直到此時為止，一切也都還好，我們也很少在公司裡趴趴走，到處跟人家八卦我們的研究。不過，從九月這個星期二起，事情開始變得不尋常了。來自全球各地的上百名記者陸續抵達，為的是要多瞭解「普羅米修斯」這項計畫。這意味著，我們那些《南德日報》的同事會在電梯裡聽到我們和來自BBC的同事用英語交談，會在我們大樓前面看到來自南韓的團隊在攝影，會在大廳入口的旋轉門裡排在印度的莉圖．沙林（Ritu Sarin）後面，會在《南德日報》大樓的露天咖啡館裡坐在奧地利《文件夾》週報（*Falter*）總編的佛羅里安．克廉克（Florian Klenk）旁邊，此間有不少人認識或認得他。簡言之：很顯然我們有訪客！就連新上任的《衛報》總編凱薩琳．維納（Katharine Viner）也來共襄盛舉，想要親自瞭解計畫的內容。

萬一同事在電梯、咖啡廳或走廊問起今天到底發生什麼事，我們該如何回答？

呃……就是……一場聚會？某種形式的會議？

我們吞吞吐吐地趕緊結束交談，看起來一副神祕兮兮的模樣。直到我們想起為什麼鬼鬼祟祟的言行舉止很重要，心裡才不禁釋然：因為在這個世界上某個地方，有個人正擔心自己的生命安危。那個人就是我們的消息來源。

儘管如此，聚會的傳聞早已傳遍了整棟樓。於是我透露給幾位同事，因為他們之後將在計畫裡扮演要角；這幾位同事是負責外交領域的編輯，我們得借重他們的專業知識，以及他們派駐在世界各地的通訊記者。可是我們不能邀請他們任何一人來參加國際調查記者聯盟的會談，因為位子根本完全不夠。國際調查記者聯盟的同仁們呼朋引伴地全坐上了這條船；目標是，在每個我們有所斬獲或期待能有斬獲的國家裡都能找到共同合作的記者。起先我們收到了四十位記者報名，人數很快增加到六十，繼而到八十，最後前來參與討論的共有一〇四位記者。

用來聚會的《南德日報》大樓晴空廳只能容納八十人。可是我們還能怎麼辦呢？難道叫人家不要來嗎？這個空間有兩層樓高，有三面整面鑲玻璃窗。從晴空廳向外眺望可以見到遠處連綿的山脈，可以見到有許多小塔的市中心，當然也可以見到另一邊閃耀著一八六〇球隊藍（一八六〇為足球隊名）的安聯球場。

為了使用投影機，我們必須暫時放下窗邊的百葉窗。趁著我們的總編庫特．基斯特（Kurt Kister）與沃夫岡．克拉赫在與賓客寒暄，我們趕緊測試了手機的無線網路。待一切準備就緒，會議隨即開始。

這是國際調查記者聯盟在慕尼黑的大會師。為期兩天的「普羅米修斯」。

從幾天前起，我們部門主管漢斯・萊恩戴克（Hans Leyendecker）的興奮之情早已溢於言表，對於他手底下這些「小伙子」所做的一切，他感到無比驕傲。當然，《衛報》總編與全球上百位頂尖記者何曾齊聚在我們這裡？不過在這之前，我們倒是為了太多招待賓客的瑣事忙翻了，要上修蘋果汁的數量，要考慮在哪裡供應午餐，要為南美的工作小組多準備一台投影機。此外還不斷向市中心一家巴伐利亞酒館追加訂位；我們承諾讓賓客用超大酒杯暢飲啤酒，當然也少不了烤豬腳與馬鈴薯丸。在會議的前一天，我們與來自華盛頓的國際調查記者聯盟團隊會商，就往後兩天的議程交換了意見。

第二天，會議如期展開。我們說明了洩露的機密（當時的狀況是2.4TB，八百萬筆資料，二十萬家信箱公司）及迄今整理出來的成果（三十五條指向國家元首的線索）。國際調查記者聯盟的同仁則是為所有無緣參與華盛頓六月聚會的其他同仁，講解那些特別發展出的研究平台。當我們聽聞這項計畫上合作的同仁各自有了什麼發現，這些發現又對他們的國家帶來什麼影響，電流像是穿過了我們全身。如今已有來自六十五個國家兩百多位記者投入計畫，不過並非所有記者都在論壇上陳述自己所有的斬獲。我們也在會議上報告了我們的最新進展。

來自義大利的李奧・西斯提講述了黑手黨的涉案情節。國際調查記者聯盟的傑克・伯恩斯坦表示，他最近又發現了更多國際知名的藝術商捲入。來自委內瑞拉的愛德華・夏芬伯格（Edward Scharfenberg）則向大家介紹他在檔案中勾勒出的「查維茲幫」，也就是前不久才去世的烏戈・查維茲身邊的一群社會主義支持者。來自冰島的同仁約翰尼斯・克里斯特洋森（Johannes Kr. Kristjansson）發表了他的研究成果：除了一開始就被我們揪出的總理，約翰尼斯還發現冰島三家宣告破產的大銀行，其中一家的老闆（現已被判刑）同樣涉入其中。大家依次輪流報告。《衛報》的代理總編保羅・強生（Paul Johnson）在下午訴說了他的個人感想，稍微點出了眾人的心聲。他表示，他所屬的報紙曾經參與過不少了不起的計畫，諸如維基解密、史諾登檔案、境外解密等，「規模卻從未如此龐大，簡直是不可思議！」

介紹完國際級大事後，會議的第二部分緊接上場：我們將與會人士組織成工作小組。某些主題（例如俄羅斯、國際足總、軍火貿易）範圍太大，遠遠超出單一編輯部所能處理的工作量。雖然早已存在部分的工作小組，不過面對面的溝通更順暢，勝過加密的電子郵件、發表在論壇上的文章。以兩位俄羅斯同仁羅曼・安寧（Roman Anin）與羅曼・施萊諾夫（Roman Schleynow）為例，他們前不久才加入俄羅斯工作小組。從華盛頓聚會之後，這個小組就一直在挖掘與俄羅斯有關的東西，並且有了些發現。

最主要的當然是以下幾位：大提琴演奏家謝爾蓋・羅爾杜金（Sergej Roldugin），他是俄羅斯總統普丁女兒的教父，我們在他的公司網絡裡已經發現超過五億美元的金流。接著是普丁的柔道好友，目前被列入制裁名單的波里斯・羅騰貝格與阿爾卡季・羅騰貝格兄弟[1]，還有普丁的堂弟伊戈爾・普丁（Igor Putin），以及俄羅斯最富有的人之一艾里謝・吾斯曼諾夫

（Alischer Usmanow）。這位俄羅斯經濟寡頭利用原料與媒體事業累積了大量財富，他不僅投資臉書，還是英國阿森諾足球俱樂部（Arsenal）的大股東。莫薩克馮賽卡雖然私底下將他評為「高危險」客戶，卻暫時還是留住了他[2]。名單顯然會繼續增加。上述所有名字之所以耐人尋味，無非是因為這些人全是普丁的親信，普丁卻又譴責境外系統「不愛國」。身邊有這麼多親信都剛好遊走在不愛國的境外世界，對他來說顯然不是什麼好事。

施萊諾夫告訴我們他正在耙梳的另一件事。這件事與Earliglow Limited有關，一家在二〇一〇年於英屬維京群島成立的公司。他在這家公司所屬的檔案裡發現了一份有趣的文件。文件中顯示：Earliglow Limited是一家名為Svyazdorinvest的俄國公司的「非直接股東」。

在二〇一〇年時，Svyazdorinvest曾經從俄國國營事業羅斯特克（Rostec）標得一筆生意，負責架設中國與俄羅斯之間的光纖線路。這筆生意的金額估計有五億五千萬美金。一項超級計畫。

羅斯特克的總裁謝爾蓋．契梅索夫（Sergej Tschemesow）是普丁在KGB的舊識，目前連他也被歐盟和美國列為制裁名單。這位俄羅斯總參學院的畢業生曾與普丁一同被派駐在德勒斯登，後來他成為這位俄羅斯領導人最重要的白手套之一。契梅索夫透過自己掌控的國營企業，將高達數億美金的生意交給自己兒子所屬的一家公司。無論如何，我們理解的整件事

1 直到本書截稿為止，羅騰貝格兄弟都沒有對相關詢問做任何回應。

2 吾斯曼諾夫所委任的一位律師解釋，他的客戶「主要經營的幾家公司」都設立於俄國，境外公司則是運用「在非常有限的基礎上」，而且都有「嚴格遵守」法律。

大概只是這樣。不過這背後還有更多內幕：根據我們所掌握到的文件，就連羅斯特克的副總裁的女兒也透過 Earliglow Limited 間接持有 Svyazdorinvest 的股份[3]。

如此看來我們似乎是發現了「俄羅斯有限公司」的冰山一角；這種以民主為幌子予取予求的巨型自助商號，多年來早為專家們嚴厲批判。政治學者凱倫・達維沙（Karen Dawisha）在她的《普丁的盜賊統治》（*Putin's Kleptocracy*）一書裡，稱此為「盜賊威權主義」（Kleptokratischer Autoritarismus）。

施萊諾夫這時才對我們和盤托出這個故事，因為截至目前為止，他和羅曼・安寧為了自保，都沒有上過論壇。

在經過長考後，我們和國際調查記者聯盟想了一個解決辦法：我們在德國提供他們兩位智慧型手機，專門用來執行這項計畫。一旦他們懷疑手機被植入了木馬病毒，會立刻將手機清理掉。經常聽聞在俄羅斯工作或發表批評普丁文章的記者報告他們的辦公室或住家遭到入侵。在俄羅斯，辦公室與住家被安裝竊聽器已經是見怪不怪。這兩位羅曼大哥將不會使用新的智慧型手機打電話。

於是我們陪他們去買手機。我們去附近的一家電子商城，用現金支付，這樣才不會留下可以追蹤到我們的線索。

在會議期間，我們一有機會便會提醒參與者們務必小心。只要發現的事指錯了對象，普羅米修斯計畫便可能功虧一簣。莫薩克馮賽卡法律事務所說不定會獲得警告，他們的客戶也一樣。我們的解密還沒做到一半，他們也許已經有很充裕的時間擬好對策。整個計畫就危險了。

這是最壞的情況。

最好的情況是：到了二〇一六年春天，全球各地數百位記者在同一天的同一時間，一起將與莫薩克馮賽卡有關的故事公布在網路上；在此之前，團隊調查之事不得走漏半點風聲。

我們在慕尼黑討論了許多問題，包括了討論確切的公布時間、計畫名稱，也就是發表的內容要採用什麼標語。我們對這兩個問題遲遲沒有定論。大多數的人同意在某個週日晚間發表，如此一來便可以讓話題延燒整個星期，時間最好選在三月中或四月初。然而兩百多位記者來自六十幾個國家，大家怎麼樣也喬不攏。三月七日和八日由於是婦女節，俄羅斯的報紙不出刊。這兩天不能選。德國在三月十三日有三個邦議會要改選，屆時所有報紙一定都是選舉結果，對我們非常不利。三月二十日那一週會遇到復活節，四月三日則是秘魯總統大選。

唉，還是暫緩表決吧。

定名問題也遇到同樣的情況。到底應該選「全球解密」還是「境外揭密」？「巴拿馬檔案」還是「信箱遊戲」？「黑暗國度」還是「祕密金庫」？討論了半天不僅沒有半點共識，還多了二十個提議。

3 契梅索夫執掌的羅斯特克公司在回覆「組織犯罪與貪腐舉報計畫」（OCCRP）的提問時證實契梅索夫之子與 Svyazdorinvest 之間的關係。問題已在內部解決。

人多嘴雜的討論沒完沒了。這也是大舉呼朋引伴必須付出的代價，把電視記者和報刊記者送做堆也潛藏著許多問題。電視台的同仁需要來自巴拿馬的畫面，他們很想盡快前往拍攝。他們表示，拍回來的東西還要剪輯，而且到最後剪一剪總是沒剩幾個鏡頭。可是，二十幾家電視台的攝影隊接連出現在莫薩克馮賽卡法律事務所前，接下來幾個月都在那裡「大搖大擺地」拍攝，這並非我們所樂見。

這時莉妲．瓦斯奎茲（Rita Vasquez）起身發言。她是巴拿馬《新聞報》（*La Prensa*）的副總編，我們在當地的伙伴，將親自在她本國報導莫薩克馮賽卡的事件。莉妲表示（這點其實我們已經考慮過）：巴拿馬是個小國，而且境外公司事涉敏感，這些公司的代表都會對想要揭密的記者保持高度戒心。她認為，哪怕只有一支攝影隊去問了什麼可疑問題，都可能讓莫薩克馮賽卡的員工高度警戒。因為他們很有自知之明，而且這行業與政治的關係非常緊密，從雷蒙．馮賽卡貴為總統顧問就可見一斑。她的解釋說服了電視台的同仁。我們不希望現在就打草驚蛇。

莉妲在談論境外公司時，大家都聽得特別專注，在場所有人當中恐怕沒有人比她更瞭解這個行業。不只是因為她住在這個產業的中心巴拿馬，而是因為她以前曾在某家這類事務所設於英屬維京群島的分行擔任主管。雖然她本人不太想提起往事，不過她的經驗和知識讓我們對巴拿馬有了更多的瞭解。這個國家的法律不管怎麼修，都是莫薩克馮賽卡法律事務所理想的根據地，更不用說其他一大堆靠境外公司業務牟利的事務所。

要理解巴拿馬並不容易，或者應該說，要理解幫助許多罪犯、獨裁者、貪污企業和逃漏稅者隱匿金錢的巴拿馬並不容易。巴拿馬誠然已不再是一九八八年美國參議員約翰．凱瑞（John Kerry；後來曾參選總統）口中的「毒品盜匪政權」（Narco-Kleptokratie），因為當時有很大一部分的毒品交易是透過巴拿馬進行。時隔多年，狀況也好不到哪裡去，英國記者尼可拉斯．夏克森（Nicholas Shaxson）引述一位美國官員的話：「充斥著不誠實的律師、不誠實的銀行家、不誠實的境外公司賣家、不誠實的公司。」在美國國務院於二〇一四年三月發表的一篇報導裡還能讀到比較客觀、可是同樣嚴厲的批評。根據這篇報導，巴拿馬始終還是一個「洗錢天堂」，許多藉由毒品交易、貪污或逃稅所累積骯髒財富都在這裡洗白。這篇報導接著說，「許多因素阻礙了洗錢防制」，其中包括了「無記名股票的存在」、「政府當局缺乏合作」、「容易受貪污收賄和裙帶關係感染的孱弱司法體系」等等。歐盟於二〇一五年七月公布的避稅地黑名單，巴拿馬也名列其中。

在我們的同仁們離去數日後，巴拿馬總統胡安．卡洛斯．瓦雷拉（Juan Carlos Varela Rodríguez）在紐約做了一項宣示。我們透過網路觀賞了這場精采的演說。瓦雷拉先是步上聯合國大廳的演講台，稍事整理一下演講稿後，隨即開始發表演說。前後共歷時十六分鐘。彷彿是種告解。瓦雷拉表示：「巴拿馬有義務在賦稅透明的領域加強國際合作，並且在稅務問題方面持續朝以雙邊為基礎的自動資訊交換機制努力。」

以境外公司大亨雷蒙・馮賽卡為顧問的瓦雷拉難道真的想要終結避稅地？無論如何，看起來還真像那麼一回事。自動資訊交換機制難道不代表避稅地巴拿馬的末日？

我們正在寫的東西到了發表的時間點，會不會早已與現況脫節了？我們要對付一個剛剛決定要洗心革面的國家？如今，一方面我們的資料不僅只牽涉到巴拿馬。莫薩克馮賽卡還管理和（或）設立了位於英屬維京群島、塞席爾、美國內華達州和懷俄明州、百慕達、巴哈馬、薩摩亞、英屬安圭拉等地的公司。另一方面我們不禁要問：瓦雷拉宣示的可信度究竟有多高？

不久之後我們發現，並非只有我們注意到瓦雷拉的演說。

〔無名氏〕 我聽了巴拿馬總統在聯合國的演講。他是否真的打算那麼做，真的願意將巴拿馬的資料拿出來交換？

〔南德日報〕 難以置信。

〔無名氏〕 莫薩克馮賽卡的問題就大條了，不是嗎？

〔南德日報〕 如果真的徹底履行，當然。

〔無名氏〕 雷蒙・馮賽卡可是瓦雷拉的顧問。

〔南德日報〕 沒錯。

〔無名氏〕 所以這種事永遠不可能發生……

幾天後，我們的消息來源捎來一封信，是莫薩克馮賽卡的負責人在瓦雷拉發表演說後寫給客戶的信，也就是那些銀行、事務所、投資顧問公司。顯然莫薩克馮賽卡猜測客戶對瓦雷拉演說的反應跟我們一樣都是大吃一驚，雖然擔心的理由截然不同。因此莫薩克馮賽卡試圖安撫他們，信中提到：「我們很樂於向您保證」，瓦雷拉的演說裡「未曾宣示要改變現行法規」。

沒有改變？瓦雷拉不是說要更透明，要推動自動資訊交換機制？無論如何他是這麼說。不過莫薩克馮賽卡信心滿滿地表示，一切都會以巴拿馬的方式來解決，他們寫道：可能的「交換」必須以「不濫用在藉著犧牲他人來削弱某些國家競爭力」為前提。

在讀這些句子時，請不要忘了馮賽卡不僅是總統最親信的顧問之一，他還是執政黨的副主席。這樣的一個人可以上達天聽，這樣的一個人可以在有疑慮時發揮影響力，化解他不喜歡的法律。當然全是為了確保巴拿馬的競爭力。

那封信接著說：總統胡安・卡洛斯・瓦雷拉往後仍將持續捍衛「國家利益」。

巴拿馬的利益。如果恰好等於內閣成員雷蒙・馮賽卡的私人利益，我們也沒什麼好大驚小怪。無論如何，情況還真是如此：像莫薩克馮賽卡這類事務所能幫巴拿馬撈錢，自然要多多益善。這一點直到這時都還適用。

16 黑心事務所

慕尼黑聚會結束後，接下來好幾天的注意力又完全放在莫薩克馮賽卡法律事務所身上，專注在這家公司各式各樣的生意，全都隱藏在我們至今發掘的事情背後。

問題在於那不是一家公司，而是很多家公司，數十家。

在耙梳的過程中，我們和普羅米修斯計畫的伙伴們一再發現一些奇怪的公司，似乎和莫薩克馮賽卡同一掛。要證明它們之間的關係沒有那麼簡單，因為股票持有者多半不是莫薩克馮賽卡法律事務所或事務所的合夥人，而是莫薩克馮賽卡的控股公司，而且乍看之下很難立刻辨認出來。關係實在錯綜複雜。

莫薩克馮賽卡不僅幫忙客戶隱藏財產，也隱藏自己的財產。客觀說來這對莫薩克馮賽卡有好處，萬一所屬的某家公司出了什麼法律上的問題，它可以輕鬆地和子公司切割。前美國參議院調查員傑克·布魯姆（Jack Blum）曾在《邪惡》雜誌撰文指出，並非只有莫薩克馮賽卡採取這種手法，許多其他公司也都使用同一套。訣竅在於「以無縫、垂直的方式緊密串連的組織」，「萬一有調查員或警察找上門，整個組織一下子瓦解成一堆各自獨立的單位，各自堅稱自己完全不曉得系統裡其他人的所作所為。好比一幅精緻的拼圖，一旦有人展開調查，整幅拼圖就散得七零八落。」

莫薩克馮賽卡卻是親自打理自己旗下所有公司；我們也掌握了相關文件。要追蹤每個公司的線索有一大堆瑣碎工作。好比俄羅斯娃娃，揭露一個公司，又會出現另一個必須揭露的公司，然後又一個、又一個，直到我們找到最後一個，這場揭露遊戲才會落幕。這最後的一步便是指向尤根・莫薩克的線索。

最近的一個例子是莫薩克馮賽卡設於美國內華達州的辦事處。那裡有件官司已經纏訟數年，捲入這場官司的正是對沖基金 NML Capital 的負責人保羅・辛格（Paul Singer）；那裡是他與阿根廷政府爭訟的另一個舞台。辛格想要證明已故的阿根廷總統內斯托爾・基西納（Néstor Kirchner）和妻子克莉斯蒂娜・基西納（Cristina Kirchner；曾擔任阿根廷第五十二任總統）曾將大約六千五百萬美金匯往國外；據稱是藉助莫薩克馮賽卡設立的一百二十三家境外公司。基西納一家對此反駁，而且迄今也沒有證據可以證實。由於保羅・辛格的律師們根本不可能在巴拿馬針對內部文件提起訴訟，而且涉案的公司有一大部分是在內華達州註冊，於是他們把矛頭指向該州州政府，訴請公開相關的資產法律關係。

事實上，莫薩克馮賽卡打從一開始的策略就是要與 M. F. Corporate Services（Nevada）Limited 切割。尤根・莫薩克曾於二〇一五年七月八日——在宣誓之下——對此表態。他表示，莫薩克馮賽卡與ＭＦ內華達是不同的公司，兩者之間沒有母子關係，莫薩克馮賽卡也從未干涉過它們的「內部事務或日常運作」。

我們在整理資料的過程中發現了一份電子郵件對話，內容足以證明事實與莫薩克的主張完全相反。二〇一四年的秋天，莫薩克馮賽卡的員工十分擔心MF內華達的辦公室會被搜索；根據電子郵件內容，顯然是內華達這裡的律師向他們發出了警告。如此搜索很可能會讓他們惹上大麻煩。因為調查員「很容易就能找到我們在隱藏什麼的證據」，莫薩克馮賽卡的一位同仁寫道。證據無非就是巴拿馬莫薩克馮賽卡與MF內華達之間的緊密關係。於是他們擬訂了一個計畫，「目標就是不能讓MF內華達與莫薩克馮賽卡掛在一起。」

執行程序如下：內華達的唯一一位職員派翠西亞・A在日常工作的言行舉止應該「表現得像位仲介，這就是我們真正想要的效果」。因此巴拿馬方面決定，應該給A小姐弄一支新電話，「如此一來，她能直接使用的莫薩克馮賽卡完整通訊錄才不會被發現」。此外這支新電話（根據後來的電子郵件，派翠西亞・A確實得到了新電話）不能有儲存通聯記錄的記憶卡。

另一個問題是派翠西亞・A存取的內部系統。這個系統「不能給調查員發現」。只不過在幾經討論後，他們發現這點不可能做到。於是，在與某位公司高層磋商後，巴拿馬莫薩克馮賽卡決定刪除派翠西亞・A的存取權。可是這麼做還是不夠。因為調查員只要檢查派翠西亞・A的電腦，同樣可以確認她一直都有在使用內部系統。在本地記錄檔裡可以找出蛛絲馬跡。因此，應對的方法是找一個人「透過遠端控制清除」這些記錄。辦公室本身也將來個大掃除，電郵中提到：「在安德烈斯（莫薩克馮賽卡的一位員工）抵達內華達後，他會清除一切，並將所有文件帶回巴拿馬。」

黑幫裡有一種人專門替人在行凶後謹慎清除所有痕跡，他們稱這種人為「清道夫」。容我提醒一句：尤根・莫薩克曾在宣誓下表示，莫薩克馮賽卡從未介入MF內華達的內部事務或日常運作[1]。

另一方面，尤根・莫薩克難道不也曾說過兩者之間並沒有母子關係？在經過一番辛苦挖掘後，我們找到了一份MF內華達的開戶申請。在這份申請裡，莫薩克馮賽卡的員工公開了股權結構：MF內華達的所有股份皆由一家叫Tornbell Associates的境外公司持有，而尤根・莫薩克與雷蒙・馮賽卡又分別持有這家公司百分之四十五的股份，另外百分之十的股份則歸於他們的瑞士籍青年合夥人克里斯多夫・策林格[2]。

莫薩克聲稱MF內華達並非莫薩克馮賽卡的子公司，無非是為了掩蓋真正的事實；這也是這家事務所及其負責人慣用的手法。

此外莫薩克馮賽卡也試圖保護自己的客戶，免受控訴他們的對沖基金經理人保羅・辛格波及。他們發送電子郵件給相關的莫薩克馮賽卡公司管理者，信中表示，他們「只能再三」建議，盡可能不要持有這些特殊公司的產權。莫薩克馮賽卡的人提醒，萬一法院最終強迫莫薩克馮賽卡交出所有資料，那些財產理論上會被沒收。

1 直到本書截稿為止，尤根・莫薩克沒有對相關詢問做任何回應。莫薩克馮賽卡法律事務所亦然。
2 策林格否認自己是Tornbell的股東。

揭出MF內華達是莫薩克馮賽卡集團所屬企業的真面目之後，我們開始有系統地尋找與莫薩克馮賽卡有關連的公司。我們列出了一份清單，上頭全是目前我們已知屬於莫薩克馮賽卡的公司。仔細算一算有三十七家。我們懷疑實際數目遠遠超過於此。

幸運的是，我們在北德廣播公司的伙伴楊・史托齊克發現了一份Excel文件，幫助我們克服了難關。這是某種「莫薩克馮賽卡法律事務所一覽表」。莫薩克馮賽卡顯然想簽一份保單，於是將他們整個王國彙整成幾份表格，旗下的公司盡臚列其中。這份資料記錄的是二〇一四年的情況。

莫薩克馮賽卡必須說明他們的錢是怎麼賺的、旗下又包含了哪些公司，這想必是投保的條件。諷刺的是，莫薩克馮賽卡顯然在同一個企業集團裡也投保了針對經濟犯罪的險。我們想要看看保險人對此做何解釋，也確實找到了一項定義。根據這項定義，這份保險會保障所屬公司「因詐欺（員工或第三人所為）、竊盜（包含搶劫與入室行竊）（作者注：從外面，由莫薩克馮賽卡負擔）與電信詐欺所生之財物損失。風險包括了濫用公司所賦予之信任的員工所造成的『內部』損失，以及『外部』損失。」

針對眼下發生的事，也就是內部資料流入記者手中這件事，我們不能排除莫薩克馮賽卡同樣也保了險。

無論如何，我們透過這份文件首次對這家公司有了可靠的概觀。根據這份文件，在會計年度二〇一三年時，莫薩克馮賽卡擁有將近一百家各種事業目的的公司，另外還有一百多家以信箱公司形式運作的附屬公司。

在莫薩克馮賽卡的子公司之上還有十二家控股公司，也都臚列於這份 Excel 文件上。所有公司全部加起來明顯超過兩百家。

莫薩克馮賽卡不僅是一間法律事務所，更是隻多臂章魚！

這是否就是他們完整的公司網？這一點我們不敢保證。不過，我們倒是看到莫薩克馮賽卡法律事務所還提供了其他服務，像是為遊艇與飛機註冊、智慧財產權方面的法律諮詢、財富管理、投資、信託服務及租賃虛擬辦公室等。其他所屬的公司則是負責諸如不動產、銀行帳戶、電話線路、車輛或清算等業務。當然，設在別的國家的辦公室也有它們自己的公司。萬一某個莫薩克馮賽卡事的分公司惹上什麼司法風波，例如它們管理的某家公司捲入詐欺或違反制裁的案件，巴拿馬總部隨時可以斷尾求生。誠如前面提及的美國特別調查員傑克・布魯姆所述。

在這份一覽性的文件中，我們也首次瞭解到莫薩克馮賽卡表面上的營業額有多大：該事務所在二〇一三年的年營業額為四千兩百六十萬美元。這樣一個數字讓我們有點手足無措。當然，這當中必須扣除的成本並不會特別高。有一部分的人頭負責人一年大約只賺五千美元。儘管如此我們還是不禁猜想，對於那些至少是遊走於法律邊緣的做法和隨之而來的風險，莫薩克馮賽卡是不是該多付一點。

文件也透露了哪些業務範圍占了總營業額多少比例。大多數的獲利都是來自經營核心業務（亦即境外公司的設立和管理）的公司，這一點並不令人意外。不過莫薩克馮賽卡集團所屬企業直接與終端客戶合作的領域，卻也貢獻了百分之十二的獲利，這樣的比例不可謂微不足道。根據這份文件，莫薩克馮賽卡法律事務所在二〇一三年的員工有五百八十八位，其中有三百四十二位在巴拿馬、一百四十位在亞洲、四十位在英屬維京群島，另外有六位在哥倫比亞、三位在薩摩亞、五位在盧森堡、十八位在薩爾瓦多。人們或許會認為，付給這些員工的薪水應該是很大一筆支出，事實上，薩爾瓦多、巴拿馬或英屬維京群島等地的薪資水準都遠比歐洲來得低。

根據莫薩克馮賽卡自己在二〇一五年秋天做的報告，它在全球三十多個國家裡設有近五十個辦公室。當中有三十多個是分公司，其餘則是一些對我們來說法律地位不明確的「伙伴辦公室」，性質最接近加盟商。

在這兩百多家公司裡有一家公司並不起眼，很可能被人忽略。這家公司不久前還叫做國際外包（International Outsourcing），近來已更名為莫薩克馮賽卡執行（Mossfon Executive）。這家公司位於巴拿馬，二〇一三年時有二十位員工。當中有許多人在充當人頭負責人、人頭代理人，表面上掌控了「他們的」公司的命運；耙梳莫薩克馮賽卡檔案幾個月後，我們對這些人的名字已經熟到不能再熟。

這些人一再對外露面，甚至可以在網路搜尋到他們的消息。這些人在國際媒體曝光，因為他們幫忙簽名的境外公司成了新聞頭條。這些人頭承受了最大的壓力，因為他們是數千家公司的招牌與門面。名字不僅上了新聞報導和部落格，更上了制裁名單和起訴書。來自巴拿馬的專家告訴我們，他們甚至可能因為經營信箱公司被起訴。

不難理解，為何莫薩克馮賽卡法律事務所不直接雇用他們。

莉提夏・蒙托雅是莫薩克馮賽卡所屬的人頭。她曾是Casa Grande Development的負責人，這家公司負責幫西門子公司在拉丁美洲打理行賄基金。她也曾是另一家幫助尼加拉瓜統治者「胖子」阿諾爾多・阿萊曼及其黨羽五鬼搬運數百萬美金的公司的負責人。她負責的公司名單有一長串，光是在巴拿馬的公司登記簿上，我們在超過兩萬五千個現有和過往的公司負責人欄位裡見到她的大名。

你沒看錯，兩萬五千個。

這還不包括蒙托雅在巴拿馬以外的信箱公司兼任的所有職位。合理推估，真正的總數應該更驚人。

人們一定喜歡問莉提夏・蒙托雅：身為這麼一大堆公司的負責人，她是如何謹慎履行自己的義務的？

不過話說回來，人頭負責人天后莉提夏・蒙托雅究竟是何許人也？

從她的證件影本看來，她一九五三年出生於巴拿馬，是巴拿馬的公民，全名是莉提夏・

蒙托雅・莫倫（Leticia Montoya Moran）。沒有上過高中，根據我們的消息來源，她幾乎不會說英語，目前住在巴拿馬市市郊的某個貧民區。這一點根本不足為奇，因為儘管莫薩克馮賽卡法律事務所在人頭負責人這項業務上進帳數百萬，卻完全不讓這些拋頭露面的人頭染指他們的獲利。當我們在一份備忘錄上見到莉提夏・蒙托雅（根據一份內部清冊，她從一九八一年十月起就開始為尤根・莫薩克工作）有時每個月才賺四百美元，我們不禁有點同情她。

我們來做個小小計算題：針對人頭負責人這項服務，莫薩克馮賽卡的索價為每年四百五十美元。在多數情況裡，他們會為每個信箱公司配置三名人頭負責人，因此每位人頭負責人的費用是每年一百五十美元。莉提夏・蒙托雅的年收入有時最多可達到四千八百美元[3]。如果她擔任了三十二家公司的負責人，她的年收入大概就是這樣的數目。事實上，蒙托雅兼任的人頭負責人遠遠超過這個數目。從一份二〇一二年的清冊看來，她當時總共兼任了三千一百四十三家信箱公司的人頭負責人。這意味著，單單在二〇一二年，她一個人就為莫薩克馮賽卡賺進將近五十萬美元。這筆獲利是她年收入的一百倍。

人頭負責人系統的運作基本上需要三種文件；在我們掌握的資料中，這類文件為數眾多。行話稱為「名義董事」的人頭允諾真正的業主，會聽從業主指示，並且不會向業主或公司索賠，此為「名義董事聲明」。接著人頭負責人會給真正的業主，亦即「受益人」，一份全權委託書，讓業主成為事實上的企業負責人。最後在第三份文件裡（格式沒有一定的標準），人頭負責人會請求將自己解雇，最後的一份文件就是「辭呈」。人頭負責人會在辭呈上簽名，將它交給真正的業主，可是不在上頭載明日期，如此一來，真正的業主就可以隨時叫人頭負責人走人。整體說來，人頭負責人從一開始就被剝奪了行為能力。

為了方便業務進行，莫薩克馮賽卡甚至一再指示人頭負責人在各種空白文件上簽名，最常見的是開戶申請書，不過也有股權轉讓表，客戶只需填上公司的名稱。因此一旦有需要，很快就能將所有事情搞定，因為莫薩克馮賽卡不必一直去追著人頭負責人要簽名。

還有更荒謬的，我們一再在資料裡發現備有大量只有簽名的白紙的資料夾。白紙上頭有三位人頭負責人的簽名，組合不盡相同，簽名位置也不太一樣，有的簽在上方，有的簽在下方，還有的簽在中間。理論上要用這樣的白紙去做什麼都可以，它們可以變身為買賣契約、新的委任書，或用來關閉一家公司。

尤根·莫薩克本人也曾下海當過人頭。他曾用 Jurgen Mossack 的名字擔任過近一千五百家過往或現存的公司負責人。如果用 Jurgen Mossack 1、Jurgen Mossack7058、Jurgen Jurgen Mossack 或其他變形在公司登記簿上搜尋，還會得出更多的結果[4]。

3 後來蒙托雅得到的錢明顯增加，二〇一五年年底我們找到一份現行表格，根據這份表格，她每年賺得一萬零八百美金。相較於莫薩克馮賽卡因她獲得的利潤，兩者之間的不成比依然沒有多大改變。

4 直到本書截稿為止，尤根·莫薩克都沒有對相關詢問做任何回應。

在二〇〇八年的一封電子郵件裡，莫薩克（還有他的第一任妻子）表示自己不該再去擔任人頭。如今他已把這樣的工作全留給手下去做。萬一出了包，萬一某個人頭負責人挨告，莫薩克馮賽卡也築好了防火牆，不會讓災禍波及整個集團。如果真有某人控告了雇用大多數人頭的那間公司，他會找上「莫薩克馮賽卡執行」這間外圍公司，集團旗下兩百多家公司的其中一家。

還記得前美國調查員傑克．布魯姆的比喻嗎？一幅拼圖，一旦有人啟動調查，立刻就散得七零八落。

莫薩克馮賽卡王國顯然是根據這樣的系統運作。尤根．莫薩克和雷蒙．馮賽卡擁有自己的公司，這些公司會負責打理像是信託業務、客戶財富管理、基金會及大多數的辦事處，萬一有調查或訴訟，總是只有某家子公司有事。出事的公司並不會馬上被識破它其實是子公司，因為他們會用一家境外公司去持有這家子公司，而且這家境外公司往往又被某個基金會持有。

尤根．莫薩克和雷蒙．馮賽卡也將這散落拼圖原則順理成章地應用在私生活上。他們兩人將自己的財產安置在一個錯綜複雜的公司網絡裡，這些公司大多數看起來有明確的功能。尤根．莫薩克的某家公司擁有一些莊園，某家公司擁有一座閣樓，某家公司擁有他的直昇機機棚，某家公司擁有他的直昇機，某家公司擁有他的柚木園，某家公司擁有他的黃金，還有某家公司擁有他的遊艇「海王號」。尤根．莫薩克，這位德國冒險家艾爾哈德．莫薩克之子，他的事務所毫無疑問讓他成為一位大富豪，更讓他成為一位有境外公司癖的大亨，因為他甚至為自己的車子個別設立了公司，某家公司為了他的賓士，某家公司為了他的富豪，某家公司為了他的馬自達和雪佛蘭[5]。

他的私人財富規劃似乎是以一個名為莫薩克家族基金會（The Mossack Family Foundation）的基金會為中心。他個人擁有的境外公司大多數都屬於這個基金會，從莫薩克馮賽卡的勾當中取得的獲利，顯然也都流向它。基金會成立於一九九七年，主要受益人是尤根．莫薩克，他的子女和繼子女則是次級受益人。尤根．莫薩克已經結過三次婚，家族的人口也不少。如同莫薩克馮賽卡出售的許多基金會，莫薩克家族基金會在瑞士同樣有個祕密帳戶。

不過這個家族並非只是從這間事務所獲利，這個家族早已是事務所的一部分。第一次婚姻中生下的一對子女在若干年前就已經跟在父親身邊工作。女兒最終當上客戶經理，兒子當上律師。莫薩克的第一任妻子過去顯然當過人頭負責人。第二次婚姻中的兩名繼女也在過去或現在服務於莫薩克馮賽卡。連他古巴裔的第三任妻子也曾在莫薩克馮賽卡法律事務所擔任過律師。

他的兄弟彼得是巴拿馬的名譽領事，目前住在德國達姆斯塔特（Darmstadt）附近。根據莫薩克馮賽卡內部資料，他名下也有一家公司。不過我們並不清楚彼得．莫薩克是否也確實利用過這家公司。他在二〇一五年二月給我們的說法是，對於他兄弟的所作所為，他完全不知情[6]。我們在莫薩克馮賽卡的資料裡也發現，尤根．莫薩克的母親和父親（前納粹武裝黨衛軍下士，後來成為美國中情局線人的艾爾哈德．莫薩克）的名下也都有一間公司。

家族與公司，水乳交融。

---

5 直到本書截稿為止，尤根．莫薩克都沒有對相關詢問做任何回應。

6 直到本書截稿為止，彼得．莫薩克都沒有對重新提出的詢問做任何回應。

17 巴拿馬精神

到目前為止，我們始終低估了一位莫薩克馮賽卡核心人物的重要性，直到深入研究了克里斯多夫．策林格才意識到這一點。我們剛開始時將這位瑞士人視為事務所的三名合夥人之一，因為當莫薩克馮賽卡的人遇上重大決定，例如是否要接受某位可疑的客戶，都會請示莫薩克、馮賽卡和策林格三個人的意見。這三個人多半會用電子郵件簡短寫一兩句話回覆，請示的事情就算是做出了決定。

德國商業銀行在二〇一五年二月遭到突擊，我們也做出了相關報導後，瑞士《每日廣訊報》在二〇一五年四月底刊登了一篇關於策林格的報導，在這篇報導中，記者引述策林格的話寫道，他早在二〇一一年就已經退出莫薩克馮賽卡法律事務所，此外，他也不是該事務所的合夥人。對於《每日廣訊報》（該報的姊妹報《週日報》〔*Sonntags Zeitung*〕如今也加入了普羅米修斯計畫）提出的問題，策林格不只回答他自己「從不是巴拿馬莫薩克馮賽卡法律事務所的合夥人」，還說自己「從未有權簽字」，而且「不僅對於文件，銀行帳戶也一樣」。此外他還表示自己「從未獲得代理權或其他全權授權」，更「不是負責人層級的成員」，不僅如此，他也不是莫薩克馮賽卡的股東。

膽敢公然斬釘截鐵說出這樣的話的人，理應有所本才對。因為一旦公然說謊被人戳破，說謊的人可能完全無地自容。於是我們姑且先相信了《每日廣訊報》的內容，假設策林格所說的話為真。不過我們還是打算對這位瑞士人再做一次更仔細的調查。雖然又得花上大量時間，而且還有許多看起來更重要的目標尚未解決，可是當中許多故事並不似策林格的那般美妙。

策林格在完成法律學業後跑去環遊世界，一九九五年落腳於巴拿馬。他先是任職於當地一家網路供應商，從一九九七年起加入了莫薩克馮賽卡法律事務所。起先擔任兩位元老合夥人的助理，不久之後便開始一路往上爬，到了二〇〇四年，他已經成為公司的領導高層。他不但獲得了巴拿馬國籍，娶了一位當地女子，後來還成為「外交部特別大使」。

二〇一〇年趁著回瑞士探訪的機會，他去聖莫里茲（St. Moritz）試滑了冰道雪橇，想不到居然滑上了癮，於是暗自下定決心要仿效電影《癲瘋總動員》（Cool Runnungs）裡幾位主角的奮鬥故事。在這部美國的喜劇電影裡，幾位牙買加的冰道雪橇隊隊員不顧所有人唱衰和訕笑，經過一番努力奮鬥後，終於如願參加了奧運。這部電影改編自真人真事，片中描述的牙買加冰道雪橇隊曾於一九八八年參加在加拿大卡加利（Calgary）舉辦的冬季奧運。為了一圓夢想，策林格也在巴拿馬成立了一個冰道雪橇社團，不僅找來愛迪達和ＢＭＷ等廠商贊助，請到一位世界級教練，還透過電視選秀節目為他的冰道雪橇「巴拿馬精神」尋找優秀的選手。聲援浪潮席捲巴拿馬全國，就連巴拿馬總統也公開為他的隊伍加油打氣，鼓勵他們順利挺進二〇一四年在索契（Sochi）舉辦的冬季奧運。這個由瑞士與巴拿馬通力合作的雪橇隊故事不僅得到巴拿馬和瑞士的民眾矚目，《明鏡》的兒童雜誌還刊登了一篇名為〈雪橇之夢〉的報導。以策林格與愛德華多．馮賽卡（雷蒙．馮賽卡之子）為首的這支隊伍，也認為自己很有機會。直到策林格的腳受傷，爭取參賽資格失利，這場夢才劃下句點。

我們找到一份與南美莫薩克馮賽卡公司（Mossack Fonseca & Co. S. A.）的業主有關的文件，策林格再度成為我們關注的目標。這份文件建立於二〇〇八年五月二十一日，上頭載明策林格持有該公司百分之十的股權，但是並未提及他是直接還是間接持有。根據文件所示，剩下百分之九十的股份是由雷蒙．馮賽卡與尤根．莫薩克兩人平分。

如果文件屬實，策林格至少從二〇〇八年起就是莫薩克馮賽卡的間接股東；他在二〇一五年接受《每日廣訊報》訪問時顯然並未吐實。我們在二〇一六年三月又問了他同樣的問題，得到相同的答覆。不過他倒是承認自己是「俗稱的伙伴」，也「與此相應地」在自己的電子郵件上簽了名。

我們接著檢查了莫薩克馮賽卡其他重要的所屬公司，很快便有所斬獲。在一些控股公司，也就是那些握有其他公司股權的公司，發現了一些蹊蹺[1]：

● 根據我們掌握的資料顯示，策林格在 Tornbell Associates 這家境外公司（持有包括 MF

內華達在內等多家公司股份）占有百分之十的股份，不過可能是間接持有。

- 在 Baysel Invest（持有莫薩克馮賽卡所屬私人銀行業務部「莫薩克馮賽卡資產管理」〔Mossfon Asset Management〕股份）也參股了百分之十。策林格在受訪時證實自己曾是 Baysel Invest 的股東，不過他也辯稱自己對這家公司「並不太熟」。
- 在 M.F. Private Holdings Limited（莫薩克馮賽卡集團的控股公司之一），根據我們掌握的資料顯示，巴拿瑞士基金會（Panaswiss Foundation）握有百分之十的股權，這個私人基金會是策林格掌控的三個巴拿馬基金會的其中之一。對此，策林格表示：「我的基金會曾是某個基金會的受益人，該基金會負責人曾持有過 M.F. Private Holdings Limited 的股份。」

我們在這一點上止步，轉向另一個問題：他是否曾經擔任過監事？我們不到幾分鐘就找到了一份 Word 檔，裡面清楚臚列了他在這家事務所所屬各個公司擔任的負責人職位。檔案建立於二〇一五年三月，也就是在《每日廣訊報》的訪問出刊前，根據檔案內容，當時策林格是南美莫薩克馮賽卡事務所、信託業務部、私人銀行業務部、信貸業務部及 Beechfield Corp. 的負責人。

莫薩克馮賽卡法律事務所的員工甚至在二〇一五年五月寄發宣傳手冊，裡面不僅有策林

1 根據資料所示，這裡所述的一切屬二〇一五年年中的所有權關係。

格的照片，履歷上更將他介紹為莫薩克馮賽卡監事會成員，與馮賽卡及莫薩克並列。

我們再來回顧一下策林格本人的說法：「我也不是負責人層級的成員。」

二〇一六年三月初，我們也問了策林格關於他擔任的負責人職位。他改口不再宣稱自己從未擔任過負責人，卻強調自己在過去幾年中「已經退出了上述公司」。

另一方面，策林格在二〇一五年初曾在接受《每日廣訊報》訪問時表示，他早在二〇一一年就已經離開莫薩克馮賽卡。真令人訝異，因為我們發現了不少他從他的莫薩克馮賽卡電子郵件信箱寄發的信件，寄件時間也是二〇一五年初。策林格在二〇一五年三月時還擔任了好些負責人職位。我們在二〇一五年二月底於《南德日報》首次披露了這間巴拿馬事務所從事的不法勾當，不久之後，策林格才在後來的信件中——根據我們的資料所示——表明辭職之意。在二〇一五年七月的一封電子郵件裡，我們看見某位名為安德烈雅·N的女職員的信件簽名是「克·策林格的助理」。在同月另一封內部電子郵件裡，莫薩克馮賽卡的人事部門列出當時的員工統計，南美莫薩克馮賽卡旁邊標記的數字是二六〇，「克·策林格」旁邊標記的是「二」。

對此，策林格的說法是：他確實在二〇一一年時卸下營運長一職，退出了莫薩克馮賽卡，可是「為了某些由他經手的案子」，他才「保留莫薩克馮賽卡的電子郵件信箱」，如今「除了某些瑣碎、外部的諮詢服務」，沒有再參與事務所的任何運作。再者，他從二〇一二年起在莫薩克馮賽卡也「沒有助理」了。

此外，策林格對《每日廣訊報》宣稱，莫薩克馮賽卡「從未提供終端客戶諮詢」。可是他自己是負責人也是私人銀行業務部的股東，日復一日從事的無非就是那樣的服務。

我們也以拿一點來質問他。策林格表示，他與《每日廣訊報》談論的是「莫薩克馮賽卡公司的業務」。他在這之前也曾經表示，《每日廣訊報》問的「只有」莫薩克馮賽卡公司；根據我們的資料，我們並不這麼認為。至於終端客戶業務，策林格的說法是：「莫薩克馮賽卡信託與莫薩克馮賽卡資產管理並不屬於傳統的律師業務。他們直接諮詢客戶的內容，在所屬網頁上都查得到。」

我們在這裡又看到他們的典型手法：藉著在法律上咬文嚼字，人為地將莫薩克馮賽卡集團化整為零。

最後策林格還向《每日廣訊報》吐露自己退出莫薩克馮賽卡集團的理由：因為自己「無法認同設立境外公司這類業務」，而且也不想「無端為第三人可能的犯罪行為負責」。

根據我們在資料中所見，克里斯多夫．策林格確實曾是這家事務所主要的營運動力。無論如何他曾經在集團內部力排眾議，要接受敘利亞統治者阿薩德的表弟暨財政顧問拉米．馬赫魯夫為客戶。

關於這一點，如今策林格表示，他當時的評估是「錯誤的」，他對此感到遺憾。

我們完成這一章的時候，北德廣播公司的伙伴尤莉亞．史坦寄來一個 YouTube 連結。一段莫薩克馮賽卡的形象影片。在八分鐘的地方，事務所發言人鄭重宣布，克里斯多夫．策林格在二〇〇四年成為「莫薩克馮賽卡集團正式的合夥人」。

18 縱橫天下

在九〇年代末期，約艾辛姆．巴德納赫（Joachim zu Baldernach，實際上他並不叫這個名字）突然再也找不到自己在巴哈馬的公司。嚴格說來，家族坐擁數十億的巴德納赫找不到的當然不是公司，而只是成立於九〇年代初期的某家信箱公司的全部五千股無記名股票。這些股票就幾乎等於這家公司。境外公司鮮少有辦公室或員工，多半連自己的信箱也沒有。於是巴德納赫有點懊悔地寄了一份傳真給莫薩克馮賽卡在巴哈馬的辦事處，想問自己能否獲得新的股票。莫薩克馮賽卡傷透了腦筋，他們無從得知，巴德納赫是否實際上已將自己的股票連同公司拿去出售、出借或質押。這也就是為何名字不公開的無記名股票在見不得光的圈子裡會受到青睞，因為人們可以隨時賣掉境外公司，不會留下任何線索。

萬一莫薩克馮賽卡法律事務所簽發了一張全部五千股的新股票，第二天就有人拿出了那張遺失的股票，這該如何是好？這位持有股票的人會是這家境外公司合法的業主。最終，根據我們的資料顯示，巴德納赫簽了一張「擔保函」，免除莫薩克馮賽卡的法律責任。在這份函件中，巴德納赫保證未將股票轉讓、借貸或移做他用，並且免除莫薩克馮賽卡因核發新股票所產生的一切責任。

巴德納赫如願獲得了一張新股票，他原本的境外公司也重新回到他的懷抱。問題是，約艾辛姆・巴德納赫，德國最富有家族之一的後裔，究竟為了什麼要去取得巴哈馬的一間公司？還有，為何過了多年之後他才想把自己登記成股東？之前為何要利用人頭負責人、無記名股票，後來甚至還利用人頭股東，弄得完全不透明？是為了稅務的原因？還是為了隱匿財產？就像許多豪門一樣，巴德納赫的家族裡也由於金錢上演過不少你爭我奪的戲碼。或者，務實或合法的面向才是關鍵[1]？

巴德納赫的境外公司是由日內瓦的一家顧問公司仲介，這家公司標榜的是建立國際性的節稅結構。我們所掌握到的資料明白顯示，巴德納赫藉此在南非經營不動產生意，而且我們可以很有把握地說，他的境外公司屬於另一家擁有一艘遊艇的公司所有。

九〇年代中期，巴德納赫透過他的信箱公司在瑞士開了一個戶頭。過了將近十年之後，他又如法炮製地在盧森堡開了一個戶頭。這兩個國家的銀行的保密功夫可謂舉世聞名。

我們在資料中發現到，這家巴哈馬的公司最近一次明顯的舉動是出售一艘豪華遊艇；買賣契約是由人頭負責人簽名。因為巴德納赫打算添購一艘更大的遊艇，一艘專為他的要求量身打造的超級遊艇。很顯然，這艘遊艇又將由登記於某個避稅地的公司持有。

一切全由一個專業的家族辦公室規劃妥當。不過，這裡設立一個境外公司，在那裡、那

1 直到本書截稿為止，巴爾德納赫都沒有對我們提出的詢問做任何回應。

裡和那裡又各設立一個，這種情況很尋常嗎？

在超級富豪的世界裡，答案很顯然是：沒錯！

在上個世紀末，有個平行世界逐漸成形，在這個世界裡，富豪中的富豪，也就是美國人口中所說的「超級富豪」，理所當然地將自己的財富分散於海外。在我們掌握的資料裡，我們計算出的極知名且極富有的家族總數超過三位數，他們無不將自己的部分財產安置在一些信箱公司裡。諸如家族辦公室的財富管理人員、專屬私人銀行、大型銀行的大型VIP部門等，都是他們打理財產唾手可得的工具。如果詢問這行業的從業人員，為何那些富豪的錢往往多是自動流向海外，聽到的答案並非總是涉及避稅或逃稅。

丹麥社會學家布魯克．哈林頓（Brooke Harrington）可以證實這一點。她對這方面十分內行，因為她曾經親自受過兩年專屬資產管理員的訓練，更重要的是，她還實際在那個世界裡打滾過。在那段時間裡，她總是和同事們一起坐在豪華飯店裡、進修、坐飛機、參加會議。美國傳奇學者約翰．梵．馬南（John van Maanen）是她在長期田野研究方面的榜樣。馬南在七〇年代時曾經在加州接受過警察的養成訓練，一方面為了能夠真正瞭解這個圈子的生態，另一方面是為了藉此取得研究對象的信任。哈林頓也像馬南一樣表示，當她被這個圈子接受之後，人們便會放下戒心，她的研究對象回答問題的態度不再扭扭捏捏、拐彎抹角，因此沒有學者比她更清楚超級富豪資產管理員的工作。哈林頓表示，那些超級富豪會付給幫手豐厚的報酬，請幫手為他們免去「在我們這個世界被視為日常生活的部分義務」，諸如賦稅、債務和法院判決等，不過實際上不僅於此。她解釋道，資產管理員的工作之一可能是「逃避各國政府對於個人財產的干預」，也可能是逃避來自前妻、不滿的繼承人、憤怒的原告或信徒的干預。

哈林頓表示，境外公司並非只是與逃避令人厭惡的稅賦有關，其實還涉及各種令人討厭的法律、規定或義務。

民主國家的人相信這樣的說法：公民自己所同意的稅賦、法規或義務，所有的人應該一體適用。

如今似乎早已不是這麼回事了。

諾貝爾獎得主，同時也是《紐約時報》專欄作家的保羅．克魯曼曾寫道：「在美國經濟的領導階層裡，將大量財富隱藏在境外公司或許是常態，而非例外。」

據我們所知，再加上這幾個月來在洩密檔案中所見到，就連美國以外的地方也沒有例外。我們不僅找到來自美國、歐洲、南美洲和中東的億萬富翁，也找到一些最有錢的印度人、非洲人、澳洲人、俄羅斯人和中國人。單單名列二〇一五年富比士全球五百大富豪排行榜的人物，我們就發現了其中五十多位億萬富翁。話說回來，莫薩克馮賽卡不過是許多大型境外公司的供應商之一，我們發現到的只是冰山一角。

法國經濟學家加柏列．祖克曼（Gabriel Zucman）曾嘗試推估，全球財富有多少比例是落在那些避稅地。他推得了百分之八的比例，也就是將近五兆九千億歐元。祖克曼認為，其中四分之三未曾繳稅。房地產大亨億萬富翁哈利・韓茲立（Harry Helmsley）的妻子莉奧娜・韓茲立（Leona Helmsley）便曾在一次心直口快的發言中相當驕傲地表示：「納稅是小人物的事。」不過美國的法院可不這麼認為，他們以逃稅的罪名將她送入監牢。

稅賦的確只是無數轉向境外的誘因的其中之一。英國作家尼可拉斯・夏克森，全球最頂尖的一位避稅地專家，曾在他的《金銀島：避稅地與偷走這個世界的人》一書中總結：「境外是有錢有勢菁英的詭計，幫助他們不勞而獲地享盡社會的便利。」[2]

夏克森還寫道，境外世界或許是「史上將財富和權力從窮人移到富人手上最大的一股力量」。根據非政府組織樂施會（Oxfam）的統計，全球最富有的一小群人所掌握的資產，如今已經超過其他所有人的資產總和。這**百分之一的人**為了隱藏巨額財富，培植出一個獲利如此亮眼的產業，這一點也不足為奇。我們掌握到的資料反映了這產業的一部分，涉及到設立在幾乎所有國家的數千家公司。它們是家族辦公室、資產管理員、銀行、投資顧問、稅務專家，當然，還有莫薩克馮賽卡法律事務所。

所有一切，全是為了那**百分之一的人**。

百分之一。

如今這個數目已成為一個政治概念，描繪的無非是一個國家中最富有的那一小撮人。在美國，這個概念的反面甚至成為政治運動的口號。在「占領華爾街」的運動裡，參與者高喊「我們是百分之九十九」，將「百分之九十九」寫在紙板或旗幟上。這場罕見的強烈抗議針對了資本主義的暴力與弊病。美國作家喬治・帕克（George Packer）在他的暢銷書《清算》（*The Unwinding*）裡，準確描述了財經菁英如何讓美國經濟成為他們的附庸，此舉對其他國家帶來哪些荒謬的後果，還有，先前多半不太有興趣參與政治的公民為何會突然搖身一變，成為勇於抗議的華爾街占領者：因為他們覺得自己被「上面的人」背叛了。

這些「上面的人」包括了桑迪・威爾（Sanford I. Weill），他一度是全球最大銀行花旗銀行的創辦人。這位銀行家的舉止宛如貴族，但由於不負責任的交易行為，被認為是二〇〇八年金融海嘯的罪魁禍首之一。桑迪・威爾是占領華爾街運動仇視的對象之一，他（當然）也曾是莫薩克馮賽卡法律事務所的客戶。他曾透過這家巴拿馬的事務所取得一家名為April Fool的信箱公司。他也為自己的一艘長達六十公尺的遊艇取了同樣的名字，因為桑迪是在一九五四年四月一日邂逅了他的妻子喬安[3]。

這就是那百分之一的世界。

「百分之九十九」的口號將一般上班族、清潔工、流浪漢、單親媽媽公車司機、獨立平

2 Nicholas Shaxson: *Treasure Islands: Tax Havens and the Men who Stole the World*, Vintage Books, London, 2012.

3 直到本書截稿為止，桑迪・威爾都沒有對相關詢問做任何回應。

面設計師、建築工人等串聯起來，這些人都同感憤慨：在危機時刻，普通小老百姓每天都得為了自己的生計打拚，可是那些超級富豪居然在煩惱，隱藏他們的新遊艇、別墅或股票的信箱公司該取什麼名字。

這個運動有個專屬網頁，讓百分之九十九的人可以上去發洩自己的不滿。有位年輕女性寫道：「我今年三十歲，已婚，育有一女。在二〇〇六年時，我們原本還過得不錯，我當時懷孕了，由於妊娠毒血症的關係必須臥床四個月。在這段期間，我被炒了魷魚。到了二〇一一年，我們得變賣自己的財物來支應養育女兒所需。我一直找不到工作。我們的房子也剛剛被查封。我真的很害怕。**我們是那百分之九十九。**」

為何要說這些？因為直到目前為止，我們從未在祕密資料裡發現過類似這位女士的人。甚至可以大膽斷言：我們不會在資料裡找到像這樣的人。

境外公司結構越複雜、越不透明，成本就越高。不僅如此，就連一般的信箱公司也是所費不貲。因此，如果要做得值得，想要隱藏的財富就得要大到一定的程度。海外的金融服務人員每年都會索取相當高額的費用，此外還要付給負責搞定一切的律師不少酬勞，也許還得再去瑞士開個戶頭；這麼一整套搞下來要花上好幾年，而且是理想狀況。有時甚至得大費周章地繞過許多個彎，才能順利將財產轉移到想要藏匿的地點。

莫薩克馮賽卡也一樣。他們絕大多數的客戶都是所謂「高淨值人士」，財產「超過五十萬美金」的人。莫薩克馮賽卡某位員工曾經寫信回覆某位想要設立境外公司的德國人，他提醒對方：「要求最高程度的專業和保密，一般說來，每年可能要多支付數千美金。」

對於超級富豪來說根本不成問題，而且一山還有一山高，除了高淨值人士以外，財務顧問圈中還有所謂「超高淨值人士」，這些人可投資的金額動輒從三千萬美元起跳。屬於這等級的人目前約有十萬三千個，而且每年在增加。

其中自然包括了許多請莫薩克馮賽卡幫忙打理公司的中東酋長。其中有一家 Marshdale S. A. 在二〇〇九年六月以數百萬美元向某位俄羅斯高官購得長達八十七公尺的傳奇遊艇「迷人海洋號」（Ecstasea）。根據我們掌握到的資料，當時這件事還在莫薩克馮賽卡裡傳得沸沸揚揚，員工都在議論，Marshdale 的幕後金主究竟是誰？最後終於有位員工出來向大家解釋：「這家公司背後的金主是阿布達比王室的阿布杜拉·本·扎耶德（Abdulla bin Zayed Al Nahyan），他也是阿拉伯聯合大公國的外長。」[4]

德國的億萬富翁和超級富豪呢？

當然也少不了。

例如我們同樣發現了不少德國大型企業的高層人士，購買了設在英屬維京群島的境外公司，因為他們想要透過這樣的方式持有自己位在馬約卡島或加勒比海的別墅，或是因為他們的前手只願意以這樣的方式出售那些別墅。他們其中某人甚至將自己的稅務申報文件寄給我

4 直到本書截稿為止，阿布杜拉·本·扎耶德都沒有對我們提出的詢問做任何回應。

們，藉以證明那一切都合法。另一位則是立刻在電話中回答我們，他可以把「一切全攤在陽光下」，自己沒有什麼好隱藏的，我們可以約個時間和他的稅務顧問把一切談清楚。

當然，除了其他便利性之外，境外公司也有稅務方面的有利條件。如果在像西班牙這樣的國家買了一棟房子，必須繳納百分之十的房地產轉讓稅；如果買的不是房子，而是這間房子所屬公司的股權，便可規避這百分之十的稅賦。

我們也見到許多德國最富有家族的成員透過莫薩克馮賽卡在其他的大陸投資，或是藉由境外公司持有自己部分的資產（例如藝術品等）。企業與王侯、釀酒廠老闆與企業家、女伯爵與男爵：諸如哈布斯堡、施陶芬貝格、維根斯坦、俾斯麥等貴族，都各有成員與莫薩克馮賽卡過往甚密。

光是在巴拿馬的公司登記簿裡就能找出一大堆德國貴族；會讓人以為是有人把德國貴族名冊整個轉錄到那上頭。不僅如此，當我們在二〇一三年為了《南德日報》的報導而深入研究巴拿馬的公司登記簿時，就發現了非常多德國名人的大名，諸如費迪南．皮耶曲（Ferdinand Piëch）、多位保時捷家族成員、西維雅．奎恩特（Silvia Quandt）以及其他一些名人，統統是一些在巴拿馬登記有案的公司的負責人。皮耶曲和保時捷家族成員當時給我們的說法是，這些公司是他們未曾動用過的境外組織的一部分，他們從未藉此獲得任何稅務方面的利益。奎恩特則表示，她無法說明自己的名字為何會出現在上面。

我們在莫薩克馮賽卡還找到一家登記在巴哈馬的公司 Longdown Properties，這家公司牽扯到赫爾穆特．林森（Helmut Linssen），他曾任北萊因－西伐利亞邦的財政部長，二〇一四年時被迫辭去基督教民主聯盟的財務長一職。這些資訊最早是從一張所謂的稅務光碟上發現出來的，二〇一二年時他曾被提起刑事訴訟，後來卻不了了之。在相關年分裡，他花在境外公司的成本比他安置在那裡的財產（九〇年代時透過某家盧森堡的銀行移轉過去）所生的利息還要多[5]。

百貨集團卡爾施塔（Karstadt）的前業主，億萬富翁尼可拉斯・貝格古恩（Nicolas Berggruen），則是坐擁一長串顯然全是與投資中國有關的境外公司。那些閃閃發亮的金主顯然認為境外公司沒什麼大不了，包括他對卡爾施塔的投資在內的許多投資，應該都曾是某個避稅地體系的一環，此外，貝格古恩的獲利應是流向某家登記在英屬維京群島的信託公司。至截稿前為止，尼可拉斯・貝格古恩始終未對我們的提問做出任何表示。事實上他的父親（二〇〇七年過世的藝術收藏家海因茲・貝格古恩〔Heinz Berggruen〕）比他更早在玩這個遊戲，在巴拿馬的公司登記簿上，他曾登記為兩家目前已經結束營業的公司負責人。

在富豪與超級富豪的平行世界裡，利用橫跨數個大陸或國家的境外公司組織持有戶頭、

5 林森在答覆中承認 Longdown Properties Corp.（巴哈馬）和 Longdown Properties Corp.（巴拿馬）都是他的。不過他不知道莫薩克馮賽卡法律事務所。他的合作伙伴其實是匯豐銀行特林考斯（HSBC Trinkaus）。

股票、房地產、遊艇或其他財產，顯然是稀鬆平常的事。擁有信箱公司，如前所述，也完全是合法的。除非對財政機關匿報獲利，才是違法的。

不過我們可以很有把握地說，全球已建立起一個兩級體系，其中一階級裡的人規規矩矩地納稅，可是在另一個階級裡，由於其成員坐擁各種工具，他們可以自行決定是否要在何時繳納多少稅賦。

如果局勢演變到我們對另一個階級一點辦法也沒有，這將對民主制度造成極大的創傷。如果富豪適用的總是另一套遊戲規則，甚至於根本沒有任何遊戲規則，這樣的問題必然只會惡化。

19 剝削機具

英國作家同時也是《金融時報》通訊記者的湯姆．伯吉斯（Tom Burgis）表示，我們對非洲發生的事應該這麼理解：那裡有一套看不見的機組在蹂躪那塊大陸。那是一套剝削機具，由貪污的獨裁者、肆無忌憚的大財團、沒良心的銀行用貪婪攜手打造的大聯盟。

莫薩克馮賽卡是這套機具的中心齒輪，這家事務所負責確保這些事情不會被看見。我們掌握到的資料顯示，獨裁者和腐敗的生意人如何大規模地利用莫薩克馮賽卡的信箱公司，完全不著痕跡地將金錢、難以置信的大量金錢，五鬼搬運到海外。

國際調查記者聯盟的同仁威爾．費茲吉朋（Will Fitzgibbon）來信告訴我們關於九月在約翰尼斯堡舉辦的普羅米修斯聚會：「我們這裡的伙伴都很興奮，希望借助這些資料至少釐清多年來非洲各國無數橫征暴斂醜聞的一部分。我們第一次很有機會能一窺那些至今撲朔迷離的醜聞內幕。」

這場在非洲舉辦的聚會是由國際調查記者聯盟所安排，因為當時在慕尼黑的聚會只有一位非洲的伙伴能成行，他是來自南非的賈斯丁．艾倫史坦（Justin Arenstein）。其餘的伙伴由於經費不足不克前來。關於這一點，我們也是在月復一月的調查中才體會到：原來我們的工作環境多麼理想！我們既不會被威脅、逮捕或槍殺，還能藉由工作賺取相當不錯的報酬，如果想前往華盛頓或冰島，只要輕輕鬆鬆訂張機票就能成行。

國際調查記者聯盟經常與非洲的同仁合作，伙伴們早就心知肚明，在非洲舉辦一場專屬聚會是免不了的。於是他們便在約翰尼斯堡安排了一場非洲普羅米修斯調查者聚會，主事者便是威爾．費茲吉朋；多年來，凡是國際調查記者聯盟的大型計畫，一直是由他負責協調在非洲的調查工作。例如最近的一次調查是涉及到某些澳洲礦業公司在非洲的可疑行徑。

為了這場聚會，威爾在約翰尼斯堡市中心租了一間民宿。在九月底，這家民宿有兩天只有來自八個國家（南非、美國、辛巴威、納米比亞、波札那、馬利、塞內加爾和突尼西亞）的十四位記者住宿。這是一個調查營。跟我們在慕尼黑與華盛頓所做的一樣，威爾．費茲吉朋先說明了這項計畫，講述我們最先挖掘到較為大條的故事，最後說明了調查的方法、圖像轉換以及通訊方面的安全規則。

那場聚會相當美妙。威爾在返回美國幾天後寫信告訴我們，在他講解完計畫後，全場鴉雀無聲，所有的人開始齊力鑽研資料。「出於期待與激動的寧靜」。伙伴投入的程度簡直到了廢寢忘食，以致每到午餐和咖啡休息時間，他都得用逼迫的方式讓這群人暫時放下手邊的工作。他們一點也不想休息，每個人都十分渴望能夠從資料中找到任何指向非洲的蛛絲馬跡。

在短短的時間裡，我們的伙伴已經有不少斬獲。他們發現到大量非洲的政治人物及其家族成員牽涉在裡頭。威爾．費茲吉朋寫道：「這些發現的的確確涉及到每個國家，蘇丹、塞內加爾、南非、埃及，不一而足。」

我們同樣感到十分振奮。因為我們之所以想和全世界分享我們所取得的密件，背後也有一個目的：唯有如此才有機會談論所有重要的故事。非洲的故事在德國幾乎找不到聽眾、引不起注意；反之，德國的故事在非洲也一樣。我們同時還覺得，相較於我們，這些調查對某些非洲國家或許更重要。在我們這裡，信箱公司主要的惡行無非就是製造社會不公和幫助隱匿犯罪。可是在非洲，獨裁者的祕密事業讓全民陷於水深火熱之中。那是完全不同的向度。

非洲其實富饒得不可思議。全球有半數的鑽石礦藏、四分之一的黃金礦藏、百分之十的石油礦藏和百分之九的天然氣礦藏位於非洲土地上。此外還富含鈾、銅以及其他礦藏。不過平民百姓幾乎全沾不上邊；那些財富要不是進了大型跨國財團的戶頭，就是進了當地菁英的口袋。專家推估，每年大約有超過五百億美元流出非洲。五百億美元！二〇一三年由科菲・安南（Kofi Annan）所帶領的一個專家小組指出，在當地營業的公司藉由避稅地移轉的獲利，每年也讓非洲國家短少了近三百八十億的稅收。

約翰尼斯堡的聚會過後，我們和伙伴們幾乎每天都發現指向非洲的線索。我們發現到某家曾被加彭政府指控逃稅八千五百萬美元、由莫薩克馮賽卡成立的公司，發現到迦納某位前總統的妻子，也發現到一位奈及利亞籍的前石油輸出國家組織主席。莫薩克馮賽卡檔案裡有無數線索指向許多發生在非洲，至今依舊撲朔迷離的醜聞與事件：

- 根據莫薩克馮賽卡的檔案，**剛果民主共和國**頗負爭議的總統約瑟夫・卡比拉（Joseph Kabila）的某個姊妹是 Keratsu Holding Limited 的股東，據我們所知，這家公司又握有許多位於剛果共和國境內公司的股權[1]。
- 根據我們掌握到的資料，**赤道幾內亞**獨裁者之子狄奧多・歐比安（Teodoro Obiang）擁有一家 Ebony Shine International Limited，二〇〇六年時成立於英屬維京群島。二〇一〇年美國參議院的一份報告指出，歐比安曾透過這家公司，利用不法挪用的國家公款購買一架灣流噴射機[2]。
- **莫三比克**前總統之女馬蒂娜・諾阿金・希薩諾（Martina Joaquim Chissano）自二〇一三年起，顯然是登記於英屬維京群島的 Prima Finance Development Limited 的股東。此外，我們在資料裡見到希薩諾的護照，她也是 Prima Talent Group 的負責人；這家公司投資了莫三比克的石油與天然氣開採[3]。
- Press Trust Overseas Limited 這家境外公司的負責人除了前**馬拉威**總統海斯廷斯・班達（Hastings Banda）的姪女外，有時還會同時由三位馬拉威的前任部長擔任，分別是前財政部長阿雷克・班達（Aleke Banda）、前外交部長馬波帕・齊倍特（Mapopa Chipete），以及前科學部長尤瑟夫・恩瓦瓦（Yusuf Mwawa）；無論如何，這是出自莫薩克馮賽卡的文件。恩瓦瓦在二〇〇五年時遭到逮捕，因為他挪用公款舉辦自己的婚禮，後來被判了五年徒刑[4]。
- 布魯諾・伊圖瓦（Bruno Itoua），前**剛果共和國**能源部長、前剛果國家石油公司主席，也是剛果共和國總統德尼・薩蘇・恩格索（Denis Sassou Nguesso）的「義子」，根據我們的資料顯示，他曾暫時握有過 Grafin Associated S. A. 這家巴拿馬公司的全權證書[5]。

- 資料顯示，**安哥拉**的石油部長若澤・馬里亞・博特略・德瓦斯康塞洛斯（José Maria Botelho de Vasconcelos）是 Medea Investments Limited 的受益人。這家公司是在二〇〇一年九月於紐埃成立，當時他已擔任了兩年的部長[6]。

〔無名氏〕　有什麼新發現嗎？非洲的記者確實也加入了嗎？

〔南德日報〕是的，有一些。

〔無名氏〕　所以？

〔南德日報〕他們發現了卡比拉的姊妹、某個獨裁者的兒子，還有無數與石油或礦產權有關的醜聞。以及科菲・安南的兒子。

1 直到本書截稿為止，約瑟夫・卡比拉的姊妹都沒有對相關詢問做任何回應。
2 直到本書截稿為止，狄奧多・歐比安都沒有對相關詢問做任何回應。
3 直到本書截稿為止，我們都無法聯絡上馬蒂娜・希薩諾，請她表態。
4 直到本書截稿為止，我們都無法聯絡上海斯廷斯・班達的姪女、馬波帕・齊倍特和尤瑟夫・恩瓦瓦等人，請他們表態。阿雷克・班達則已經過世。
5 布魯諾・伊圖瓦在回覆法國《世界報》的提問時表示，自己不對財務事項發表意見。
6 直到本書截稿為止，德瓦斯康塞洛斯都沒有對相關詢問做任何回應。

〔無名氏〕 安南的兒子？你在開玩笑嗎？

〔南德日報〕沒有。

〔無名氏〕 呃，對此我也不知情。這真的令人感到無言。

政治人物及其家族，這是一方面。另一方面是來自西方與中國那些願意支付回扣的大型集團，以及像莫薩克馮賽卡這類幫忙掩飾貪污受賄的公司。這是在平行世界裡衍生出的生意，一般社會大眾罕能知情。讓我們來看看剛果民主共和國的例子。剛果民主共和國的前身叫薩伊共和國，是個頻受戰火蹂躪的貧窮國家，過去曾長達三十二年處在獨裁者蒙博托．塞塞．塞科（Mobuto Sese Seko）的統治下。在他的政權垮台之前，曾有若干反叛團體試圖奪取政權。有許多其他非洲國家涉入衝突，有的支持這一方，有的支持另一方，因此專家學者稱此為「非洲的世界大戰」。雖然在二〇〇二年曾訂立了和平協議，不過直到今日，大小衝突始終不斷。

在二〇一〇年時，約瑟夫．卡比拉（如今他擔任該國總統已歷十五年）許可了兩家公司在該國東北部開採石油。這兩家公司在獲得許可前兩個月才成立於英屬維京群島，在業界可說是名不見經傳。兩家分別是 Caprikat Limited 和 Foxwhelp Limited，都是由莫薩克馮賽卡設立。

國家的一大部分收入是來自石油開採，這樣的情況很常見。以剛果民主共和國的鄰國烏干達為例，一家公司只能保有其獲利的百分之二十到百分之三一．五，其餘的都必須歸於國家。相反的，根據南非的新聞網「新聞二十四」（*News 24*）的報導，Caprikat 和 Foxwhelp 這兩家莫薩克馮賽卡的信箱公司卻可以保有百分之五十五到百分之六十的獲利，可謂相當不尋常：這項交易犧牲了國家的利益。

此外，這兩家公司只須為此利潤豐厚的特許支付六百萬美元，儘管其他企業必須支付的金額是它們的十倍[7]。

為何卡比拉要同意這樣的交易？為Caprikat和Foxwhelp這兩家公司簽字的是現任南非總統雅各布．祖瑪（Jacob Zuma）的姪子庫魯布斯．祖瑪（Khulubuse Zuma），以及庫魯布斯的律師。「新聞二十四」指出，在完成這項交易的幾個月前，南非總統曾出訪剛果民主共和國，在他與卡比拉的私人會談裡，兩人顯然也聊到了石油的問題。這只是個巧合嗎[8]？

無論如何，這項交易實在太可疑，連莫薩克馮賽卡內部也在八卦這件事。

我們在資料裡發現了一封二〇一五年夏天的電子郵件。在這封電子郵件中，莫薩克馮賽卡的某位員工得出一個結論，在Caprikat和Foxwhelp這兩家公司背後有個由許多公司和基金會交織而成的網絡，如果再去抽絲剝繭將會發現，這個網絡屬於一個惡名昭彰的投資者：丹．蓋特勒（Dan Gertler）[9]。丹．蓋特勒是以色列的億萬富翁，他的財產是「犧牲剛果人民的利

7 某家公關公司在回覆提問時解釋，Caprikat和Foxwhelp這兩家公司都是由福羅瑞特集團（Fleurette Group）百分之百持有。Caprikat和Foxwhelp在簽約時確實付給了剛果民主共和國共六百萬美元。不過為了取得探勘許可，另外又付了兩百五十萬美元。此外，根據這家公關公司的說法，石油獲利約有百分之六十歸於國家。

8 直到本書截稿為止，無論是雅各布．祖瑪和庫魯布斯．祖瑪，或是約瑟夫．卡比拉，都沒有對與此事有關的提問做任何回應。

9 某位發言人在答覆提問時證實，Caprikat和Foxwhelp都是由福羅瑞特集團百分之百持有，而該集團又是由某個「丹．蓋特勒家族受益的自由裁量信託」持有。

益剝削剛果」得來的，誠如尚－皮耶・穆特巴（Jean-Pierre Muteba），某個非政府組織領袖，該組織一直專注於剛果的礦產開採所帶來的後果）於二〇一二年在《衛報》上所指出。二〇一五年的《紐約時報》則稱丹・蓋特勒為「馬賊」。

我們在二〇一五年年底去了一趟日內瓦。許多「馬賊」都居住在這個黑錢城市。距離機場僅僅幾公里遠，在萊芒湖（Lac Léman）下方的湖邊有一長排境外公司幫手的分行。透過我們掌握到的資料，我們對它們知之甚詳。它們包括了銀行、律師和金融服務人員，他們會透過莫薩克馮賽卡提供信箱公司、基金會和編號帳戶給客戶。他們從避稅地瑞士將金錢轉移到其他避稅地。當然，一切全都會保密到家。

我們根據所掌握到的資料按圖索驥，花了好幾個小時一家逛過一家。我們見到德意志銀行在聖熱爾維萊斯貝爾格（Saint-Gervais Les Bergues）的分行，見到莫薩克馮賽卡設在米歇利德克列司路（Rue Micheli-du-Crest）上的辦公室，很驚訝見到許多身著華服的男女步下掛著不同國家車牌的雙B轎車，疑神疑鬼地四處張望後，隨即消失在隱密的大理石入口。

我們去觀光境外公司。

我們在傍晚動身前往魯桑（Russin）。那是個小地方，從日內瓦坐火車只有幾分鐘的車程。尚・齊格勒（Jean Ziegler）定居於此，他是日內瓦共和國公民、社會學家、退休教授、前國會議員。齊格勒來不及換衣服，穿著慢跑褲歡迎我們到來。「在與紐約電話會議。」這位年過八旬的老翁是個大忙人。他曾是聯合國的特派員，專門報告全球各地飢荒的災情，如今他改任聯合國人權委員會的顧問。五十多年來一直致力於縮短第一世界與第三世界間的落差。他近期的新作取名為《我們讓他們餓死》（*Wir lassen sie verhungern*），副標是《第三世界的大規模屠殺》（*Die Massenvernichtung in der Dritten Welt*）。

齊格勒敢於發言。他是窮人的喉舌，權貴的夢魘。

在他眼裡，跨國私人企業集團是「新自由主義的十字軍」，國際貿易組織、國際貨幣基金和世界銀行被他形容為「三位飢荒的末日騎士」，銀行則是「資本主義體系的窩藏者」，至於他的祖國瑞士則是「被銀行和搶匪控制的迪士尼樂園」。

齊格勒難以壓抑自己對渦輪式資本主義的憤怒，以致於經常捲入一些訴訟，因為他的言語一再冒犯到這位或那位銀行家。因此他住的房子是他太太的，車子是租來的，債務合計有數百萬法郎。不過齊格勒表示，這一切都值得。他有強烈的正義感，所以他一開始就更正我們：「請別說那叫避稅地，這樣太矯情了，根本就是無賴國家！」

齊格勒請我們坐到客廳中一張寬大的橡木桌旁，一邊斟著紅酒一邊說話。說著那些無賴國家……

很少有什麼大規模的逃漏稅案件完全不與那些境外公司國家沾上邊。世界上恐怕沒有什麼地方能夠像巴哈馬或巴拿馬這種國家，每平方公尺土地蘊含如此大量的犯罪能源。幾乎所有與犯罪所得（無論原本就是非法或是以非法方式投入）有關的金融交易，都是透過註冊於境外公司國家的金融業務公司、信託公司、機構和基金會來辦理。後果是場災難；舉例來說，一年可能因此死去成千上萬的人……

造成成千上萬人死亡？這點還請你說清楚一點。

根據聯合國的統計，目前全球有三十二場所謂「低強度戰爭」（low intensity war），也就是每年死亡人數少於一萬人的戰爭。諸如菲律賓群島、達佛、中非共和國等地，都有這樣的戰爭在進行。全球每年有成千上萬的人死於這樣的戰爭。這所有戰爭之所以進行，無非是因為境外公司中心的存在，透過它們，才得以購得武器，賣得出血鑽石。

維京群島、庫克群島和開曼群島上的政客或許會辯稱，除了允許設立信箱公司，他們其他什麼也沒幹。

錯！所謂避稅地與他們的服務人員，例如莫薩克馮賽卡法律事務所，他們是人類的公敵。

許多境外公司國家都有一個共通點，它們幾乎都沒有可資運用的資源。信箱公司這種生意無異是它們最後的救贖。

唉，所以你是說，因為我們家很窮，就算我明知可能會傷了鄰居，我也可以去鄰居家賣海洛因？

齊格勒忿忿不平地說著，一個小時過去，第二個小時，接著第三個小時。不久之後我們就開了第二瓶紅酒。這位「世界的良知」（崇拜者為齊格勒起的封號）需要暢所欲言。避稅地、對沖基金、莫薩克馮賽卡、全球的飢饉，對他而言全都是同一回事，全都是同一個主題。一切都相互關聯、互為因果。齊格勒將它們視為一個整體。齊格勒表示，長久以來他已經看多了，全世界那些讓有錢人得利的骯髒交易是如何達成、政客如何上下其手、如何淘空自己的國家、如何借助境外公司的服務人員，將自己的不法所得藏在巴哈馬、開曼群島或巴拿馬。

齊格勒看見非洲國家的獨裁者將金錢挪到海外，而不是投資在興辦學校或醫院，這會帶來什麼後果。他也看見飢餓與疾病如何啃噬非洲兒童的臉。當他瞥見瘦弱男男女女迷惘的眼神，他才明白飢餓會造成體弱多病、殘障的兒童、死亡。

我們的發現在突然之間變得十分具體，總算可以在一個整體脈絡下清楚理解莫薩克馮賽卡這類服務人員所作所為的影響。當某個國家的政府決定要成為避稅地，並為此奠下法律基石，這絕不單單只是這個國家的私事，而是整個世界的問題。

齊格勒表示，這些「無賴國家」不該再是綠洲。與當地登記公司之間的金錢往來必須要停止。為何長久以來都沒有這麼做？因為政府受到壓力，受到銀行、特務、跨國集團和超級富豪，也就是「全球化金融資本的世界獨裁者」施予的壓力。

臨別時，齊格勒贈送我們他最新的著作，書名叫《改變世界》（*Ändere die Welt*）。他在書內題上「本於誠心、團結、尊重的友誼」。接著他關上了門。在這長久以來對境外公司刻意保持沉默的世界裡，他是個親切又火爆的諍友。

回到慕尼黑後，我們又重新埋首於資料堆中，並且發現到一位一再在非洲涉入醜聞事件的億萬富翁，這個人就是直到前不久還握有百貨連鎖卡爾施塔大部分股權的班尼·史坦梅茲（Beny Steinmetz）。班尼·史坦梅茲是世界上最富有的人之一，經常搭乘私人噴射機往來於特拉維夫、倫敦、日內瓦及自己所屬的許多鑽石公司。站在遠距離觀察非洲便不難發現，這片大陸彷彿是由丹·蓋特勒與班尼·史坦梅茲兩人均分。他們一個在這裡搜刮，一個在那裡聚斂。史坦梅茲的資料引導我們來到世界上最貧窮的國家之一，幾內亞。

在這個西非國家的內地，錫芒杜山脈（Simandou）座落在層層圍繞的叢林中。山脈的山峰有一些不太相稱的怪名，像是「鐵娘子」或「金屬製品」。之所以用重金屬樂團來命名，是隱喻沉睡在山裡的寶藏：鐵礦。

在九〇年代末期，幾內亞曾特許英澳的力拓集團（Rio Tinto）開採礦砂，要開採的可謂是當時全球最大的未開發礦床。開採權價值不斐，涉及的金額高達數億。不過到了二〇〇八年，幾內亞政府突然取消力拓集團的特許，將採礦權轉交給一家由鑽石致富、對開採礦砂卻沒什麼經驗的公司。這家公司便是班尼·史坦梅茲集團資源公司（Beny Steinmetz Group

Resources；簡稱 BSGR）。整件事還更加離奇，根據媒體報導，這家公司居然沒有付任何一毛錢，便從幾內亞政府那裡取得了採礦權。這家公司只是表示會投資數百萬美元在鐵礦砂礦田。

偏偏就是在像幾內亞這種坐擁大量石油、天然氣與貴金屬等礦藏的國家裡充斥了貧窮和腐敗。政治經濟學家稱這種現象為「富足的矛盾」（paradox of plenty），或更駭人一點，叫作「資源詛咒」（resource curse）。美國經濟學家傑佛瑞・薩許（Jeffrey Sachs）與安德魯・華納（Andrew Warner）在多年前便曾研究過這其中關係，他們的結論是：天然資源豐富的國家在成長性方面，大多明顯低於天然資源對它們無足輕重的國家。

史坦梅茲取得採礦權一年後，他名下的集團便以二十五億美元將其半數的錫芒杜山脈事業轉賣給巴西的礦業公司淡水河谷（Vale）。

當時幾內亞政府一年的國家預算大約是十二億美元。史坦梅茲集團這麼一轉手，相當於該國政府兩年的預算便輕鬆入袋。值得注意的是幾內亞的兒童死亡率始終居高不下，在一千名幾內亞兒童當中，平均有一〇四名兒童活不過五歲。相較於德國，平均每千名兒童僅有四名活不過五歲。在聯合國的人類發展指數排名裡，全球一百八十七個國家，幾內亞位居第一百七十九名。資源詛咒。

英國《獨立報》將這件事形容為「本世紀最腐敗的交易」。只能說這是剛好而已。根據國際透明組織（Transparency International）的說法，幾內亞是全球最腐敗的國家之一。幾內亞的獨裁者蘭薩納・孔戴（Lansana Conté；史坦梅茲就是在他統治時順利取得了採礦權）曾經稱呼他的部長們為「盜賊」。

這可不是在說笑！

孔戴甚至還曾說，如果把曾經從這個國家偷走過東西的人統統槍斃，到最後恐怕一個也不剩。他顯然沒有把自己排除在外。

他將價值不斐的錫芒杜山脈開採特許簽給史坦梅茲集團後，沒過幾天便撒手人寰，隨之而來的是一場又一場的政變。最終，人民在這個國家史上第一場算是某種程度民主的選舉中選出一位名為阿爾法．孔戴（Alpha Conté）的人來擔任國家元首。在幾內亞仍受法國統治的時期，他曾經離鄉前往巴黎攻讀法律，其後更任教於索邦大學。

阿爾法．孔戴就職時曾誓言成為幾內亞的曼德拉。上任後的首要工作之一便是徹查早已臭名遠播的錫芒杜山交易。在一場達卡舉行的非洲經濟會議上，蘇丹的億萬富翁莫．伊布拉欣（Mo Ibrahim）曾明白指出：這個問題基本上就是幾內亞政府的主事者很笨，或是很壞，或者是又笨又壞。

這位以東尼．布萊爾與喬治．索羅斯為顧問的新總統，找來若干美國律師和風險分析師，他們的任務是要去找出，為何對鐵礦砂開採不是很有經驗的史坦梅茲集團能夠取得這紙合約？尤其是，背後到底是誰在搞鬼？

調查人員很快就查到一位政商關係非常良好的法國人，名字叫佛里德里克．西林斯（Frédéric Cilins）。西林斯從二〇〇〇年起便是幾內亞的常客，諸如ＭＰ３播放器或手機之類的東西，都是他送給政府官員的伴手禮；在西方國家雖然算不上什麼好東西，不過在幾內亞，這個全球最貧窮的國家之一，這些東西取得不易，所以頗為搶手。當然，針對特定人士他還是會用像是鑲鑽的一級方程式模型車做為打點的工具。他「聖誕老人」的綽號很快便不脛而走。

阿爾法・孔戴在二〇一一年成立的一個委員會不僅指出西林斯是史坦梅茲的白手套，更指出史坦梅茲集團在錫芒杜山交易涉及的各種舞弊行為。西林斯曾送給已故獨裁者蘭薩納・孔戴（在過世前不久授與了史坦梅茲集團特許）一隻鑲鑽金錶（史坦梅茲集團否認這一點）[10]。

雖然史坦梅茲集團承認西林斯的確曾為該公司工作，不過與取得錫芒杜山採礦權完全無關。同一年，幾內亞當局找到幾份合約，顯然是由一家名為 Pentler Holdings 的境外公司及史坦梅茲集團與瑪瑪迪・圖雷（Mamadie Touré，獨裁者蘭薩納・孔戴的四名妻子之一）所簽訂。在其中一份合約裡，瑪瑪迪・圖雷所屬的 Matinda 公司表示願意「處理一切必要事項，讓幾內亞當局簽字同意，將商議的礦區給幾內亞班尼・史坦梅茲集團資源公司。」另一份文件裡則提到，基於與 Pentler Holdings 簽訂的「合作契約」，Matinda 應獲得兩百四十萬美元。此外還有一份合約關於終止瑪瑪迪・圖雷（或 Matinda）和 Pentler Holdings 之間的合作關係；對於在幾內亞的活動，Matinda 獲得允諾，可以收到三百一十萬美金[11]。

我們大可說這是行賄的契約，甚或不得不這麼說。無論如何，瑪瑪迪・圖雷的兄弟當時

---

10 西林斯不願就此事發表意見。史坦梅茲集團則表示，西林斯「從未受班尼・史坦梅茲集團委託向任何人行賄」。

11 史坦梅茲集團的一位發言人在答覆提問時表示，他從未聽過一家叫 Matinda 的公司。

突然搖身一變，成為幾內亞史坦梅茲集團資源公司的副總裁，而史坦梅茲集團也順利取得了錫芒杜山的特許[12]。

這些疑雲重重的合約在二〇一二年被詳細披露時，案件吸引到全球見證（Global Witness）的關注。這個國際非政府組織標榜對抗剝削、貪腐和避稅地，這案件對它們而言再適合不過。順道一提，美國億萬富翁索羅斯是這個組織的支持者，又是幾內亞新任總統阿爾法．孔戴的顧問。於是全球見證的同仁也投入這個案子的調查，而且很快便有斬獲。舉例來說，史坦梅茲集團在一項聲明中辯稱，前獨裁者的妻子完全與錫芒杜山的交易無關。全球見證隨後公開了一段二〇〇六年的錄影，影片中西林斯偕同多位史坦梅茲集團的代表，與瑪瑪迪．圖雷談論錫芒杜山的計畫。此外，史坦梅茲集團宣稱瑪瑪迪．圖雷根本未曾與前總統蘭薩納．孔戴結過婚。全球見證公開了她的護照影本，上頭清楚載明「幾內亞共和國總統配偶」[13]。

全球見證在過去三年多來以這樣的方式對付史坦梅茲集團，背後主持一切的便是全球見證的領導人丹尼爾．貝林特─庫爾提（Daniel Balint-Kurti）。他曾經擔任過記者，為《時代雜誌》和《獨立報》報導非洲的消息。如今他為全球見證在世界各地探訪證人、蒐集證據、追蹤黑心企業的蛛絲馬跡。在這個案件上，他的目標是要證明班尼．史坦梅茲藉由行賄取得錫芒杜山的採礦特許。史坦梅茲集團反擊說，這是「惡質的抹黑」。

史坦梅茲集團在二〇一三年時控告了全球見證。史坦梅茲集團亟欲知曉誰是貝林特─庫爾提的消息來源。他們的控告遭到駁回。

我們也想和貝林特─庫爾提談一談，想多瞭解一些內幕。我們有幸在慕尼黑見到他，他有一位親戚住在德國巴伐利亞。我們向他表明，我們對錫芒杜山交易以及他至今的研究成果很有興趣。

最後貝林特—庫爾告訴我們，他在這當中發現好幾家莫薩克馮賽卡所設，或他們客戶所屬的公司，包括了前述設立於英屬維京群島的 Pentler Holdings 和 Matinda。這些公司就像一堵牆，他完全被擋在牆外。「錫芒杜山的案子只是無數案件的其中一件。全球見證的貪腐調查總是受阻於個別的信箱公司，甚或整個信箱公司網絡。」

不過在這次，我們總算可以打開祕密之門，一窺至今被隱藏的東西。

據我們所知，Pentler Holdings 在二〇〇五年成立於英屬維京群島，不久之後便與瑪瑪迪．圖雷簽下了第一紙合約。根據全球見證所述，史坦梅茲集團辯稱自己和 Pentler Holdings 沒有一點關係。

如果沒有我們手裡這些資料，故事恐怕必須暫且劃下句點。若是去詢問英屬維京群島有關當局，也許頂多能知道公司負責人是誰，卻無法深入挖掘下去。於是我們翻閱了放在 Pentler Holdings 這個檔案夾裡的文件，發現到，原來這家公司是由設立於瑞士的 Onyx Financia Advisors Ltd. 委託成立[14]。就連這家 Onyx 財務顧問（根據莫薩克馮賽卡內部的附註，

12 直到本書截稿為止，史坦梅茲集團都沒有對相關詢問做任何回應。

13 史坦梅茲集團的一位發言人在答覆提問時表示，有「強有力的證據」顯示，瑪瑪迪 圖雷並非蘭薩納 孔戴的第四任妻子。他沒有進一步說明其中細節。

14 史坦梅茲集團的一位發言人在答覆提問時否認這一點。

如今已更名為Invicta Advisory），二〇一三年史坦梅茲集團在接受《金融時報》訪問時也辯稱，「它完全分離且完全獨立於史坦梅茲集團」。到了二〇一五年，史坦梅茲集團的一位發言人告訴我們：「Pentler與Onyx沒有關係，它也不是由Onyx所擁有。」

完全分離，完全獨立？

至少在二〇一五年十二月之前，Onyx（委託設立Pentler的公司）與史坦梅茲集團在某棟小型紅磚建築裡共用同一層樓（位於倫敦的七老公園巷，距白金漢宮不遠）。到本書截稿為止，Onyx的經理也還是史坦梅茲集團的負責人之一[15]。此外我們還發現，在二〇〇九年七月時，莫薩克馮賽卡的一位員工曾在日內瓦和Onyx的一位員工碰面。莫薩克馮賽卡的員工在那場對話中瞭解到，這家公司的老闆來自一個同時具有法國和以色列背景的家庭，事業遍及鑽石、石油和藝術品生意。班尼．史坦梅茲是在以色列出生，不過他也擁有法國護照。

說得好聽一點，這看起來一點也不像是「完全獨立」[16]。

順道一提，西林斯這位史坦梅茲嫌疑重大的白手套，二〇一三年在美國被捕。他曾試圖說服瑪瑪迪．圖雷（已故獨裁者蘭薩納．孔戴的妻子）銷毀所有與Pentler與史坦梅茲集團有關的文件。在一家雞肉三明治店裡，西林斯向圖雷表示，願意提供她金錢，只要她把相關文件銷毀。換言之，西林斯想要湮滅非洲史上最大貪腐案件之一的關鍵證據。此外瑪瑪迪．圖雷應該離開美國，機票則由他來負擔。如果史坦梅茲集團能安然度過幾內亞礦山委員會的調查這一關，並且繼續保有採礦權，她就能另外得到五百萬美元。這一切全是「老大」授意的。說到這，誰才是老大？他說：「班尼！」[17]

西林斯不知道圖雷的身上居然藏了麥克風，將他們的對話全錄了下來。她其實已經和FBI做了交易。西林斯在二〇一三年四月十四日於佛羅里達被捕，後來也供認試圖湮滅罪證。不過對於幕後的指使者，他卻絕口不提。最後他被判處兩年徒刑。

在審判的卷宗裡一再出現一名一號同謀。根據許多媒體做的調查，不約而同地全指向班尼．史坦梅茲。與此同時，由於幾內亞交易案的緣故，瑞士和幾內亞兩地也啟動了行賄與貪污罪嫌的偵查。Onyx的辦公室遭到搜索，班尼．史坦梅茲也多次遭到偵訊[18]。

在幾內亞方面，阿爾法．孔戴的政府於二〇一四年最終撤銷了班尼．史坦梅茲的公司所擁有的開採特許。在這件授與特許的弊案上有著「明確且堅實的證據」。除了瑞士、美國和幾內亞有關當局，英國的重大詐欺犯罪偵查署也展開了調查。誠如我們的發現，瑞士的調查人員也懷疑班尼．史坦梅茲涉嫌直接參與行賄。Pentler是在史坦梅茲指示下由Onyx設立。這一點是根據Onyx一位女性員工的證詞（這位女性員工實際上專門負責管理班尼．史坦梅茲所屬的公司和基金會），證詞記錄在我們得以審閱的瑞士法院文件。還能說什麼呢？這與我們在祕密資料裡發現到的不謀而合[19]。

15 史坦梅茲集團的一位發言人在答覆提問時否認這一點。
16 史坦梅茲集團在答覆提問時只是反覆重申，Onyx獨立於史坦梅茲集團。直到本書截稿為止，Onyx都沒有對詢問做任何回應。
17 史坦梅茲集團的一位發言人表示，西林斯的所做所為都不是史坦梅茲集團或史坦梅茲本人所委託。直到本書截稿為止，都無法聯絡上瑪瑪迪．圖雷。
18 史坦梅茲集團的一位發言人表示，對於此事細節一無所悉。
19 直到本書截稿為止，Onyx都沒有對詢問做任何回應。

20 委員會會議室的祕密會議

我們來到挪威的利勒哈默爾（Lillehammer），登上路易斯卡德斯巴肯跳台滑雪場（奧運的滑雪跳台），下方是居德布蘭河谷，那裡有狹長的挪威第一大湖米約薩湖。臨米約薩湖的利勒哈默爾曾在一九九四年舉辦過冬季奧運；在那一屆的冬奧上，德國滑雪好手馬庫斯．瓦斯麥爾（Markus Wasmeier）勇奪了兩面金牌。我們居高臨下，看到連延在山谷中的鐵軌，看到前一天我們下車的車站，看到有點破爛卻還蠻可愛的下榻旅館。

麗笙酒店（Radisson Hotel）座落在更上方的山坡。二〇一五年十月八日至十一日，來自全球一百多個國家大約九百位記者正好齊聚在這裡舉辦「全球調查報導會議」。這個會議每兩年會在不同地方舉辦。議程包括知名同仁的工作報告，以及新聞法規專家、資料專家、臥底記者的演講。這場會議與普羅米修斯計畫完全無關，不過某些我們在國際間的伙伴也到了現場，因此我們想藉這個機會和他們面對面聊一聊。

九百位調查報導記者。當我們和朋友或同事聊到這樣的會議，所有的人不約而同都會驚呼：這樣豈不是很危險？假設有十分之一的記者因為自己的報導與人結怨，警方便會認為現場有百分之九十的機率遭受炸彈攻擊。與會者當中有一大堆像我們這種富裕國家的記者，會讓聯邦情報局、美國特務、全德汽車俱樂部（ADAC）或德國政府感到頭疼。不過其中也有不少記者在中國、俄羅斯、烏克蘭、中東和非洲國家工作，他們無時無刻不處在遭受迫害的威脅中。有些同仁是蒙著臉上台，有些用化名，或至少不是用他們刊登報導的署名。羅曼・阿寧（俄羅斯籍國際調查記者聯盟的伙伴，與我們共同合作揭露普丁的故事）在講台上被問到，他是否會因自己的工作而感到恐懼。

阿寧聳聳肩鎮定地表示：「如果他們想要殺我，就殺吧！」

這場會議不只給我們帶來興奮（因為演講實在超級有趣），對我們的計畫還很有助益。國際調查記者聯盟的領導人傑拉德・賴爾、普羅米修斯計畫的主持人瑪莉娜・沃克、資料部負責人瑪爾・卡巴拉、程式設計師黎哥・卡瓦亞（Rigo Carvajal）以及其他所有效力於國際調查記者聯盟的人，此外還有三十名和我們一起在普羅米修斯計畫上參與解密的記者，全都齊聚利勒哈默爾。目前在我們的論壇上已有超過一百個討論群組和數萬則留言。不過，最好的還是莫過於能在利勒哈默爾與大家面對面討論。我們一再從會議中抽身，有時回飯店房間，有時甚至去那個小小的「委員會會議室」；國際奧委會的領導人物曾於一九九四年在此討論一些重要事項，當時這個小房間可謂是奧運的控制室。

某些與我們一同處理莫薩克馮賽卡密件的伙伴會在人來人往的大廳談論這項計畫，甚至在外人面前提及「你們手上那些瘋狂的資料」，這樣的情況較不利於保密。遇有這種情形，我們便會趕緊岔開話題，或是保持沉默，直到伙伴們會意。

我們在利勒哈默爾讓國際調查記者聯盟的資料專家看了一份列有將近兩萬五千個名字的名單，以及莫薩克馮賽卡受客戶委託進行匯款的相關資料。資料部負責人卡巴拉的內心感到相當矛盾。一方面她覺得太好了，又有更多材料！可是另一方面又覺得，資料已經太多、太複雜，不知該如何處理，居然還沒完沒了……

我們告訴她，在來利勒哈默爾的前幾天，我們才又訂購了一部新的計算機，截至目前為止已經是第三部了。我們的第二部計算機是價值六千歐元的全新超級電腦，可是面對迄今已達2.5TB的大量資料，處理起來簡直不堪負荷。每回搜尋資料都得耗上幾分鐘時間，著實會令人抓狂，更別說要審視所找到的文件，又得再花上幾分鐘，這還得以電腦不當機為前提。雖然所有專家先前都跟我們說，這部電腦的效能夠強，可是實際上根本就不是那麼回事。

在訂購第二部電腦時，我們當然曉得另一部更貴的電腦應該更合適，那一部價值一萬七千歐元。那是為我們做諮詢的IT專家開給我們的王牌解決方案。不過對於當時的我們來說，這樣的建議比建議我們請《南德日報》特別讓出大樓的一層給我們同樣荒謬。

可是事到如今，計畫涉及的規模早就達到荒謬的地步，原本的電腦已經不敷使用，在這種情況下很難繼續工作。我們只好硬著頭皮去找總編，解釋我們面臨的窘境，小心翼翼地暗示：如果想要讓《南德日報》掌握到的資料被檢索，我們需要一部更昂貴的電腦；如果想要把工作讓給國際調查記者聯盟，那就不需要……我們的新建議是：一部配備128G記憶體、五個固態硬碟再加上8 TB存取空間的超級電腦。一個包裝在個人電腦外殼裡的伺服器陣列。價值一萬七千四百八十四・三六歐元。

我們的總編最終決定：買吧！

當我們在利勒哈默爾的某頓晚餐時間，對國際調查記者聯盟的程式設計師卡瓦亞提及這件事時，他難以置信地大叫：「一萬七千歐元？就為了一部電腦？你們瘋了嗎？」他簡直是笑壞了，卻也同時感到相當興奮，很想瞭解每個細節、每個特殊之處。這部新電腦對我們來說是個尷尬的話題，於是我們建議他去找我們小組裡的資料新聞學專家凡妮莎・沃爾默（Vanessa Wormer），她是我們從紐約招募來的生力軍，畢業於紐約名校哥倫比亞大學（主修資料新聞學），自九月起加入我們這個小組。她不僅為我們編寫程式，讓我們更妥善地搜尋資料，這項計畫所有科技方面事項也幾乎全由她一手包辦。自從凡妮莎加入行列後，我們只有在萬不得已的情況下才會去管硬碟和記憶體的大小或Excel檔格式之類的事。換言之，我們幾乎不必再去操心這類技術方面的事務，大大地減輕了我們的負擔。從這點看來，我們不得不稱讚凡妮莎是位不可多得的記者和同事，有了她的幫忙，計畫方能大幅推進。

除了凡妮莎外，另有一位新伙伴從半年前起加入，他是自由撰稿人莫里修斯・穆赫（Mauritius Much）。他不僅對每一件我們託付給他案子（尤其是與運動有關的案子）都充滿熱情地深入研究，還說得一口流利的西班牙語。他的語言能力並非無足輕重，因為有很大一部份的電子郵件和文件是用這種語言書寫。

如今，我們在《南德日報》的普羅米修斯小組已有四位成員。

離發表的時間越近，精確的翻譯越重要。莫薩克馮賽卡的一些花招，我們往往是在有了準確翻譯後才看出來。例如我們目前最喜愛的主題之一：「名義受益人」。在不乏謬事的信箱公司世界裡，這或許是最難解的一個問題。

在境外公司這行業裡，最終受益人基本上是穩穩處於整個隱蔽鍊的終端。無論是利用人頭或傀儡充當負責人，抑或是利用其他境外公司擔任股東，如果談到「受益人」或「最終受益人」，大家就應該曉得，那家公司是屬於這些人。所有還算有點信譽的銀行，唯有在將「最終受益人」告知它們的情況下，才會願意讓境外公司在它們那裡開戶。為了保險起見，銀行會針對最終受益人進行調查，看看他們都是和什麼樣的人在做生意。因此，如果要防止洗錢、資助恐怖活動或其他犯罪行為，揪出躲在整條隱蔽鍊末端的人物，這項原則很重要。

不過莫薩克馮賽卡法律事務所顯然認為，這項原則如同其他許多原則，其實都可以彈性處理。

因此莫薩克馮賽卡一再針對特別有問題的客戶提供足以阻斷銀行稽查機制的服務。他們會提供一名真人當作「名義受益人」，去代替這時應當稱為「實際最終受益人」的真正所有人。

名義受益人。

最終受益人。

實際最終受益人？

聽起來好像在繞口令。不過這不單是完全荒謬，更是完全被禁止。對此，莫薩克馮賽卡的高階主管拉米西斯·歐文斯（Ramses Owens；直到數年前還一直擔任莫薩克馮賽卡集團信託部門的負責人）也持同樣看法。二〇〇八年五月，歐文斯在與某位莫薩克馮賽卡香港辦事處的同事談話時向對方解釋，目前「名義受益人」這類服務「被歸類為違法」；他更進一步指出，在巴拿馬的刑法裡也有專門條文明令禁止採用「隱藏的受益人」，或是在「真正的所有權」方面說謊[1]。

然而在說這些話的一年多前，歐文斯曾經親自為客戶提供這樣的服務，而且還被譽為是「相當細膩的操作成果」，只不過，這些事情當然會被莫薩克馮賽卡列為「最高機密」。

不僅如此，即便在他將這樣的服務定位為違法後的大半年裡，他依然明知故犯為客戶提供這樣的服務。二〇〇九年一月時，有位委託莫薩克馮賽卡管理其匯豐銀行海外祕密帳戶的美國籍女客戶慌慌張張地聯絡了莫薩克馮賽卡。她擔心匯豐銀行認出她的名字；她懷疑莫薩克馮賽卡的某位員工由於疏忽，而將她的名字提報上去。

歐文斯試著打圓場。他向對方表示，即便如此，莫薩克馮賽卡也可以力挽狂瀾，可以為她提供「自然人名義」的服務。也就是說，他會找一個人來充當受益人，「然後將這個人的名字提報給銀行」。不過由於這樣的服務，誠如歐文斯所言「非常棘手」，因此也所費不貲。

1 參閱第三十一章，特別是拉米西斯·歐文斯的反應。

第一年要付三萬美元，第二年得再付一萬五千美元。畢竟這當中有很多事情需要打點；歐文斯解釋：「我們要雇用一個自然人人頭，必須付錢給這個人。這個人必須簽署一大堆文件好掩護我們。我們還得設法讓這個人能夠證明，以這個人的財力確實能夠支配如此多的金錢。為此，我們需要推薦函、居住證明或諸如此類的東西。」如果對方願意接受這樣的服務，歐文斯接著表示，話必須先說在前頭，這將會是一個長年的合約[2]。

我們接著尋找了相關資料，最終確認：這位女客戶接受了這樣的服務。為此，她在三年裡扎扎實實地支付了六萬美元。替她扮演「真正所有人」的人可說是莫薩克馮賽卡旗下那些人頭當中的保時捷；他們很樂意在這種「棘手」情況裡建議她雇用這樣一個人。

這個人名叫艾德蒙．W（Edmund W.），雷蒙．馮賽卡的前岳父。

莫薩克馮賽卡法律事務所多半都是讓艾德蒙．W去提供自然人名義，他們總是會指出他的種種優點：他是位工程師，理論上可能很有錢，他還是英國公民，長期定居巴拿馬，鮮少四處趴趴走。因此，雷蒙．馮賽卡的子女的外公，就成了那位女客戶的公司的紙上業主；匯豐銀行也確實從莫薩克馮賽卡那裡獲得他的證件和電費帳單，彷彿他就是最終所有人[3]。

當中所有事情都是被禁止的，因此任何辯駁在基本上都很可笑。我們很好奇，莫薩克馮賽卡對此有何說法。

不過莫薩克馮賽卡並沒有回答「他們是否提供『自然人名義』的服務」問題。對於我們的質問，這家事務所給了一個完全避談這項指謫的空泛聲明。

關於該事務所的自然人名義服務，最近的一個例子發生在二〇一四年三月。某位莫薩克馮賽卡的員工以每年一萬美元的不便宜價格，提供了這項服務。法國籍的客戶一再追問；他很想知道，是否有辦法去銀行開一個戶頭，可是他自己完全不會在銀行的文件上曝光？

沒問題！這位莫薩克馮賽卡員工解釋，找個人來充當「最終受益人」就行了。他們會將這個人提報給銀行，接著銀行會對這個人做「盡職調查」（due diligence），也就是檢驗這個人是否為真正的所有人[4]。

在利勒哈默爾的那幾天，我們還詢問伙伴們，他們是否在自己負責的案子裡發現了明確的違法行為，像是違反盡職調查義務、偽造文書、協助洗錢等等。對此，我們光有懷疑是不夠的。在大廳的夾室裡、旅館的房間中、散步的路途上，我們一再從其他普羅米修斯計畫的參與者那裡聽到類似的故事。莫薩克馮賽卡居然能如此無視法律與道德，所有人無不感到「折服」。

在我們回到家過了幾天後，消息來源再度和我們聯絡。他的第一個問題問得我們頭皮發麻。

---

2 參閱第三十一章中歐文斯及其對指責的反應。

3 直到本書截稿為止，艾德蒙·W都沒有對相關詢問做任何回應。

4 直到本書截稿為止，莫薩克馮賽卡法律事務所都沒有對我們針對這件具體事例提出的詢問做任何回應。

〔無名氏〕 準備好迎接更多資料了嗎？

〔南德日報〕你是認真的嗎？

〔無名氏〕 再認真不過！

〔南德日報〕好吧，有多少？

〔無名氏〕 這次的數量少於一百GB，不過也夠有看頭了。

〔南德日報〕哇！真是太瘋狂了！

更多莫薩克馮賽卡法律事務所的資料。我們手邊已經有的資料都處理不完了！新的資料包到達時，我們只好暫時先將它擱在一旁。畢竟我們新的大型電腦還沒到，至今為止的數據庫裡也還有數百萬份文件等待處理；我們必須先將它們轉成可以辨識的文字，才能去檢索。

這一切真的太多了。

所幸，距離將解密成果匯集成報導，還有幾個月的時間。

21 在怪獸控制下

至今為止，我們在莫薩克馮賽卡法律事務所的客戶當中發現包括以下這幾類犯罪者：

毒梟

金融詐騙者

黑幫成員

軍火走私者

逃稅者

制裁破壞者

各式各樣的騙子

此外還有安德魯．M（Andrew M.）的故事。二〇〇九年時，他在美國被判處八年徒刑。他至少性侵了三名俄羅斯兒童。根據調查人員的說法，他做這樣的事並非單純出於癖好，還是出於商業利益。他為了打造一個非法的兒童賣淫集團，特地「檢驗」了三名少女。安德魯．M不但是這個犯罪團的金主之一，還透過一個信箱公司幫忙清洗犯罪所得。

安德魯・M至今仍是莫薩克馮賽卡法律事務所的客戶（他透過該事務所設立了另一家信箱公司）[1]。

根據我們掌握到的資料，莫薩克馮賽卡其實很清楚安德魯・M的犯行，包括他的判刑與監禁。儘管如此，他們還是接受他。

照順序來看吧。根據資料顯示，同時擁有美國與俄羅斯國籍的安德魯・M早在一九九五年便已在英屬維京群島設立了兩家公司，不過並未言明設立公司的目的。

安德魯・M表面上過著平步青雲的童話式生活。十八歲的時候和父親移居到美國。由於在數學方面有過人天賦，他順利進入了紐約哥倫比亞大學就讀，並以最優異的成績畢業。此後，在短短數年間藉由販賣特殊的滅火器和經營德國汽車生意，迅速累積了大量財富。二○○四年時，他的公司已具有超過一千萬美元的價值。安德魯・M後來結了婚、生兒育女，並且住進費城的一棟別墅，圓滿了所謂的美國夢。

然而私底下，他卻過著另一種黑暗生活。根據調查的檔案和法院文件，www.berenika.org在二○○二年正式上線，表面上經營的是所謂的「浪漫工作室」，實際上是個兒童賣淫組織。他們幾乎不加掩飾；在該網站的首頁就可以見到一位手裡拿著一朵玫瑰的赤裸少女，少女看起來相當年幼，非常非常年幼。

berenika.org網站上的少女就宛如陳列在貨架上的貨物，根據身高、體重、罩杯大小等將她們分類，標榜的是她們「既青春又新鮮」，每小時要價從一百五十到三百美元不等。這個網站形式上宣稱旗下所有少女都已超過十八歲。不過那些想要找未成年少女的人一看就曉得，自己找對了地方。網站的顧客最終會被指示前往莫斯科某個不顯眼的公寓，對這些兒童做的犯罪行為就在那裡發生。

美國的調查人員指出，安德魯．M資助了這個兒童賣淫集團。他們在調查報告上寫道，他參與了投資，「期待能在成年和未成年女性的賣淫生意上得到屬於自己的獲利」。他甚至還將網頁翻譯成英文，藉以吸引西方顧客[2]。

二〇〇三年底，安德魯．M前往聖彼得堡，從市郊的一所孤兒院帶走了三名少女。她們分別是十三和十四歲。安德魯．M欺騙她們，說要帶她們去觀光旅行，實際上是要強迫她們與自己性交。英文版的《真理報》（*Prawda*）後來引述了其中一位少女的說法：「我曾央求不要傷害我，畢竟我還那麼小。後來他給了我一些止痛藥，然後開始脫掉我的睡衣。」另一位少女在筆錄中表示，她不想再提起安德魯．M對她做的事，最好能就此全都忘記。

大約在同樣一段時間裡，安德魯．M成立了一個基金會，藉以幫助俄羅斯的恐怖攻擊受害者，尤其是兒童。他成了「美國團隊」（Team USA）這個基金會的主席。藉著這樣的身分，他得以在一些晚會上會晤俄羅斯駐美大使，以慈善家的角色在VIP派對上與好萊塢女星海

1狀態：二〇一六年三月。
2安德魯．M在答覆提問時表示，不僅從來未曾參與過Berenika賣淫集團的經營，自己也未曾投資，也未曾從Berenika賣淫集團的獲利中分紅。

瑟・葛拉罕（Heather Graham）合影。

一切全是假象。

不過 Berenika 賣淫集團被俄羅斯的調查人員盯上，他們顯然還將安德魯・M的事情通報給美國的伙伴。二○○四年七月，他在結束旅行歸來時，警方在費城的機場查扣了他的手提電腦。在全球共同打擊犯罪的合作下，他的四名共犯於二○○五年在俄羅斯被判處拘役。安德魯・M雖然先逃過了一劫，可是過了三年後，FBI成功破解了他在機場被查扣的手提電腦裡的資料，他們發現了許多電子郵件，足以證明他和 berenika.org 之間的關係。

後來調查人員在調查過程中發現到 IFEX Global Ltd 這家公司。這家公司是莫薩克馮賽卡於一九九五年在英屬維京群島設立的兩家信箱公司之一。調查人員詢問加勒比海的有關當局，是誰隱藏在這背後。當地的金融調查機關轉而詢問莫薩克馮賽卡 IFEX 的負責人及股東的姓名和住址。

莫薩克馮賽卡法律事務所給調查人員的答覆是，IFEX Global 屬於一位名為 D·G 的人士，安德魯・M只是經理。

這個答覆顯然是錯的。我們掌握到的莫薩克馮賽卡內部文件上清楚載明，安德魯・M就是這家公司唯一的股東。從一九九五年起。

此外莫薩克馮賽卡還辯稱，自己手上沒有與 IFEX 有關的其他公司資訊。

事實上，安德魯・M同時委託註冊了 IFEX Global Ltd 與 Maga Global Limited 兩家有限公司。莫薩克馮賽卡法律事務所甚至在檔案裡放了一張 Maga Global 的名片，上頭寫著安德魯・M是該公司的副總。

安德魯．M於二〇〇八年十二月在美國被捕後，許多媒體大肆報導了這位百萬富翁性侵和奴役兒童的事。於是莫薩克馮賽卡法律事務所再度收到英屬維京群島有關當局的來函。這一回，調查人員要求的是「盡職調查」的檔案，換言之，證明莫薩克馮賽卡確實一絲不苟且合乎規定地檢視了業務往來對象的相關文件。

可想而知，莫薩克馮賽卡根本沒有這種東西，因為他們顯然未曾充分檢視自己的業務來往對象；十三年之久。

安德魯．M在一九九五年透過美國的仲介公司成立他的兩家登記於英屬維京群島的公司時，在整個過程中，他顯然連一張護照影本都不用提供給莫薩克馮賽卡。

對於一家始終標榜嚴守規範的事務所而言，這實在太難堪了。莫薩克馮賽卡的員工們緊張起來，試圖至少在這時候取得一些確切的證明。於是去函給當初為安德魯．M委託設立公司的仲介。仲介的回覆是，嘗試取得安德魯．M的資訊未果。

要如何迅速找到他呢？這時他已經被關起來了。

這家仲介公司能提供的只有挪威克莉斯蒂娜銀行（Christiania Bank og Kreditkasse）所出具的一張證明（安德魯．M的公司在那裡有一個戶頭），以及一張三年前（！）已過期的駕照。二〇〇九年一月，莫薩克馮賽卡將這兩項證明文件寄給英屬維京群島的金融調查機關。此外，他們這時才確認，安德魯．M是IFEX Global的業主[3]。

3安德魯．M回應了一項相關詢問。不過他並不想針對IFEX Global公開發表意見。可是相關電子郵件卻是他從@ifex.us的位址寄出。

幾天之後，安德魯．M在美國賓州的一個地方法院出庭，他被控與三名俄羅斯未成年少女性交。據我們所知，這件案子後來進行了認罪協商，安德魯．M以承認性侵來交換撤銷拐賣兒童的指控，最後在二〇〇九年九月被判處多年徒刑。基於他免除了三名未成年少女出庭作證，並且與她們在庭外達成和解，法官減除了他部分刑責。

在一件安德魯．M的受害人於二〇〇九年在美國提起的民事訴訟中，一家名為 IFEX Global 的公司也以被告身分出現在相關文件裡。根據起訴書的內容，因經營兒童賣淫集團所生之費用被記錄成 IFEX Global 的營業支出，那些不法行為的獲利同樣也是透過這家公司賦予「合法的外貌」。此外，www.berenika.org 網站則是從安德魯．M的私人住宅及公司（亦即 IFEX Global）進行「控制」。甚至可以合理懷疑，他曾利用公司帳戶裡的錢向俄羅斯的官員行賄，藉以確保 Berenika 賣淫集團順利營運[4]。

不過，在那些法院文件中所提到的都是 IFEX Global Inc.，而非莫薩克馮賽卡的 IFEX Global Limited。

詳細情況唯有查閱相關所有法院檔案才能釐清。可是，除了我們手上有的這幾頁資料外，其餘全都處於保密狀態；因為後來安德魯．M和他的受害人在庭外就賠償金達成了和解，這意味著，訴訟文件將不會公開。

雖然在二〇〇九年時，美國與俄羅斯都曾經報導過這位百萬富翁被控的事件，不過莫薩克馮賽卡法律事務所顯然沒有把它當回事。直到二〇一四年年初，也就是安德魯·M被判刑過了五年後，這家巴拿馬的事務所才注意到自己有位客戶是被判刑的性侵犯。員工們相互轉傳媒體相關報導，並且把安德魯·M列為「高風險客戶」。不過，最後他們還得面對一個問題：是否應該通報英屬維京群島的有關當局？

莫薩克馮賽卡集團合規部門的女主管強烈表示反對，她認為，畢竟IFEX Global「完全沒有涉入任何違法行為」。最終這位業務經理決定不要通知有關當局；她看不出這家公司如何從安德魯·M的戀童癖行為中得利。

所以，莫薩克馮賽卡法律事務所收容了一位被判刑的性侵犯或他的公司為客戶，根據調查人員的報告，他是一個逼迫俄羅斯兒童賣淫的犯罪組織金主。

事實上直到本書截稿為止，IFEX Global還是一個有在活動的正式公司。

安德魯·M在二〇一五年十二月出獄。

尤根·莫薩克過去經常透過發言人表示，莫薩克馮賽卡嚴格過濾有不法行為的客戶——如果他們對這樣的行為知情。

---

4 安德魯·M在答覆提問時表示，指控他是Berenika賣淫集團的一員「完全錯誤」，而且這是以俄國有關當局的「謊言」為本。整件事的目的就是要毀壞他的名聲，因為他是普丁的批評者。安德魯·M補充，他也從未投資過兒童賣淫集團，也從未從中獲得財務上的利益。但他沒有明白否認和未成年人發生性關係。

22 紅色貴族

二〇一一年十一月十五日，在南山麗景度假酒店裡（Lucky Holiday Hotel；位於中國重慶山上的三星旅館）發現了屍體。這位出現在一六〇五號房的死者，很快被認出是英國籍商人尼爾・海伍德（Neil Heywood），表面上的死因也很快被確定：飲酒導致心臟衰竭。屍體在未經解剖檢驗下被火化。

然而在他的家人眼中，海伍德其實滴酒不沾。為何他會因為飲酒身亡呢？此外，海伍德可不是阿貓阿狗，他曾是薄熙來和谷開來的密友。薄熙來是所謂「八仙」（中國人對幾位革命元老的稱謂）之一薄一波的兒子，當時擔任中國共產黨重慶市委員會書記。谷開來則是中國人民解放軍少將谷景生的女兒，當時從事律師工作。

這兩位曾經是中國政壇上人人稱羨的夫妻。薄熙來當時可說是這個國家最受歡迎的政治人物之一，他的前程似錦，非常有機會出任這個全世界人口最多的國家的領導人。可惜卻出現了海伍德命案。

他的政治班底和懸而未決的疑雲，很快就引發各種傳言討論這宗神祕死亡案件的背後真相。從一開始應該就曉得這宗謀殺案內幕的重慶公安局長，在火化前曾偷偷取得屍體的血液樣本。他便是藉此將一樁原本像是飲酒致死的案子，變成了現代中國史上最大的謀殺案。在「海伍德是被冷血謀殺」這件事情披露之後，一齣中國菁英圈裡堪稱莎士比亞等級的愛情、權力及金錢大戲，就此落幕。

二〇一一年秋天，在海伍德死亡之際，當時外界還是一片看好薄熙來會進入中共中央政治局常委會，打入中國的權力核心。薄熙來是在二〇〇七年時由商業部長轉任重慶市委書記。他上任之後不僅宣傳毛澤東思想，要求民眾高唱紅歌、懸掛紅旗，更禁止地區電視台播放廣告；簡言之，薄熙來讓重慶市再度回到以資本主義為敵人、以毛澤東思想為理想的時代。這個長江邊上大城的明顯轉變，也讓全國人民議論紛紛。

另一方面他也高喊「打黑」，重重打擊了犯罪和貪腐。當時中共黨媒還曾盛讚他是最厲害的反貪腐鬥士，是最具才華的經濟推手，很快的，全國各地都在談論「重慶模式」。

一切都只是表面。早在九〇年代，薄熙來還在擔任大連市市長時，商人之間就存在一個潛規則：想要在這個城市獲得發展機會，就必須給薄熙來的家人插乾股。二〇一二年時，德國《明鏡週刊》曾將他的妻子谷開來形容成「某種收費柵欄」，換言之，她負責收取入場費。

早在那個時候，尼爾・海伍德就已是她的親信。海伍德顯然曾經幫助過她，讓她的兒子薄瓜瓜能夠就讀倫敦一所昂貴的私立學校，並且順利進入牛津大學。薄瓜瓜後來又轉往哈佛大學，他在那裡不僅開著保時捷，還住在一間月租相當於他父親四分之一年薪的公寓。

海伍德做的一切其實是為了自己。他是個遊走全球的人，經常穿著亞麻外套，開著一部車牌是〇〇七的豪華轎車。他不僅照顧薄、谷兩人的兒子，還和他們一起做生意，賺進了數百萬；這些錢顯然有一部分是安置在一些境外公司裡。

合作關係一直維持到海伍德在一切情況不明下死亡為止。當重慶公安局長（他其實是薄熙來及谷開來的親信和幫凶）拿著自己的調查去詢問這位政治人物時，薄熙來一點也不想聽，他不但怒吼和掌摑對方，更以免職相脅。

這位公安局長在驚慌之下害怕自己會有生命危險，便在二〇一二年二月向相隔三百公里遠的美國駐成都總領事館申請政治庇護。他的說法是：薄熙來的妻子謀殺了這位英國籍商人；她先是灌醉他，繼而餵以毒藥。這位公安局長最終未獲得政治庇護，幾天之後，他轉向中國有關當局投案。

他的證詞震動了中國政壇。一位旗艦級的政治家居然捲入謀殺與黑錢的醜聞，簡直太勁爆了！這個事件一連數週在中國引起高度不安，自天安門的屠殺事件後，中國共產黨再度陷入了嚴重的信任危機。披露出越多的內幕，薄熙來這位原本的政治金童就越顯得惡形惡狀。到最後，中國共產黨索性在網路上封殺「薄熙來」和「真相」等詞彙。

谷開來後來因為謀殺被判處死刑，緩刑兩年；在服刑期間獲得減刑，改為無期徒刑。她的丈夫則在二〇一三年因為貪污、受賄、濫權被判處無期徒刑。我們可以看到，這對夫妻有許多不為人知的祕密，為了這些祕密，谷開來甚至不惜殺人。她之所以殺害海伍德，顯然是因為害怕他會洩露自己的祕密。

當我們確定，在我們掌握的資料裡包含了這個故事的其中一部分，可以將整個故事拚湊得更完整，我們不由得感到興奮。我們發現到在二〇〇〇年九月時，谷開來和一位法國籍建築師共同在英屬維京群島設立了 Russell Properties S. A.。這家公司利用了幾位人頭股東和人頭負責人，其中的所有權歸屬顯然被隱匿；就谷開來的情況而言，這點不足為奇。

她在海外擁有數百萬的投資，這些錢還不是她自己的，萬一事情被人揭露，無異是判處她丈夫的政治死刑。這當中有部分的錢是來自於中國一位億萬富翁，他在薄熙來的庇蔭下累積了大量財富。他給了薄熙來的妻子谷開來和她的生意伙伴三百二十萬美元。這位建築師和谷開來將這筆錢存入英國一家大型銀行的戶頭。

谷開來的丈夫薄熙來在任職於大連時就認識這名法國人，他在那裡入贅當地的某個望族，還設計了不少頗負盛名的建築。二〇一一年夏天，谷開來和這名法國人透過 Russell Properties 在法國蔚藍海岸買下一棟別墅。這棟別墅座落於坎城北邊，占地四千平方公尺，建物本身為四百平方公尺，內有六間臥室。對於一個中國政治人物的妻子而言，這座小皇宮絕不是她能負擔得起。此外就法律層面來說，中國公民未經特別許可，每年允許匯往海外的外匯上限也只有五萬美元。

必須瞭解，谷開來的 Russell Properties 並非直接購買聖喬治噴泉（Fontaine St. Georges）這棟別墅，而是透過一家名為 Fontaine St Georges Residence S. A. 的境外公司，這家公司是 Russell

Properties 所屬。如此手法再隱密不過。

只不過，問題顯然在於谷開來讓尼爾．海伍德，亦即他們一家的英國友人，參與了這項交易。他負責管理這棟位於坎城的別墅，幫忙將它出租。可是海伍德卻以此威脅谷開來。這可謂是尼爾．海伍德自己的死刑宣告。

谷開來在南山麗景度假酒店的房間裡毒殺了海伍德兩週後，她顯然曾經試圖抹去自己在境外公司世界裡的痕跡。我們在莫薩克馮賽卡內部標示為六〇一五八一八的 Russell Properties S. A. 的檔案裡見到，二〇一一年十一月二十九日，那位法國建築師被指派成唯一的企業負責人及股東。

如果這位法國人沒犯什麼錯，所有線索會因此被抹去。不過他留下的通訊住址卻是在北京奧運主場館附近的一棟高樓，那裡是谷開來的律師事務所舊址。

中國共產黨的領導班子一直以來喜歡以「和諧社會」來描述自己的國家。

不過誠如薄熙來的案例所示，實際上根本不是那麼一回事。社會上的緊張關係可說是一年嚴重過一年。根據世界銀行的推估，在中國有超過三億人的每日可支配所得不到兩美元。然而根據富比士的統計，中國最有錢的百大富豪共坐擁超過四千五百億美元的財產，平均每人擁有四十五億的身家。

不過這當中的一大部分顯然不存在於這個「和諧社會」，而是在海外的避稅地。大多隱藏在虛假的公司門面或雇用的人頭負責人背後。

在中國，針對那些一方面高喊清廉，另一方面卻又大肆聚斂的貪婪政客及其家屬所做的批判報導，基本上是禁忌，因為它們會危及社會中極端對比的脆弱凝聚。專家推估，光是從二〇〇〇年起就有一至四兆美元經由不明管道從中國流向海外。

同樣的，在二〇一四年年初，當《南德日報》和國際調查記者聯盟聯手披露了出現在境外公司祕密檔案中的中國人士，短短數小時內，由中國進入《南德日報》首頁的連結便遭到封鎖，我們在微博上的帳號也被取消。

我們一點也不抱持幻想。中國的媒體難以勝任這樣事件的報導，這實在太過危險。就連《南德日報》及我們的計畫伙伴們也不得不對官僚的報復忌憚三分，《紐約時報》和彭博社的記者有時申請簽證也會遭拒。因此我們只從德國調查，避免讓《南德日報》駐中國的通訊記者捲入。這位舉家定居於中華人民共和國的記者家中還有妻小，他顯然還要在那裡待上很長一段時間。

就在我們商討這些事情的那幾天，突然發生了一些怪事。《南德日報》的ＩＴ部門通報，報紙首頁遭到引人注目的大量攻擊。是否有人意圖利用自動登入網頁讓伺服器因超載而當機？這種所謂「阻斷服務攻擊」是中國與俄羅斯特務慣用的手法。

或者，這也許只是巧合。我們正在調查與中國和俄羅斯有關的事，而攻擊事件剛好驟增罷了。不過，誰曉得呢？某家德國大型週報曾在發表抨擊中國的言論不久前，遭到駭客入侵編輯系統，意圖將相關報導刪除。

然而，無論這個國家箝制言論的力量有多強大，長期說來紙終究包不住火，那些見不得人的事情還是會被攤在陽光下。中國菁英將大量財富移往避稅地，這樣的事情甚至可以在某家中國國營銀行二〇一一年的報告上讀到，一些貪污受賄的中國人將信箱公司當成自己的「口袋」來使用。

這些「口袋」最大的供應者之一，一點也不令人意外，又是莫薩克馮賽卡法律事務所！這家巴拿馬的事務所在中國設有八個辦事處，遠遠多過在其他國家設立的分行數量。此外，該事務所在香港還有一個辦事處。因此，莫薩克馮賽卡在中國領土上一共有九個分行。因為有那麼大的需求嗎？

要想挖掘中國的「好故事」，卻是比在世界上其他區域都要難上加難。莫薩克馮賽卡提到許多中國人的名字只有音譯，只是把名字改用拉丁字母拼出來。可是中國的官方語言是以不同的聲調及發音元素組合所構成的四百多種音節。基本上，唯有以中文書寫才能避免同音的誤差。此外，有成千上萬的中國人姓名相同或相似。在中華人民共和國裡姓王的人的總數，遠遠超過德國全國的國民。這意味要耗費大量時間在個案中仔細檢驗，發現到的名字是否就是我們要找的人。我們必須去比對證件號碼，調查出生日期，追蹤公司地址。並非所有調查工作最終都能得出一個確認的結果，如果我們只有九成九把握，也只好暫時讓個案處於懸而未決的狀態。

在國際調查記者聯盟的中國工作小組裡，如同先前的境外公司解密計畫一樣，我們《南德日報》財經線同事克里斯多夫．基森（Christoph Giesen）也參與其中。克里斯多夫不但會說中文，更經常往返中國，對當地十分熟悉。沒有他的幫忙，我們還真是一籌莫展。因為我們日復一日不斷發現與中國人有關的資料，到最後總共發現了數千筆。

這其中有些可能是所謂「太子黨」，他們全是中國政治菁英的近親。這些人在政治上或許是意見相左，不過在中飽私囊這一點上倒是有志一同。

有些太子黨的成員藉由私營企業成為億萬富翁，有些則是掌管公營銀行或國家部會。當中恐怕有不少人坐擁海外的祕密公司，一方面可以隱藏大量財產，另一方面可以掩飾在中國進行的投資，如此一來，誰也不曉得那些生意究竟是誰在經營。我們在資料裡總共發現八位太子黨成員，他們的親屬都是前任或現任的中共中央政治局常委，這是中國權力最大的領導核心。這八位統統都涉入境外公司的生意。

必須瞭解的是，太子黨是想在中國有所作為的商人首要的接觸點。原則上，在中國輸送賄款並不會直接流向政治人物本人。這麼做太過招搖，太過危險。較安全的方法是例如幫政治人物的兒子、媳婦或兄弟付帳，或是資助購買昂貴的宅邸。行賄者可期待優先承攬利潤豐厚的建案為回報，或諸如此類的委託。利用這樣的手法，便很難去證明當中究竟是誰與誰維持了如此的共生關係。

23 天然氣公主與巧克力大王

賽浦路斯的中間人不拖泥帶水，他在二〇一四年八月的一封電子郵件裡單刀直入寫道，他想要再次委託莫薩克馮賽卡法律事務所幫忙設立一家境外公司，公司要命名為Prime Asset Partners Limited，並且設立於英屬維京群島。到這裡為止，一切都很清楚。

可是當中有個小小特殊之處。這位中間人寫道：這位客戶，也就是這間公司未來的老闆，是個「在政壇上打滾的人物」，不過這家公司往後「倒是不會與他的政治活動有任何瓜葛」。

相當慎重的輕描淡寫！

賽浦路斯中間人口中的客戶便是彼得．波洛申科（Peter Poroshenko），他是戰雲密布的烏克蘭現任總統。

在我們日益增長的國家元首線索清單中列名五十五號的波洛申科，是這個國家最富有的人之一，根據不同的排行榜，他的財產至少可以躋身第六至第八名。

他發跡於巧克力生意，他所生產的夾心巧克力糖是東歐市場的佼佼者，他也因此博得了「巧克力大王」的美名。不僅如此，他的事業王國還包含了媒體、種子、汽車及造船等行業。

波洛申科是個意志堅強且務實的人，早在九〇年代末期便開始從政，當時烏克蘭的總統還是列昂尼德・庫奇馬（Leonid Kuchma）。庫奇馬是地區黨的創黨元老，後來在維克多・亞努科維奇（Viktor Janukowitsch）的帶領下，這個黨開始藏汙納垢，成為匯聚掏空國家與國營企業罪犯的大熔爐。

在二〇〇四年大選中，波洛申科選擇站在「橘色革命」這邊。大選結束後，成千上萬的烏克蘭民眾湧上街頭抗議亞努科維奇，指他是靠舞弊勝選。波洛申科的電視台是當時唯一報導這一連串抗議活動的電視台。這些抗議活動最終獲得成功，法院宣布選舉無效，重新舉行最終投票。這一回獲勝的則是先前傳出遭人下毒暗殺的維克多・尤申科（Viktor Juschtschenko）。尤申科登上總統大位，尤莉亞・提摩申科（Yulia Tymoshenko）出任總理，巧克力大王波洛申科則成為國家安全與國防委員會秘書長，後來又先後擔任了外交部長和經濟發展暨貿易部長。

獨立廣場上抗議活動有一項訴求：上百位最富有的烏克蘭人退出政壇。訴求針對的便是像提摩申科和波洛申科這些人，這些在這擁有四千八百萬人口國家裡的菁英。這個國家的菁英階層超級富有，可是根據聯合國統計，卻有百分之八十的烏克蘭人過著低於貧窮線以下的生活。這一項訴求喊得震天價響卻被充耳不聞。到了二〇一四年，波洛申科親自上陣角逐總統大位，他的對手之一便是尤莉亞・提摩申科。在這場大選裡，波洛申科最終勝出。他勝選的原因之一或許在於，這位寡頭巨富宣稱自己並非寡頭巨富，曾在選戰中承諾要出售自己的公司。他當時表示：「身為烏克蘭的總統，我將專心一意為國家謀福，這便是我想做的一切。」

多麼偉大的誓言！他根本沒有遵守這項誓言。就任總統後，波洛申科甚至變得比過去幾年更富有，其他的寡頭巨富卻因為危機蒙受了巨大的財產損失。為何他會如此幸運？因為波洛申科在二〇一四年夏天忙著照顧自己的財產，忙著將它們藏到國外。

他真真正正告別了自己的生意，卻在勝選後兩個月內（透過賽浦路斯的中間人）趕緊在英屬維京群島設立了 Prime Asset Partners Limited。波洛申科的中間人後來明確說出了成立這家公司的目的：「做為歐洲最大的糖果製造商之一 Roshen Corporation 分布於賽浦路斯與烏克蘭公司的控股公司。」這是這位巧克力大王畢生經營的王國。所有一切完全遠離公眾視線；顯然也是當事人亟欲繼續保持的。我們在一封電子郵件裡讀到：與莫薩克馮賽卡的聯絡應當透過一個「安全可靠的電子郵件系統」。

或許波洛申科打算透過這個境外控股公司將自己的公司結合起來，藉以賣個更好的價錢。又或許他其實是打算就此掩蓋自己背棄選舉承諾的事實[1]。

比起波洛申科是否真想賣掉自己的公司，烏克蘭的民眾認為道德問題或許更重要。因為

1 事實上，他的顧問在這段期間曾透露出價太糟，總統不想賤價出賣自己的財產，因此還沒有出售。總統的媒體辦公室在答覆提問時表示，Prime Asset Partners Limited 是波洛申科將財產交付信託的「過程一部分」；波洛申科早就將「所有與自己的財產、支出和收入有關的資訊」公諸於世。

這位烏克蘭總統偏偏選在二〇一四年八月設立自己的信箱公司。當時烏克蘭的武裝衝突正值高點，正是在那段時間（八月十日至九月二日），烏克蘭的東南方在激烈地進行著「伊洛瓦伊斯克戰役」（Schlacht von Jlovajsk）。親俄武裝分子在俄國重型武器與坦克的支援下，包圍住這個有一萬五千多人的城市，大約七千名烏克蘭士兵（主要是烏克蘭自願軍成員）困守城內數日。受困的士兵求援未果。波洛申科擔任最高統帥的軍隊並沒有送來任何補給。

經過數日激戰，雙方最終簽下停戰協定。只要放下武器，烏克蘭的部隊便可毫髮無損地離開這座被包圍的城市。然而，正當烏克蘭士兵撤退之際，卻突然遭到坦克與迫擊砲的攻擊，上千名士兵因而死亡。烏克蘭政府譴責此舉為「屠殺」。

曾經發誓「將專心一意為國家謀福」的烏克蘭總統波洛申科，這段期間都在幹些什麼呢？他忙著在註冊自己的信箱公司！

正當烏克蘭士兵遭到殺害、全球都在關注這場武裝衝突之際，波洛申科的中間人卻緊鑼密鼓與莫薩克馮賽卡磋商成立控股公司的細節。波洛申科翻出了他的電費帳單，將電費帳單拿去公證，護照也拿去公證，接著還找了一位女性來擔任負責人。就在伊洛瓦伊斯克戰役於二〇一四年九月二日落幕的前一天，所有重要手續全都搞定了。

預言波洛申科的境外公司將會登上烏克蘭報紙的頭條，這樣的臆測並不算特別大膽。這個國家在普羅米修斯計畫裡地位特殊，我們幾乎沒有在其他哪個國家發現像被貪污腐敗和管理不善所蹂躪的烏克蘭一樣，有那麼多高層政治人物牽涉其中。除了現任總統波洛申科，我們還發現了與兩位前總理有關的線索：帕維爾．拉扎連科直接登記為某家境外公司的所有人；

尤莉亞・提摩申科透過一家自己所掌握的公司，間接持有某家境外公司。

拉扎連科曾在二〇〇五年四月傳真給莫薩克馮賽卡，宣稱自己在幾個星期前才曉得，某家由莫薩克馮賽卡設立、名為 Gateway Marketing Inc. 的信箱公司為自己所有。再者，我們還發現敖德薩的市長傑納迪・杜魯夏諾夫（Gennadi Truchanow）也是某家登記在英屬維京群島的境外公司的股東。此外，前烏克蘭總理米克拉・阿扎洛夫（Mykola Asarow）的兒子，以及某位前議員的親屬（這位議員曾是被趕下台的前總統亞努科維奇的幫手，如今被瑞士及歐盟列為制裁名單），也都涉入其中[2]。

來自同一個國家的一位現任國家元首和兩位前任總理？我們猶豫了一下：這難道不該立即見報嗎？不久之後，我們坐在與烏克蘭政治人物有關的堆積如山資料前，不禁自問：到明年年初，到我們在慕尼黑聚會上所約定的發表時間，我們真的有辦法把這麼多資料全部處理完嗎？

幾週以來，這兩個背道而馳的方向一直讓我們天人交戰。一方面我們迫不及待想要將一切公諸於世，另一方面卻又需要更多、更多的時間；實在有太多內容要研究，有太多內容要撰寫。有那麼多枝枝節節、那麼多懸而未決的疑問、還有那麼多我們應該、必須且想要深入

2 直到本書截稿為止，杜魯夏諾夫都沒有對相關詢問做任何回應。阿扎洛夫的兒子亦然。

探索的主題。

唯有「耐心」是一切的解答。

問題在於，我們並不曉得自己的耐心還能維持多久。自從與國際間的伙伴共同決定要等到二〇一六年年初再一起將這一切公諸於世，這段期間又累積了數十則勁爆的故事，為此，工作量已遠遠超乎預期。此外所有技術領域也落後於我們的最後期限，儲存在慕尼黑本地的數據資料早已無法全都以文字辨識的方式來處理，雖然每個星期還是處理了成千上百的資料。而且，消息來源在我們從利勒哈默爾回來後提供的更新資料，也還都原封不動地擺在一旁。

無論如何，先前在慕尼黑聚會中有個懸而未決的問題，至少如今已經有了定案。計畫被命名為巴拿馬文件（Panama Papers）。

推特上的主題標籤是# panamapapers。

這是國際調查記者聯盟領導人傑拉德．賴爾的提議，仿照五角大廈文件（Pentagon Papers）的模式。那些美國國防部的祕密文件是《紐約時報》在一九七一年時揭露。五角大廈文件證實了美國總統杜魯門和尼克森在越南衝突的問題上說謊。經由報紙披露，美國民眾才曉得（有異於尼克森和杜魯門的說法）原來越戰根本是早就設計好的。他們先前口口聲聲說，發動戰爭是為了拯救南越的民主，其實不過只是藉口。

我們也發現到，曾經在與水門事件有關資料裡出現的吉爾伯特．史特勞伯（Gilbert Straub）也出現在巴拿馬文件裡。根據證人指出，史特勞伯曾經交付五萬美元，藉此換得水門大廈入侵者的沉默。無巧不巧，根據我們掌握到的資料，這位史特勞伯先生擁有的一家巴拿馬公司早在八〇年代就與莫薩克馮賽卡有生意往來。

五角大廈文件。

巴拿馬文件。

雖然需要點時間習慣，但是倒也不錯。或者我們早已無法客觀地看清這項怪獸級計畫？這計畫無論如何會將我們吞沒。上線、標誌、圖形語言、首批圖像、正式發表的頭兩天裡的《南德日報》八頁特刊、後續的系列報導。我們會向《南德日報》其他線的記者介紹這項計畫，定期與法務部門會商、與海外同事討論、與國際調查記者聯盟舉行跨大西洋的電話會議。除此之外，我們還有真正的工作要做，我們得要調查我們負責的案子、根據相關性審視列表上數千個搜尋結果、檢驗文件、訪談、在國際論壇上發文並讀取新的案件。

我們每天都很欣慰，德國團隊並非單單只由《南德日報》組成，還有來自北德廣播公司與西德廣播公司的伙伴。

最後，當然還有這本書。我們目前的工作分配如下：一個在晚間小孩上床後開始寫作，另一個睡到清晨四點起床接手，一直寫到接近早上七點小孩睡醒為止。我們很清楚，長此以往我們絕對撐不下去。不過，如今似乎已能模糊看見盡頭，是以在接下來這段時間裡，我們還是得暫時將生活埋在堆積如山的資料下面。

雖然辛苦，不過這項計畫終歸還是一件天大的禮物！

我們再度審視拉扎連科那家不尋常的公司（多年來他居然對此一無所悉）的背景，我們注意到，這其實並非他手中唯一的一家境外公司，他與另一家名叫 Bainfield 的公司也有牽連，他持有該公司的股份。不過，拉扎連科最耐人尋味的一家公司莫過於 Bassington Ltd.。不僅尤莉亞·提摩申科都捲入其中，它顯然也牽涉到一樁貪污與背信的重大案件。

提摩申科發跡於烏克蘭東南的聶伯城，那裡是培育政治領袖的沃土。諸如前蘇聯領導人布里茲涅夫、前烏克蘭總統庫奇馬以及拉扎連科等，都出身於這個城市。不單是因為這裡出了許多偉大的政治人物，在一般老百姓口中還有「聶伯城黑幫」的說法。

在這個我們幾乎念不出名字的城市裡，就在實際存在的社會主義即將走向盡頭之際，尤莉亞·提摩申科為自己日後的富有奠下了基石。她開設錄影帶出租店，出租盜版的美國電影（諸如《第一滴血》或《麻雀變鳳凰》）和色情錄影帶，很快就為自己賺到了人生的第一桶金。在蘇聯最終解體後，提摩申科開始涉足石油生意（《明鏡周刊》曾將她形容為「痴迷於金錢與權力」），一九九五年她出任「烏克蘭聯合能源系統」公司的總裁。這位出身於板層建築（Plattenbau）的年輕女性開始累積大量財富。到了一九九六年年底，烏克蘭的國民經濟已有一大部分在她掌控中。然而在同一個會計年度裡，誠如《華爾街日報》報導，她擁有的天然氣財團卻只繳了一萬一千美元的稅。提摩申科的發言人曾經對此駁斥，說這是「虛構的，完全空口無憑」。

當時提摩申科一再烏雲罩頂。她在一九九五年時因為攜帶巨額現金在札波羅結（Zaporizhia）機場被捕，關押了數日之後才重獲自由。到了二〇〇一年，她又因為走私天然氣和逃稅被監禁了四十二天。她一直被人懷疑，在她擔任烏克蘭聯合能源系統公司的總裁期間在從俄羅斯進口天然氣的事情上舞弊；不過這件事始終沒有遭到審判。提摩申科的發言人則是順著脈絡喊冤，反咬庫奇馬和亞努科維奇的政府試圖「在政治上與身體上毀滅尤莉亞．提摩申科」；換言之，為了這個目的，烏克蘭的執法機關「捏造了虛構的刑事案件，對尤莉亞．提摩申科做政治的人格謀殺，並且利用違法的逮捕和拘禁將她的身體隔離」。

在這段期間，莫薩克馮賽卡設立的 Bassington Ltd.（根據研究，提摩申科與她的良師益友拉扎連科都涉入其中）早已運作多時。當時拉扎連科在政壇上的黃金年代早已成為過去；在他因涉貪傳聞鬧得沸沸揚揚而下台前，曾在一九九六到一九九七年間擔任烏克蘭總理。一九九八年，他在入境瑞士之際遭到逮捕，罪名是洗錢。此外，他在擔任總理期間還侵吞了數百萬美元的公款。在以保釋金換得自由後，他倉惶地逃離了這個國家；然而僅僅一年之後，他又在入境美國之際遭到逮捕。他被帶上舊金山的一個刑事陪審法庭。起訴書寫道，拉扎連科夥同多名共犯，「藉由詐欺、勒索、行賄與貪污」獲取上億美元的不法所得。美方調查人員所說的同案中「未起訴之女性共犯」，指的便是尤莉亞．提摩申科。

這件事情完全無損於她的政治前途。這位將頭髮染成金色、將辮子盤成花環的女性，在二〇〇四年時成了橘色革命的女英雄，成了烏克蘭的聖女貞德，順理成章地登上了總理寶座。一次是從二〇〇五年一月到九月，另一次則是從二〇〇七年十二月到二〇一〇年三月。

拉扎連科在美國坐監時，提摩申科卻在烏克蘭統治。二〇〇四年，拉扎連科因洗錢和詐欺被判刑定讞。他走私入美國的貪污所得高達一億一千四百萬美元。判決中未曾提到提摩申科。關於她可能參與的不法行為，在另一件自二〇一一年起於美國進行的訴訟中有部分獲得了確認，Bassington Ltd.（莫薩克馮賽卡法律事務所於一九九六年設立的境外公司）所扮演的角色也有所釐清。二〇一一年時，有家設立於美國麻州的公司在負責管轄的地方法院對Bassington 提起訴訟，由於先前一筆與提摩申科的某家公司做的交易，這家信箱公司還積欠他們一千八百萬美元。起訴狀稱，Bassington 是提摩申科的烏克蘭聯合能源系統公司的母公司。提摩申科透過 Bassington 向拉扎連科行賄，將不法生意的半數所得當作「佣金」支付給他。Bassington 在當中可說是「核心要素」，一方面隱匿了提摩申科所屬公司的財產，另一方面隱匿了「給拉扎連科的賄款」。最後負責審理的地方法院認定 Bassington 應付給原告一千八百三十萬美元。關於行賄的指控，法官在判決中並未表示意見。提摩申科的一位辯護律師在受訪中辯稱，尤莉亞．提摩申科和烏克蘭聯合能源系統公司與這家 Bassington Ltd.「一點關係也沒有」，此外，「不論是尤莉亞．提摩申科女士、抑或是她所屬的企業……從未將任何不法金錢轉移給帕維爾．拉扎連科或其所屬企業」。

因此我們陷入了對尤莉亞．提摩申科的解釋權的宣傳戰。幾乎沒有哪位政治人物比她更評價兩極，一邊將她看成烏克蘭的天使，另一邊把她視為犯罪的寡頭。

在二〇一〇年與亞努科維奇角逐總統寶座失利後，她被控濫用職權。又是關係到天然氣的生意。二〇〇九年時，當時身為烏克蘭總理的她曾與普丁就天然氣供給契約進行談判。基輔的法院認定這項契約嚴重損害了烏克蘭的經濟，判處她七年徒刑。她的反對者歡呼，這項判決是遲來的正義；她的支持者怒斥，這是不公不義政府的報復性追殺。

從表面上看來，兩方故事的宣傳成分實在很難評判。不過有一點倒是可以確定：烏克蘭這個國家的從政者有很嚴重的問題，而且不只反映在莫薩克馮賽卡法律事務所的客戶檔案上。

我們曉得，現任烏克蘭總統是莫薩克馮賽卡法律事務所的客戶。賽浦路斯的中間人確實寫道，他的客戶是位「在政壇上打滾的人物」，在經過了標準的檢查程序後，莫薩克馮賽卡的人確定：他們的客戶當中有烏克蘭現任總統。他們依照規定要求對方說明，他為何需要這家公司。此外，莫薩克馮賽卡的顧問還要求波洛申科的中間人提供金錢來源的證明和若干其他文件。最後他們收到了某種無害證明，核發證明單位是烏克蘭的國際投資銀行（International Invest Bank）。證明中寫道，波洛申科使用自己的帳戶，始終「令我們滿意地符合規定」。

如果更仔細審視這份文件及其背景，不難發現波洛申科自己就是國際投資銀行的業主之一。換言之，他自己的銀行確認他自己無害。

24 德國，你的銀行

現在輪到德國的銀行。

更準確來說，是指在不同、而且多半是問題重重的脈絡中，出現在我們掌握到資料裡的二十多家德國銀行。全球有超過五百家銀行曾經利用過莫薩克馮賽卡的服務。如果去觀察德國的前七大銀行，其中就有六家過去或現在經營著（多半透過設在瑞士或盧森堡）仲介或管理境外公司的生意。它們是：

德意志銀行（Deutsche Bank）[1]

商業銀行（Commerzbank）[2]

中央合作銀行（DZ Bank）[3]

聯合抵押銀行（HypoVereinsbank）[4]

巴登符騰堡邦銀行（Landesbank Baden-Wurttemberg）[5]

巴伐利亞邦銀行（BayernLB 或 Bayerische Landesbank）[6]

如果德勒斯登銀行（Dresdner Bank）沒有在二〇〇九年時被商業銀行合併，恐怕當時德國的前七大銀行是盡數上榜。

也就是說，多年以來，幾乎所有德國的大型銀行全都**有系統地**在幫客戶玩境外公司的捉迷藏遊戲。

直到二〇一五年年初，大多數的德國銀行恐怕都會對此矢口否認。萬一事跡敗露，他們很可能也會盡力將事情淡化；如同商業銀行在二〇一五年二月底遭警方搜索那樣，所有的事都說成是陳年往事，是十年前或更久以前的事，所有的事都沒有那麼嚴重。這樣謊言早已被我們在報紙和書裡戳穿。如前所述，商業銀行以一千七百萬歐元罰金的代價，換得檢察官的緩起訴。

---

1 德意志銀行在答覆提問時表示，「基本上不能透露任何可能的或實際的商務關係」。

2 商業銀行在答覆提問時表示，「基本上不能透露可能的或實際的客戶關係」，不過南美國際商業銀行「自二〇〇八年起已經改採一貫的白錢策略」。

3 中央合作銀行在答覆提問時表示，「未曾主動提供客戶信箱公司」，該行「一向對未能保持必要稅務透明度的客戶敬而遠之」。

4 聯合抵押銀行表示，「除了可公開的資訊以外，其餘事情，特別是南美盧森堡聯合信貸（UniCredit Luxembourg S.A.）的業務報告，則無可奉告」。

5 巴登符騰堡邦銀行表示，「媒體對於其他涉及所謂境外公司的金融機構所做的相關報導」，讓我們有機會「更仔細審視」之前南美國際萊茵蘭普法茲邦銀行（**Landesbank Rheinland-Pfalz International S.A.**；簡稱 **LRI**）過去的種種商業行為，這家銀行在二〇〇八至一〇年曾是巴登符騰堡邦銀行的子公司；至於目前正在進行的各項調查，則「不方便透露過程的細節」。

6 巴伐利亞邦銀行在答覆提問時表示，「當然」沒有提供任何信箱公司。對於我們質疑現已出脫的 **LBLux** 銀行這家子公司，是否曾經設立過任何一家境外公司，該行的回答是：「如今由於包括盧森堡的銀行保密在內的種種原因，我們無從得知」，不過該行已決定「重新檢視事實狀況」。

如今商業銀行已是第三家因為自己的境外公司生意而必須負擔巨額罰金的銀行。在此之前，聯合抵押銀行和 HSH 北方銀行（HSH Nordbank）同樣先後以數百萬歐元的罰金換得檢察官的緩起訴。

這些處罰的背後，是基於德國調查人員向告密者購得的莫薩克馮賽卡密件，這些文件證明了那些銀行及其員工在協助逃稅。所購得的莫薩克馮賽卡資料雖然只有我們掌握到的資料的一小部分，而且基本上都算比較舊，不過其中也有部分重疊。也就是說，我們曉得正是「德國的銀行加上莫薩克馮賽卡法律事務所」這樣的組合促成了犯罪行為。如果德國的銀行覺得自己有機會可以逍遙法外，恐怕沒有一家銀行願意接受巨額罰金。這些罰金在司法上幫了我們很大的忙。

準此，我們大可在此指出，德國的銀行（透過其海外子公司）顯然積極且有系統地在幫助逃稅。行之多年。許多由它們仲介的信箱公司至今仍在運作。

不過這只是撐起銀行業的三大支柱的其中之一。除了仲介與管理境外公司，有十多家德國的銀行會靠著為匿名的信箱公司管理帳戶來牟利，其中有些銀行甚至完全不遵守盡職調查的義務。銀行業的第三根支柱，便是所謂的代理銀行。由於有些規模較小的金融機構欠缺海外分行或海外分行不夠多，規模較大的銀行可以幫忙它們，將金錢從一個國家轉到另一個國家。如果一切全符合規定，基本上不太會有反對的聲音。

根據我們掌握到的資料，某些德國的銀行居然在為一些嚴重涉嫌洗錢的金融機構擔任代理銀行。因此我們很快將這一切拉高到另一個層面上，換言之，我們強烈懷疑，那些銀行顯然在這種情況下容許幫毒梟、軍火走私者和恐怖分子移動資金。

從未有人能如此廣且深地證明，德國的銀行最晚自上個世紀末期便完全喪失了道德羅盤。我們在莫薩克馮賽卡員工和銀行理財顧問間的祕密電子郵件對話裡清楚看到，他們是如何露骨、大剌剌、毫無罪惡感地一起做違法之事。如果當中能察覺到什麼問題意識，無非就是「別被抓包」。

德國最大的銀行德意志銀行，提供了莫薩克馮賽卡與德國金融機構組成不法聯盟的最好例子。德意志銀行曾是德國甚或全球最具聲譽的企業之一，如今卻由於洗錢、稅務犯罪和利率操縱，在全世界被告了數十起案件。在莫薩克馮賽卡事務所的登錄簿裡，這個集團旗下共有十一個不同的仲介簡介，例如德意志銀行瑞士分行、德意志銀行盧森堡分行，還有德意志銀行股份公司（Deutsche Bank AG），不過，位於澤西、根西、模里西斯、北京與上海等地的分行也名列其中。德意志銀行集團總共為客戶仲介或管理了超過四百家境外公司，光是二〇〇六年，瑞士分行為了數量已達到三位數的境外公司，就支付了莫薩克馮賽卡將近十六萬美元的年費[7]。

二〇一五年五月，史蒂芬．威勒克（Stefan Willeke）曾在德國《時代週報》（*Die Zeit*）

7德意志銀行在答覆提問時表示，「基本上不能透露任何可能的或實際的商務關係」。

上提出一個修辭學問題：德意志銀行難道不更該被視為犯罪集團嗎？如今人們很難斬釘截鐵地否定。

事實上對莫薩克馮賽卡法律事務所而言，德意志銀行是個麻煩卻又極為重要的客人。在盧森堡分行於二〇〇五年開始和莫薩克馮賽卡商談之際，以尤根・莫薩克為首的事務所合夥人曾試圖請求對方，盡量讓事情簡單一點。因為在開始合作之前，德意志銀行盧森堡分行要求對方提供三位合夥人的身分證影本，莫薩克不但同意，還將自己的德國證件影本一併寄去，只是「下不為例」。

德意志銀行還享有其他特權。莫薩克馮賽卡的某位員工如此寫道，由於它們「如同其他德國的銀行，都有不方便托出境外公司真正所有人名字的問題」，於是他們想出一個特別的解決辦法：發給德意志銀行操作的公司無記名股票[8]。儘管如此，大多數客戶還是希望能夠親自開啟自己的瑞士保管箱。也就是說，他們需要授權書。一般說來，這樣的授權書必須經由他們境外公司的巴拿馬負責人簽名；不過，如此一來便會讓終端客戶的名字曝光，這顯然不是德意志銀行所樂見。解決方法是：莫薩克馮賽卡先將由人頭負責人簽名的空白授權書寄給德意志銀行[9]，然後再由銀行自行填入真正所有人，這樣莫薩克馮賽卡就完全不曉得到底誰獲得了那些授權書。此外，德意志銀行（主要是瑞士分行）也獲得了簽好名的空白開戶文件。

這些便宜行事的做法完全與莫薩克馮賽卡在二〇一五年二月給我們的說詞自相矛盾。當時他們表示，除非時間緊迫，否則鮮少會寄發空白文件，況且他們都還保留著「完整文件的拷貝」。也就是說，上述「解決方案」根本與這種說法背道而馳。

為了要推銷自己的服務，德意志銀行——如前所述——甚至架設了一個專門網站：http://www. dboffshore.com。先前由於遭到《南德日報》的境外公司解密報導強烈抨擊，網頁在數週後便被迫下架，不過我們還是發現了存檔的截圖[10]。在那上頭可以讀到澤西與根西的分行早在一九七二年就已開設，開曼群島分行是在一九八三年，模里西斯分行是在一九九九年。他們甚至在網頁上驕傲地自我標榜：「超過三十年歷史的境外公司金融服務」。

對於客戶的要求，德意志銀行做的承諾肯定並非總是非法，不過反過來說，也並非總是合法。舉例來講，在我們調查期間（二〇一五年十一月），德意志銀行瑞士分行就曾繳納給美國有關當局三千一百萬美元罰金，因為，最晚自二〇〇八年起一直到二〇一三年，他們曾經幫助美國的公民逃稅。美國司法部的一份聲明指出：「德意志銀行瑞士分行提供了大量的服務且允許某些做法，他們曉得，這些服務和做法會幫助美國的納稅義務人對聯邦稅務機關隱匿財產和收入，卻還是明知故犯。」[11]根據我們掌握到的消息，德國同樣有一個訴訟在控告德意志銀行瑞士分行[12]。

---

8 德意志銀行在答覆對此的提問時表示，「基本上不能透露任何可能的或實際的商務關係」。

9 德意志銀行在答覆對此的提問時表示，「基本上不能透露任何可能的或實際的商務關係」。

10 對此德意志銀行表示，該網頁已於二〇一三年重新設計，目前網址為：www.db-ci.com。

11 對此德意志銀行表示，美國司法部與德意志銀行瑞士分行達成了不起訴協議。美國司法部同意，「不就德意志銀行瑞士分行透過未申報的美國帳戶可能的違反稅法行為進行刑事訴追」，不過德意志銀行瑞士分行「必須相應地繳納一筆高達將近三百一十萬美元的罰金」。

直到最近這段期間，德意志銀行到底覺得自己對於客戶的要求負有多大責任，從二〇一四年五月的一個例子就能看出來；雖然德意志銀行應該早已結束了這件生意。基於例行的盡職調查，莫薩克馮賽卡向德意志銀行根西分行詢問某家尚在營運的境外公司真正所有人是誰。德意志銀行的員工拒絕合作，並且辯稱自己必須先徵詢客戶同意。德意志銀行的態度還是一如既往，真正所有人的姓名不能曝光，畢竟涉及到的不只是這家公司，還牽扯到某個基金會。最後德意志銀行不但拒絕提供真實姓名，還在二〇一四年秋天表示，這位客戶要與莫薩克馮賽卡法律事務所解約[13]。

我們當然還能長篇大論地繼續聊德意志銀行的境外公司生意，只要輸入 Deutsche Bank 這個關鍵字，就能從我們的資料裡找出超過一萬五千筆搜尋結果。雖然德意志銀行是德國最大也是醜聞鬧得最多的一家銀行，其他銀行的惡形惡狀也不遑多讓。

我們在本書裡已詳細討論過商業銀行。這家銀行曾在二〇一五年二月遭到大規模搜索，它多年來顯然一直在幫客戶欺騙國家，雖然這個國家曾在二〇〇八年時拿了一百八十億歐元的納稅錢救了它一命[14]。另一個啼笑皆非的笑話是，偏偏是商業銀行併購了德勒斯登銀行，這家曾經在盧森堡運作過最多境外公司的銀行。

在此我們必須特別強調德勒斯登銀行的一個部門，那就是德勒斯登銀行拉美分行（簡稱 DBLA），它的前身是德國南美銀行（Deutsch-Südamerikanische Bank）。事實上，德勒斯登拉美分行是尤根·莫薩克於七〇年代末期首批合作的銀行之一，時間還更早於與雷蒙·馮賽卡合體之前。當時他的事務所還只是叫尤根·莫薩克法律事務所（Jürgen Mossack Lawfirm）。事務所內部將拉美分行編為第十七號客戶。他們雙方聯手幫過數百名客戶成立境外公司，這些終端客戶當中包括了尼加拉瓜統治者阿萊曼的親信、頗負爭議的德國私家偵探W．M，以及借助這家銀行的顧問重新打造祕密金庫的西門子的經理們。二〇〇四年年底，瑞銀集團（UBS）買下了德勒斯登拉美分行的私人客戶業務，並且將大部分業務移往漢堡，理專們在那裡繼續在瑞士銀行的拉美櫃臺進行他們的業務。

荒謬？倒也沒那麼荒謬。德國的銀行從業人員甚至可以在這裡肆無忌憚地幫助拉美客戶在自己的祖國裡逃稅。這種事在德國沒有被禁止，租稅正義網（Netzwerk Steuergerechtigkeit）的馬庫斯·麥策爾（Markus Meinzer）為我們說明：「這簡直是在胡鬧！德國政府表面上看起來好像在致力打擊逃漏稅，可是那些銀行卻是在德國完全合法地扮演全球逃稅者的幫凶。」

唯有在提供上述服務給德國人的情況下，這些德國的銀行從業人員才會觸犯德國的法律。如今瑞銀集團對這項交易已經沒有那麼喜形於色，他們也逐漸明白其中的風險，尤其近

---

12 對此德意志銀行表示，對於可能的或實際的調查程序，「基本上無可奉告」。

13 德意志銀行在答覆對此的提問時表示，「基本上不能透露任何可能的或實際的商務關係」。

14 對此商業銀行表示，「自二〇〇八年起，南美國際商業銀行已在沒有外部監管的逼迫下積極貫徹業務轉型」，這點早已獲得檢方的「正面肯定」。

15 瑞銀集團的正式聲明是：「這項業務併入瑞銀集團在德國當地的分行，完全遵照德國的法律和規範。」

年來他們慢慢發現到，自己的許多南美客戶長年都在積攢黑錢。

據說瑞銀集團這幾年在推動白錢策略，打算放棄這類客戶，或是勸說他們誠實納稅。不過據我們所知，這種事說起來簡單，做起來可沒那麼容易[15]。

順道一提，瑞銀集團漢堡分行在莫薩克馮賽卡還有為數眾多的境外公司在近期依然活躍。截至二〇一五年年底，尚有七十多家境外公司在固定營運[16]。

莫薩克馮賽卡的德國大客戶中同樣不乏國家出資的銀行。諸如巴登符騰堡邦銀行、萊茵蘭普法茲邦銀行ＨＳＨ北方銀行，當然絕對少不了醜聞纏身的巴伐利亞邦銀行。

大家或許不禁要問，當那些國家的銀行從業人員在幫忙淘空這個國家時，他們到底都在想些什麼？

也許有人會說：「大家不都在這麼做！」

或是說：「反正又沒人發現。」

無論如何，巴伐利亞邦銀行透過在盧森堡的子公司 LBLux 銀行（Banque LBLux），其他邦銀行也透過自己的子公司，同樣仲介與設立了數百家境外公司。當中似乎也未曾存在什麼問題意識；無論如何，至少到上一個十年的末期，銀行每個角落都在流傳，這種生意最終會讓銀行嚐到苦果。即便如此，這些銀行還是猶豫不決。舉例來說，在與巴伐利亞邦銀行盧森堡子公司的代表於二〇一〇年八月進行過會商後，莫薩克馮賽卡的員工瞭解到，對方資產管理部門的負責人雖然表示，如今有了「嚴格的規定」，不能再「主動」為客戶提供來自巴拿馬或其他避稅地的信箱公司，不過如果是客戶自己問起，還是可以繼續提供協助，至於那些既存的境外公司（當時光是在巴拿馬一地就有超過九十家），他們也將會繼續維護[17]。

然而在不久之後，這些銀行卻開始爭相擺脫這個「包袱」。二〇一一年，HSH北方銀行將自己在盧森堡的私人客戶業務賣給了盧森堡銀行（Banque de Luxembourg）。同年，巴登符騰堡邦銀行出脫給盧森堡德卡銀行（Deka-Bank Luxembourg；又是一家德國銀行的子公司）。二〇一三年，巴伐利亞邦銀行跟進，同樣也賣給了盧森堡銀行。

且讓我們在這裡快速點個名。被我們發現與大量境外公司有關的銀行還有德國滙豐銀行（HSBC Deutschland）、中央合作銀行、私營的BHF銀行（BHF-Bank）。就連一些名不見經傳的銀行，例如最近被商業銀行收購的德國船業銀行（Deutsche Schiffsbank），也都以管理者的角色出現在我們掌握到的資料上，雖然德國船業銀行只仲介過一家境外公司[18]。

在調查的過程中，我們私底下最喜歡的銀行莫過於漢堡的老牌銀行貝倫貝格銀行（Berenberg

15 瑞銀集團的正式聲明是：「這項業務併入瑞銀集團在德國當地的分行，完全遵照德國的法律和規範。」

16 瑞銀集團的一位發言人在答覆提問時表示，「基於法律和監管方面的原因……與個別的個人、企業或所謂的客戶關係有關的事情無可奉告」；不過，瑞銀集團「從很久以前開始就一直明白提醒自己的客戶，稅務方面務必乾淨」。

17 巴伐利亞邦銀行在答覆提問時表示，「當然」沒有提供任何信箱公司。對於我們質疑的現已出脫的LBLux銀行這家子公司，是否曾經設立過任何一家境外公司，該行的回答是：「如今由於包括盧森堡的銀行保密在內的種種原因，我們無從得知」，不過該行已決定「重新檢視事實狀況」。

Bank）。莫薩克馮賽卡向客戶推薦這家銀行時，幾乎不會去提及它是德國最老的銀行，更準確地來說，是歷史最悠久的私人銀行。這家銀行創立於一五九〇年，如今它的網頁上有歡慶四百二十五週年的問答活動。有時他們甚至會在漢堡總行裡請專門的廚師來服務私人客戶。這家銀行始終保持著傳統形象中的細膩漢堡風格。

除了上述原因之外，這家銀行之所以吸引我們注意，是因為我們從一些稅務稽查人員那裡得知，不少德國人在自首時都供出了這家銀行的名字[19]。根據我們掌握到的資料，這家銀行至少曾經從盧森堡和瑞士的駐點，為自己的客戶向莫薩克馮賽卡購買境外公司。雖然數目不多，不過至少到二〇一五年秋季，其中某些公司仍在營運[20]。不過更有意思的是，涉及到為境外公司提供戶頭，貝倫貝格銀行是莫薩克馮賽卡最重要的信託銀行之一。

這就是銀行業務的第二個支柱。

如果仔細瞧一瞧莫薩克馮賽卡存放特別有問題客戶文件的檔案，不難發現其中有許多人擁有貝倫貝格銀行瑞士分行的戶頭。我們在莫薩克馮賽卡內部的電子郵件裡也曾讀到，這家銀行是莫薩克馮賽卡法律事務所最喜歡的銀行之一。信中提到，與貝倫貝格銀行合作是「最棒的經驗」。

甚至於，過去或現在有相當多戶頭（在規定上屬於一些掛著怪名字的公司）整個都交由莫薩克馮賽卡親自管理。換言之，在與真正的業主協商後，莫薩克馮賽卡的員工便能以獲得授權的第三人身分進行匯款。只不過我們並不清楚，貝倫貝格銀行是否都曉得誰是真正的所有人。

而且這麼做很危險。因為一般說來，誠如曾經多年主管美國司法部刑事犯罪司的雷尼·布洛爾（Lanny Breuer）所言：「信箱公司是用來清洗黑錢及犯罪所得最受歡迎的工具。」有案可考的事例也有一大堆。舉例來說，真主黨長期藉走私香菸來資助自己的武裝活動，這些走私生意是透過許多信箱公司來進行。惡名昭彰的軍火販子維克多·布茲（Victor Bouts）利用十幾個信箱公司來掩飾自己的生意。俄羅斯的官員被證實利用信箱公司來收賄，伊朗也用同樣的方式規避制裁。

雖說這些事例與貝倫貝格銀行無關，不過，如果仔細檢視相關檔案，同樣會在這家銀行發現一些贓款線索，像是存放西門子黑錢的那些戶頭[21]。

基本上，如果遵守「熟客」程序的規則，提供帳戶給境外公司這樣的生意在很大程度上沒什麼問題。可是，我們不單單在德意志銀行發現到，那裡的理財顧問有時顯然完全不認識

18 BHF銀行在答覆提問時表示，我們獲得的資訊「大多不正確」，不過「基於遵守銀行的保密義務」無法透露相關細節。中央合作銀行表示，該行目前擁有的資本投資公司，「皆可證明在稅務上完全合法」。商業銀行不願對與他們有關的德國船業銀行多做說明，只表示：「德國船業銀行的經營宗旨是商業海運的融資。」直到本書截稿為止，匯豐銀行都沒有對相關詢問做任何回應。

19 貝倫貝格銀行表示，「我們總是盡己所能」，致力「讓客戶履行自己的稅賦義務」；「這個問題」，在過去幾年間已能在民眾、立法和銀行等方面見到「顯著轉變」。

20 貝倫貝格銀行在答覆提問時表示，「設立與推銷信箱公司……從來不屬於貝倫貝格銀行的經營模式」，貝倫貝格銀行與其子公司「從未主動提供或推銷信箱公司」。

21 貝倫貝格銀行表示，「基於銀行保密與個資保護的原因」，相關細節無可奉告，不過貝倫貝格銀行瑞士分行不僅全部認識「所有他們那裡的戶頭背後的受益人」，而且也都做有記錄。

真正的客戶。於是，從二〇〇七年二月到二〇一一年十月，有超過六千萬美元匯進了德意志銀行在漢堡分行的某個戶頭。這個戶頭屬於一家叫 Val de Loire 的信箱公司。前述的艾德蒙·W（雷蒙·馮賽卡的前岳父）是這家公司對外宣稱的股東，實際上的業主另有其人（這點在我們發現的一份信託契約上有提到）。不過銀行方面顯然對此一無所知[22]。從一九九三年起，德國的銀行便負有知悉所有戶頭真正所有人（亦即受益人）的義務。如果某家德國的銀行覺得某間公司如 Val de Loire 那樣在這方面謊報，基本上必須通報給主管機關。艾德蒙·W在莫薩克馮賽卡的正式職位是審計員，根據我們掌握到的資料，他的年薪其實普普通通。這不禁讓我們興起一連串疑問，我們也對德意志銀行提出了這些疑問：貴行是否確實查證過艾德蒙·W這個人？如果有，結果是什麼？貴行是否曾經問及對方全部數百萬金錢的來源？貴行之中難道都沒有人曾經懷疑，這位艾德蒙·W到底為何能在短短四年中收到超過六千萬美元的巨款？

德意志銀行辯稱，他們「基本上不能提供與可能的或實際的業務關係有關的信息」。

在我們的調查裡，我們一再發現（現在可以斬釘截鐵地說，並非只有德意志銀行），如果有利於推動業務，德國的銀行就不會按照規定仔細查驗自己的客戶。在這當中，理論上在每個匿名公司背後都有可能隱藏某個將賄款移往海外的貪污政客、某個為自己的娃娃兵軍隊添購武器的冷血獨裁者，或是某個為了暗殺行動挪移必要資金的恐怖組織。

一家不認識自己客戶的銀行，等於在為這些風險背書。

22德意志銀行在答覆對此的提問時表示，「基本上不能透露任何可能的或實際的商務關係」。

25 金融維京海盜的劫掠

二〇一五年十月二十九日，國際調查記者聯盟資料部負責人瑪爾．卡巴拉在我們共同的調查論壇上發文：「這一天到了！」所有國際調查記者聯盟上傳到他們伺服器上的資料，所有我們至今收到的資料，如今全都可以搜尋。共有為數八百二十萬份的文件，容量遠超過兩TB。

瑪爾祝福大家：挖得愉快！

所有記者終於、終於、終於可以搜尋所有檔案，不只是其中一部分的檔案。這個時候，「所有記者」代表來自七十多個國家的三百二十多位記者及九十多家媒體。這是史上最大的記者合作計畫。

論壇上立刻風雨交加。每一分鐘都有新發現上傳，像是某位國際知名導演、某位西洋棋大師或是多位前一級方程式賽車選手。幾小時後，我們的瑞士伙伴提圖斯．普拉特納（Titus Plattner）十分興奮地發了一篇文：「這真的差太多了！原先我們只在資料中找到大約三百個瑞士人，現在卻一下子暴增到一千多個，而且其中很多人很有意思！整個瑞士工作小組的精神都為之一振！」

我們也不例外。

這些可以搜尋的資料帶來了巨大影響，特別彰顯在一個國家上身上，這個國家其實早已因為它的總理而臭名遠播，它就是冰島。冰島當地的調查是由我們的伙伴約翰尼斯・克里斯特洋森負責。約翰尼斯在隔天發文表示：「為了搜尋資料，我喝了一整晚的咖啡，短短二十分鐘之內便在資料中有了重大發現：布亞尼・班尼迪克森（Bjarni Benediktsson），財政部長，同時也是獨立黨的主席。歐勒芙・諾爾達（Ólöf Nordal），獨立黨新任副主席。」[1]

應該說明的是，獨立黨是冰島目前的執政黨，這位副主席同時也是現任冰島的內政部長。這個政黨又與進步黨結盟，而進步黨的黨主席也出現在資料裡，他就是冰島的現任總理。

這是個什麼國家！這情況多麼荒謬！

我們來到雷克雅維克與我們的伙伴克里斯特洋森見面，他是冰島最知名且最優秀的調查記者。早先他曾任職於冰島的公營電視台，製作過一部報導該國金融風暴成因十分傑出的記錄片，此外，他也揭發過性侵犯，還做過毒品濫用的臥底調查。如今他身為特約記者，暫時只專注於普羅米修斯計畫。在這個政治版圖遭到二〇〇八年金融風暴強烈撼動的國家，他的報導獲得高度矚目。

先前我已在自己的調查中發現到冰島總理西格蒙杜爾・貢勞格松（Sigmundur Gunnlaugsson）。且讓我們稍微複習：透過冰島國民銀行（Landsbanki）的盧森堡分行，他與他的妻子委託莫薩克馮賽卡在英屬維京群島設立了一家名為 Wintris Inc. 的境外公司。他們以該公司的名義在瑞士信貸銀行倫敦分行開了一個戶頭。有趣的是，從二〇〇九年年初開始，冰島對國會議員有項新規定，國會議員必須公布自己的持股和財產。貢勞格松從二〇〇九年四月起便進入國會，因此依規定必須申報他的 Wintris 公司，可是他卻沒有。他在二〇〇九年年底曾以一美元的對價，將自己在這家公司的持股「賣給」自己的妻子[2]。

請讀者們再次稍微冷靜一下！冰島總理出現在資料中，連同他的兩位部長。算一算，冰島內閣居然有三分之一牽涉在裡頭。不僅如此，另外還有兩個執政黨的許多核心人物，以及數十位知名商人。約翰尼斯對於這一切簡直難以置信，他表示，幾乎大半個國家都捲入其中。

從機場前往首都的漫長途中，約翰尼斯在車上為我們說明為何這些解密會讓這個國家進入某種特殊局面。在這座位於大西洋的火山島上，今日居於領導地位的依然是那些早在數百年前（當時這個國家只是靠捕魚維生）便已把持影響力的家族。冰島人稱這些家族為「章魚」，因為他們的成員猶如觸手，染指諸如銀行、大型企業和政黨等各領域。這些有錢有勢的菁英

1 參閱第25章後段班尼迪克森與諾爾達的回覆。

2 在本書即將截稿前，總理的妻子表示是銀行犯了一個錯，他們在二〇〇七年時將她的丈夫誤植為股東，事實上，公司一直是屬於她的。

在九〇年代末期實際將整個國家私有化。先是漁撈船隊，接著是銀行。冰島成了世界上最富有的國家之一。設計業務在雷克雅維克如雨後春筍興起，當地的高級餐廳要價也比在倫敦還貴，每個街角都看得到豪華越野車。根據二〇〇六年的一項研究，當時的三十二萬冰島人可說是世界上最幸福的一群人。約翰尼斯說：「隨之而來的是驚醒。」

繁榮與私有化有其黑暗面。這個國家規模最大的三家銀行：考普森銀行（Kaupthing Bank）、格利特尼爾銀行（Glitnir Bank）與冰島國民銀行，成了那些「章魚」及其友人的禁臠。進步黨的門徒掌控考普森銀行，冰島國民銀行歸獨立黨的大老，格利特尼爾銀行則是某位零售連鎖大亨的囊中物。這些新業主完全放棄衿持，在貪婪中失去了節制。政府與國會傾力鬆綁抵押貸款的規定，突然之間，人們在冰島可以貸到抵押的不動產估價的九成。一個巨大的泡沫於焉形成。

到了二〇〇八年時，雖然已經出現一些徵兆顯示榮景可能不會長久，大型銀行的行情恐怕將會下滑，可是這些章魚們以操弄金融機構的股價為賭注。說得明白一點，就是銀行貸款給股東，股東接著又拿這些錢去買那些銀行的股票，以人為方式迅速炒高股票行情。這種簡單手法的後果十分嚴重。三家最大銀行的帳面價值一度來到冰島國民生產總額的八倍。八倍！

那是結束的開始。二〇〇八年九月，金融市場在雷曼兄弟公司破產後崩潰，那些銀行也紛紛不支倒地，再也無法還款給它們的債權人。國家必須動用大量的金錢紓困，導致冰島面臨破產危機。一時之間民怨沸騰。某位前財政國務秘書後來被判處多年徒刑，同樣的，三位前考普森銀行的業主，歐拉法·歐拉夫松（Ólafur Ólafsson）、赫萊達爾·西古德松（Hreidar

Már Sigurdsson）與西谷杜爾・艾納爾松（Sigurdur Einarsson），也難逃牢獄之災。

約翰尼斯笑著說：「我也早在你們提供的文件裡發現這些考普森幫的成員，只不過，他們現在人都已經進了監牢。」

一群沒有良心的菁英，在短短幾年之內毀了這一度是世界上最富裕的國家之一；當地民眾多半抱持這樣的看法。由於物價上揚、薪資下降、抵押債務暴增，冰島的平民百姓過得苦哈哈，可是許多應該為這場災難負責的人，卻早已把自己的錢移到海外。

那些在追求更多金錢的貪婪中同時失算與致富的賭徒，冰島人稱他們為金融維京海盜。從過去到現在，這些維京海盜一直有獨立黨和進步黨的政府撐腰。貢勞格松的進步黨。

的確，冰島總理貢勞格松先前擁有的 Wintris 這家境外公司，確實曾在金融風暴前夕，在二〇〇八年三月，於瑞士信貸銀行倫敦分行開了戶；換言之，金融維京海盜圈內早已預見冰島將航向無力給付之時。

我們注意到了這一點，又回頭去把每份文件重新審視了一次。我們和約翰尼斯討論，也和其他專家交換意見。其中最大的問題是：為何冰島總理需要一家設在英屬維京群島的公司和一個瑞士銀行的戶頭？還有，為何他沒有依照規定申報這兩者？

約翰尼斯發現，Wintris 出現在考普森銀行和冰島國民銀行的債權人名單裡。後來他從某個消息來源那裡得知，Wintris 應該也擁有格利特尼爾銀行的債券。光是考普森銀行和冰島國民銀行的債券，Wintris 在銀行破產後就索討了數百萬歐元[3]。

貢勞格松和他的妻子有可能早在金融風暴之前，就已經購買了這三家銀行的債券。在這情況下，他在二〇〇九年進入國會後理應要公開這件事[4]。

不過，貢勞格松（這位牛津大學畢業的經濟學高材生）和他的妻子也有可能是在這三家銀行垮掉之後才買下那些債券，當時債券只值原有價值的百分之三至五。這意味著他們想賭賭看，債券行情很快就會再度看漲。

兩種情況對貢勞格松都不特別有利。尤其是，擁有這些債券會讓他至今的政治參與突然蒙上截然不同的色彩。

關於這一點應當要說明：當冰島國民銀行的大老們意識到自己沒錢了，他們耍了一個把戲，藉此獲得外匯。他們成立了一個冰島國民銀行的線上分行，將它稱為冰保險箱（Icesave）。藉由明顯高於當時一般的利率，這家子公司吸引了歐洲各地大量的存款人，尤其是來自英國、荷蘭及德國的存款人。當冰島國民銀行倒閉時，成千上萬的存款人都想要回自己的錢。由於冰島國民銀行早就沒錢了，因此歐洲方面便大聲疾呼中央銀行應該出面擔保，如此一來，等於每位冰島人民都得幫忙賠錢。英國甚至祭出了反恐法案，藉以凍結冰島國民銀行、冰島中央銀行和冰島政府的資金。不久前還是萬人迷的冰島，一下子被打成與蓋達組織同一等級。

面對這樣的局面，新上台的中間偏左政府不禁驚慌失措。二〇〇九年，在金融風暴之後，這個新政府接掌了冰島的政權，他們得要負責處理先前獨立黨和進步黨留下來的爛攤子。新政府試著與荷蘭人和英國人談判，最後雙方對於一項建議達成共識：冰島可以獲得新的借款，做為回報，冰島政府必須保證荷蘭與英國的冰保險箱存款戶可以拿回自己的存款。這樣一來，冰島或許可以挽救自己的名聲，不致斷送自己加入歐盟的機會。

然而計畫遇到了阻力。因為這麼做無異要冰島人民用自己的稅金幫金融菁英的胡搞瞎搞買單，更不用說還必須經年累月償還那些新借款。整個政壇為之紛擾不休。在這場角力賽中，一個至今在政治競技場中完全陌生的團體突然冒出頭來。他們自稱為「守護」（InDefence；代表「守護冰島」之意），在網路上收集簽名反對該項擬好的協議，將專家送入國會表達反對妥協的心聲。參與「守護」這個團體的不僅有一般市井小民（其中一位領導人至今一直是鋼琴老師），還有高層的政治人物。

他們最重要的發言人之一，正好就是進步黨剛出爐的黨主席貢勞格松。他當時也是Wintris 這家境外公司的股東，也亟欲從那些銀行拿回數百萬歐元。

不過即使在「守護」內部，他也從未公開過這件事[5]。

最後一共舉行了三項公民投票，每一次「守護」陣營都獲勝。政府的妥協建議遭到揚棄。這場公眾勝利開啟了貢勞格松登上總理寶座之路。

「守護」也要求所有的債權人，如果想要取回自己的錢（自二〇〇八年起被國家凍結），

3 直到本書截稿為止，貢勞格松都沒有對相關詢問做任何回應。

4 支持這種情況的證據是，總理的妻子曾說過，在她的丈夫從政後，換言之在二〇〇九年初，就不能再投資冰島的有價證券了。

5 直到本書截稿為止，貢勞格松都沒有對相關詢問做任何回應。

應當繳納給國家高達百分之三十九的安定稅。不過貢勞格松的政府在二〇一五年卻與債權人達成另一項協議，只要求債權人繳納「安定費」。專家指出，這種方式會讓國庫短收二十億歐元。即使先前「守護」的伙伴們憤怒地群起攻之，貢勞格松還是依然故我。

他們想必不會樂於聽到，這樣的協議完全是在圖利總理的家人。國庫短收將近二十億歐元，其利益歸於債權人。其中的一位債權人便是 Wintris 這家境外公司。

可以說，貢勞格松同時代表了談判桌上的雙方。這是典型的利益衝突。將它攤在陽光下不失為一個好主意。

二〇一五年的夏天，貢勞格松因為一個有趣的決定得要面對冰島的稅務機關。有位告密者向冰島稅務機關兜售一片光碟，光碟上有與若干冰島人境外公司有關的祕密資料。根據我們的瞭解，資料全是源於莫薩克馮賽卡法律事務所，只不過與我們掌握到的資料相比，光碟資料明顯較舊且較不詳細。

兜售的消息後來被人披露，整個冰島都在討論這件事情。到底該不該買呢？冰島人民不知道的是，就連總理和他的妻子買下的那家公司，根據我們的瞭解也收錄在那張光碟裡。稅務機關的女性主管官員贊成購買，她很希望可以促成這筆交易，畢竟光碟裡有三五百家冰島人擁有的境外公司資料。冰島的財政部長班尼迪克森（來自某個惡名昭彰的章魚家族）表示質疑，在他看來，為了一些資料「將一箱錢送給一個來路不明的人」，這「簡直不可思議」。

不過這位主管官員還是決定這麼做，最終以將近二十萬歐元的代價換得那批資料。在一段電視訪談中，當被問及是否曾經在避稅地有過財產或透過避稅地做過金融交易？財政部長表示：「不，我從未在避稅地有過財產或做過諸如此類的事。」

我們在雷克雅維克與約翰尼斯談及此事，他讓我們看他的筆電，對我們說：「這句話我記在這上頭，我們發表這個故事時，我會原原本本引述這句話。」

在那個十月的夜裡，約翰尼斯一邊喝咖啡、一邊使用終於能完整搜尋的資料，第一個輸入的名字就是班尼迪克森。他逮到他了。這位財政部長在二〇〇六年曾與另外兩名商人一同獲得設於塞席爾的 Falson & Co. 的授權書；他的銀行理財顧問在一封寫給莫薩克馮賽卡的電子郵件中提到，真正的業主「即是上述三位」[6]。

根據我們的瞭解，這家公司也收錄在冰島主管機關買下的光碟中。是否因為這樣，班尼迪克森才對此表示質疑[7]？

無論如何，當約翰尼斯在冰島發表他的報導時，班尼迪克森就必須提出解釋。他正好任職財政部長，根據政治的遊戲規則，他恐怕很難保住官位。冰島總理也必須面對同樣的情況，恐怕連冰島現任內政部長也難以倖免；根據約翰尼斯的說法，她擁有一家名為 Dooley

6 班尼迪克森在答覆提問時證實，自己曾是這家公司的業主之一，該公司在杜拜擁有一件不動產，這兩者他都沒有申報。至於為何他會宣稱自己從未擁有在境外公司的財產，他的解釋是，他「並不曉得」這家公司註冊於塞席爾。

7 班尼迪克森表示，自己並不反對這項購買。他向我們的伙伴克里斯特洋森表示，他並不知道自己的公司在那些資料裡。

Securities S. A. 境外公司的授權書[8]。

巴拿馬文件會讓這個政府陷入高度釋疑危機。約翰尼斯告訴我們：「冰島的民眾從金融風暴一路苦撐過來，絕對無法諒解這對利用境外公司偷偷買債券的超級富有總理夫婦。」

他感到自己處在一個荒謬情境：一方面他或許可以立刻將自己國家的總理趕下台，早在二〇一五年的年初，他就已經握有這件年度最大新聞；可是在另一方面他必須等待，無盡地等待，直到我們在二〇一六年年初共同將一切公開。

他也知道，有一小部分資料早已存在這個國家，在財政機關的手上。冰島是個非常小的國家，在這個國家裡，幾乎每個人都彼此認識。

他表示：「我幾乎每天都問自己：這件事情守得住嗎？」

他還面臨另一個完全不同的問題，他不曉得自己應該在哪裡及如何發表這個故事。他是一位電視記者，在冰島有三家大型電視台。可是他發現到，這三家電視台的負責人和／或股東，和／或他們兩者之一的近親，也出現在資料裡。

要將自己的報導交由這三家電視台播出，約翰尼斯有不祥的預感。隨著每項新發現，整條獨家新聞變得越來越大，發表的擔憂也越來越大；這真的是太荒謬了！

沒錯，不是還有報紙嗎！問題是，以勇敢的調查報導著稱的小型報 Dagblaðið Vísir 在不久前才剛被某位前進步黨的政治人物買走；如今要他報導對自己朋友不利的消息，恐怕沒那麼容易。目前擔任領導地位的《冰島晨報》（*Morgunbladid*）總編輯的是前央行行長大衛・奧德松（David Oddsomn），而他是該為金融危機負責的一員。

約翰尼斯最近在考慮，乾脆直接將自己的調查成果發表在自己的網頁上。網頁名稱他已想好，叫「雷克雅維克媒體」（Reykjavik Media），網址 Rme.is 也已註冊。

他笑著說：「名稱基本上無所謂，一旦我們在那裡發表了報導，每個島上居民都會過來這個網頁瞧瞧。到時候每個人都會想閱讀報導。」

不單單是在冰島。

8 諾爾達的丈夫在答覆提問時表示，冰島國民銀行曾幫他設立了這家公司，不過他並沒有動用。歐勒芙 諾爾達本人則表示，這家公司早在她進入國會前就設立，因此她沒有申報這家公司。

26 消失的線索

時節進入晚秋。不是只有我們日益緊張，我們的消息來源也不例外。

〔無名氏〕計畫還照舊嗎，在明年年初發表？這真是一段漫漫長路令人忐忑不安。

〔南德日報〕沒錯。而且資料數量之多也令人忐忑不安。如果我們匆忙行事，便會大大增加犯錯的危險。

〔無名氏〕沒錯。我只是討厭漫長的等待。

〔無名氏〕為何不提早一點？譬如二月？

〔南德日報〕我們只有一次機會，必須做好萬全的準備。每個故事本身都複雜得令人抓狂，俄羅斯、冰島、西門子、銀行。

〔南德日報〕就算可以提早，我們卻會因此失去伙伴們的奧援，讓影響力大打折扣。

〔無名氏〕嗯。我先前希望這個計畫可以靈活一點。

〔南德日報〕我們也是。可惜事與願違。不過也已經走到這地步了。

每隔幾天，我們這個小小的《南德日報》團隊便會聚在「戰情室」的一面牆前（目前在二〇一五年秋天，牆上已有關於各國元首或政府首腦的近六十條線索），討論最新的發現。

排在清單上最上方的是基西納一家的線索，也就是兩位前阿根廷總統，內斯托爾．基西納和克莉斯蒂娜．基西納夫婦。

我們最先仔細審視的就是與此案有關的文件。如今，幾乎所有可能與他們有關的公司文件都已攤在眼面。可是，能夠一槍打死他們的證據，也就是能證明這些公司與基西納夫婦之間關係的決定性證據，卻還沒有找到。

我們在阿根廷《國家報》（*La Nación*）裡的伙伴也曾對揭露他們前總統的祕密公司樂觀其成。不過在調查過程中，他們也找不到任何足以證明不法，或與這對總統夫婦有關係的證據。如今我們可以確定，在這一百二十三家公司裡，其中大部分之所以會扯進阿根廷的案子，無非是因為它們的人頭負責人和莫薩克馮賽卡集團所屬的同一批公司的相同，少數幾家可能屬於基西納夫婦的親信。看來，在二〇一五年二月時，莫薩克馮賽卡回覆我們：這些公司當中的大部分「和ＮＭＬ與阿根廷政府之間的訴訟一點關係也沒有」。其實說的並沒有錯。

不過，只要能描繪出其餘信箱公司背後隱藏的結構，都會是好事一樁。我們發現了三、四道甚或更多不透明的關卡，這些關卡能讓真正的所有人不被揭發。線索都中斷於設在瑞士或其他地方的一些匿名公司。

客戶沒有告訴莫薩克馮賽卡的事，我們也伸手莫及。這是我們手中資料的極限。線索沒有將我們引向基西納夫婦，而是將我們引向一堵黑牆[1]。

另一個我們先前一直在追蹤的案子看似很有希望，事關前利比亞統治者格達費。我們發現了將近十家公司，利比亞的探員顯然也對此興致勃勃。我們在一封調查委託書上讀到，數百萬的國家公款可能透過這些公司流向海外，而且可能流進格達費一名親信的祕密金庫，那名男性名叫阿里．達拜巴（Ali Dabaiba）[2]。

在格達費在一九六九年推翻了利比亞國王不久之後，達拜巴這位地理學老師就晉升為港城米蘇拉塔（Misrata）的市長。達拜巴很快便成為這位獨裁者的親信，成為「領導者的同夥」，利比亞人是這麼稱呼這群人。由他負責的採購機關多年來發出了價值數十億的訂單，根據利比亞調查人員的看法，其中有許多都跑到了與達拜巴家族有關的公司。會計師仔細審查這些採購案時，根據媒體的報導，他們發現了兩本帳。後來格達費的某個顧問向利比亞的探員解釋，其實早在很久以前就有人注意到行政中心發展組織（Organization for Development of Administrative Centres；簡稱 ODAC）裡有一些不對勁，可是並沒有人去仔細檢驗，因為格達費本人和他的兒子們「將手伸進了ＯＤＡＣ」[3]。

到這裡為止一切都很清楚。不過，當格達費的末日不遠時，達拜巴居然倒戈相向。他資助利比亞的反叛者，提供他們數百萬的資金，藉以保護他的故鄉米蘇拉塔。原本是格達費親信的達拜巴，一夕之間變成了反叛者的朋友。這讓整件事變得十分複雜。

在這段期間裡，實在很難去釐清到底誰才是利比亞的掌權者。伊斯蘭國？設在托布魯克（Tobruk）的民選政府？還是在特里波里斯（Tripolis）延續的伊斯蘭對立政府？在如此複雜的局勢裡，達拜巴究竟站在哪一邊？誰想將他送上法庭，誰又想阻止這樣的事情發生？

在格達費垮台後，新政府凍結了這個獨裁者過去兩百四十位爪牙的財產，其中也包括了達拜巴。利比亞有時甚至會透過國際刑警組織尋找達拜巴，只不過在國際刑警組織的網頁上，他的追捕令卻是來匆匆，去也匆匆[4]。此外，過渡政府也派出調查人員去追查可能屬於他的財產；如果他們有所斬獲，便可獲得部分比例的獎金。

我們面前有十多個數位資料夾，裡頭存有可能與此有關的信箱公司所屬的數百份文件。我們不禁自問：關鍵性的證據是否真的在這堆資料裡？

在西半球某個城市裡（我們不能說得再詳細），我們會晤了某位或許可以協助我們的人。我們必須為這位消息提供人士保密，他的家人都還住在利比亞，他自己在海外從事一份不起眼的工作。只有少數人曉得，他在暗中追查格達費及其親信（亦即在格達費加持下掏空利比亞並將贓款藏匿在海外的人）的財產流向。

這位提供情報的人給我們看了一張A3大小的示意圖，上面由數十種顏色的小方框與箭

1 在本書即將截稿前，阿根廷政府與NML之間顯然已達成共識，因此雙方的訴訟可能已是過去式。

2 直到本書截稿為止，達拜巴都沒有對相關詢問做任何回應。

3 直到本書截稿為止，達拜巴都沒有對相關詢問做任何回應。

4 直到本書截稿為止，達拜巴都沒有對相關詢問做任何回應。

頭構成亂糟糟的一團，每個小方框代表一家（全部加起來共有一百多家），每個箭頭則象徵某種關聯、某個金流或某種合夥關係。至於不同的顏色，則是代表那些公司所在的國家。就這麼多，一張色彩繽紛的圖。

「在這當中某處，」提供情報的人解釋，「隱藏著應該屬於利比亞人民的數百萬財富。」

問題是在哪？

示意圖中央的幾家公司，我們曾在資料裡見過。

與這位知情人士談過後，我們翻過一個又一個檔案資料夾，搜尋格達費、他的子女、親信，當然還有阿里．達拜巴。苦無收穫。但是我們在這位利比亞調查人員歸給達拜巴的公司裡，一再發現一個名叫利雅德．G（Riad G.）的人。利雅德．G是個英國公民，曾在利比亞上過學，目前在倫敦念書。從他的臉書看來，似乎與達拜巴的兄弟交情不錯[5]。

於是我們打電話給這位知情人士，告訴他關於利雅德．G的事。他很明確回答：「我們相信利雅德．G就是阿里．達拜巴所委派！」利雅德．G應該就是達拜巴的某種幌子。

不過，這也只是懷疑。我們轉而去詢問國際刑警組織。我們想要知道，為何達拜巴先前會被搜捕、為何沒過多久對他發出的「紅色通緝令」就在網頁上消失？我們得到的回答是：所有通緝令皆因當前局勢（內戰）而封鎖，「在進一步的調查完成前，相關資訊將暫時保持封鎖。」

接著我們收到某位知情人士的一封電子郵件。信中寫道：「請速來日內瓦！」利雅德．G本人當時就在那裡。有人在一家巧克力店裡見到他，地址在湖濱路，緊鄰日內瓦湖。

可是，當天從慕尼黑到日內瓦的最後一班飛機早已起飛。於是我們趕緊聯絡同樣參與計畫的瑞士《週日報》伙伴，告訴他詳細情形，他二話不說立刻答應幫忙。第二天一大早他就來到四季酒店，櫃臺的服務人員一問三不知，完全不曉得有位名叫利雅德．G的客人入住。巧克力店呢？他也不在那裡。他到底跑哪去了？

伙伴又前往位於富麗大道緊鄰日內瓦湖的凱賓斯基大飯店（Grand Hotel Kempinski）碰碰運氣。在飯店鏡面外牆背後有歐洲最大的套房（房間面積一千平方公尺，配有防彈玻璃）。在這季節，大批來自波灣或馬格里布的富豪全聚在這裡。

櫃臺小姐費了一番功夫尋找G先生的房間。「請問您指的是哪一間？用這個名字登記的房間共有五間。」

這位先生是和一大群家人入住，並非只是自己單獨跑來尋歡作樂。伙伴決定孤注一擲，打了個電話給利雅德．G（號碼由某位知情人士提供）。電話那頭傳來的聲音帶點猶豫，阿拉伯腔，離離落落的英語。說話的人想要知道，這通電話到底是誰打的，還有：「你怎麼知道這個號碼？」他當下不方便講電話。

幾個小時之後，利雅德．G終於再次接起電話。他表示第二天還有要事，而且在那之後

5 直到本書截稿為止，利雅德．G都沒有對詢問做任何回應。

安排了一個家庭日，婉拒見面。

後來他再也不接電話，就此離開了瑞士，我們的伙伴無緣與他談更多。

我們在資料中發現，某間位於蘇格蘭高地的旅館，有一半曾經屬於利雅德．G名下的某家公司。利比亞的探員曾在前不久發給英國及蘇格蘭有關當局一份調查委託書，裡面提到這家公司可能隱藏了利比亞的國家公款。根據商業登記簿所載內容，這家公司的負責人是兩名男性。耐人尋味的是，這兩名男性都曾在二〇〇八年從ODAC（亦即達拜巴掌控的利比亞行政中心發展組織）那裡接到數百萬的採購案[6]。

可惜到了這裡，我們的線索就斷了。雖然我們發現這兩名商人一直在被追查，可是他們兩人依然逍遙法外。至於利雅德．G現在究竟是不是達拜巴的白手套？從資料中看不出來，我們無法斷言[7]。

格達費與基西納夫婦的案子並非這類案子僅有的兩件。我們一再發現某些公司雖然很可疑，有時甚至能找到一些間接證據，可是證據都不夠充分，因此將它們擱在一旁。

我們眼前這堆資料夾裡極有可能還藏有大量線索，可以導向轟天動地的名字。不過我們找不出他們，因為他們的顧問夠謹慎，對莫薩克馮賽卡守口如瓶。

這點令人沮喪。

所幸，沮喪並沒有主宰這項調查。

我們雖然沒有證據足以證明基西納夫婦與一百二十三家內華達公司的其中任何一家有關，但是可以報導他們的繼任者。二〇一五年十二月的月初，國際調查記者聯盟的瑪莉娜．沃克寫信告訴我們，阿根廷《國家報》的伙伴在我們提供的資料裡發現到剛在第二輪投票中當選總統的毛里西奧．馬克里（Mauricio Macri）。這位保守的企業家還沒上任，就已被我們列入「戰情室」的清單。我們在資料中看到馬克里和另外兩位與他交好的人，曾經共同在一九九八年於巴哈馬設立了一家公司，公司名稱是Fleg Trading。馬克里當時是阿根廷足球隊波卡青年隊的主席，相當富有。二〇〇七年被選為布宜諾斯艾利斯的市長。根據莫薩克馮賽卡的資料，Fleg Trading在二〇〇八年停業。我們在這家公司的相關文件裡，只找到可以證明馬克里曾是董事之一的文件，「股東」卻在我們掌握到的所有相關文件中付之闕如。在這家公司於二〇〇八年被巴哈馬的主管機關停業前，莫薩克馮賽卡曾數度詢問實際的持股情形，總是得不到任何資訊。

馬克里在二〇〇七年成為布宜諾斯艾利斯的市長後，必須公布自己的銀行戶頭與可能的公司持股。在阿根廷伙伴可以看到的一份聲明中，馬克里卻對巴哈馬的公司隻字未提。依據阿根廷刑法，申報不實可判處六年以下有期徒刑。

---

6 直到本書截稿為止，兩位商人都沒有針對此事的詢問做任何回應。位於蘇格蘭高地的那家旅館經營者亦然。

7 直到本書截稿為止，利雅德．G和達拜巴都沒有對相關詢問做任何回應。

面對我們的質疑，總統的一位發言人解釋：馬克里過去曾「偶爾」擔任該公司的董事，這家公司屬於馬克里的家族事業，他的確未曾申報過 Fleg Trading，可是原因在於，他從來就不是該公司的股東。

27 婚姻聯盟，金錢聯盟

俄國總統普丁與家族合影的照片並不多見。總統的私生活在俄羅斯是禁忌。一直以來，他堅決不讓自己的一對女兒曝光。有趣的是，我們在網路上發現一張有點像素化的黑白相片，相片上可以見到一臉嚴肅的青年普丁。照片是在一九八五年拍的，拍攝地點是聖彼得堡，前蘇聯還存在時，這裡曾被稱為列寧格勒。當時蘇聯共產黨中央委員會總書記是米哈伊爾．戈巴契夫（Mihail Sergeyevich Gorbachov），普丁還是個沒沒無名的ＫＢＧ探員。照片中，普丁將年幼的女兒瑪麗亞抱在手中，當時的妻子路德米拉站在他身邊，依偎著他，神情相當幸福。

路德米拉旁邊還站著一位年輕男子，頭髮茂密，雙眼炯炯有神。他是謝爾蓋．羅爾杜金，普丁女兒瑪麗亞的教父，那位神祕的大提琴家。我們在一個由匿名境外公司構成的網絡核心裡發現他，不過一切都是在我們撥開了莫薩克馮賽卡法律事務所和前面提及的一家瑞士的法律事務所布下的層層疑陣之後。長年以來，多家銀行（包括西方的銀行在內）透過這個網絡與若干設在巴拿馬或英屬維京群島的信箱公司，挪移了將近二十億美元。

然而羅爾杜金卻向《紐約時報》辯稱，自己並沒有那麼多錢，自己只是個音樂家。在這篇普丁友人的財富惹人矚目地迅速增長的報導刊出幾個月後，儘管言猶在耳，數百萬金額卻在這段期間被轉移到羅爾杜金的某家公司在某家被制裁的俄國銀行的瑞士分行所開的戶頭。羅爾杜金在俄國可說是沒沒無聞；這點也是這個故事耐人尋味之處。人們主要是從一些與普丁有關的影片或傳記知道這個人，在那當中，他扮演的是某種哥兒們角色，「普丁最要好的朋友」，對這位國家元首推崇備至。

普丁和羅爾杜金相識於七〇年代，當時他們兩人正青春年少。羅爾杜金曾在日後的一段訪談中表示，普丁就像是他的兄弟。他們曾經在夜晚的聖彼得堡街頭一起唱著歌，一起痛毆不良少年。普丁後來的妻子路德米拉，應該也是他介紹的。

兩人友誼顯然延續至今，儘管他們的人生道路天差地別。女兒瑪麗亞受洗不久後，普丁被派往前東德，他的二女兒葉卡特莉娜便是在那裡出生。直到蘇聯解體後，他才返回聖彼得堡。接著這位KGB探員從市長助理、代理市長、聯邦安全局長，一路當到總理。二〇〇〇年時更順利登上總統寶座。短短十六年，他已經取得前所未有的至高權力。

羅爾杜金成為了馬林斯基劇院（Mariinsky Theatre）的首席大提琴手，以及聖彼得堡音樂學院的院長。他是位很會打扮的音樂家，據說經常會在普丁家的私人晚宴上露兩手。他是少數幾位普丁默許可以對記者八卦其私事的人。也因此，即使羅爾杜金曾在受訪中說了什麼至今不為人知的事，例如俄羅斯總統都已經當了阿公，還患有背痛宿疾，卻依然樂此不疲地要當個永遠年輕的肌肉男，也不會受到處罰。

他是普丁傳記裡的教父、青年時期友人、媒人、配角。過從甚密。還有、還有、還有，從這一切可以得出，羅爾杜金就算不是普丁「最要好的朋友」，至少也是這位俄國總統十分重要的親信。

現在的情況是：如果普丁確實誠如專家們推測，聚斂了傳說中的大量財富，他不會在這些財富上掛自己的名牌。錢財顯然會寄在某些不會被公眾關注之人的名下，換言之，託付給他完全信任、不起眼的白手套。

羅爾杜金是這樣的人？

在我們掌握到的資料中，我們發現到有五家境外公司與這位大提琴家有關（直到本書截稿為止，他都未曾回覆我們的提問）。羅爾杜金至少曾經是三家信箱公司的所有人，這三家分別是International Media Overseas、Raytar和Sonnette，它們又與Sunbarn和Sandalwood Continental兩家公司有密切關係，尤其是後者，在整個網絡裡扮演的角色特別神祕。

出面與莫薩克馮賽卡交涉這些公司的，是前面提及的那家瑞士的法律事務所。這家事務所顯然是羅爾杜金網絡的某種擋箭牌。表面上扮演著莫薩克馮賽卡的對話窗口，根據我們在個別境外公司的相關資料裡所見，它實際上在背後操縱俄羅斯銀行（Bank Rossiya）的員工。

舉例來說，銀行員工S有權為羅爾杜金的International Media Overseas的文件簽名，其他幾位員工對於網絡內的其他幾家公司也有類似的權力。俄羅斯銀行的總行設於聖彼得堡，大約在普丁從前東德回到這個城市時利用共產黨的資金成立的。專家將它視為「普丁的銀行」，普丁多位密友都是這家銀行的股東，其中也包括了羅爾杜金。在烏克蘭危機期間，美國政府將這家銀行列入他們的制裁名單，亟欲懲罰普丁身邊最核心的那群人。普丁很快就做出反應，他指示國家銀行應當支持俄羅斯銀行，多個國營能源集團也應當將自己的資金存入該行。

這下子，這家俄羅斯銀行捲入了羅爾杜金公司編織的網絡。

我們可以從二〇〇九年的一連串信件來回裡看出，俄羅斯銀行在羅爾杜金網絡裡究竟扮演何種角色。莫薩克馮賽卡的某位女律師著急地求助於尤根・莫薩克與瑞士籍合夥人克里斯多夫・策林格。俄羅斯銀行的某位員工向她聯絡，他希望莫薩克馮賽卡可以為Sandalwood這家境外公司簽署同意高達一億〇三萬的信貸額度。這筆錢會來自某家位於賽浦路斯的銀行。我們見到與此有關的一份四十七頁合約，只不過在應該記載擔保品的部分卻是空的。在我們看來，這對一份涉及如此高信貸金額的合約來說格外不尋常。

這一份合約顯然連尤根・莫薩克自己都覺得疑點重重。它牽涉到可疑的資金來源和同樣可疑的用途。莫薩克在一封內部電子郵件裡曾表示，這整件事真是「太棘手」。

這句話值得玩味！

雖然莫薩克有所顧慮，還是沒有拒絕這樁生意[1]。不過莫薩克憑賽卡倒是要求對方出具一份擔保函，亦即某種免責承諾。如果最終這份合約出了什麼問題，應該負責的是客戶本人，而非這家境外公司事務所。這一億〇三百萬的信貸只是羅爾杜金網絡諸多可疑事件之一。流進這個信箱公司網絡的，顯然也包括一些俄羅斯寡頭的錢。光是在二〇一三年，多家與羅騰貝格兩兄弟有關的信箱公司就貸給了羅爾杜金網絡當中一家境外公司將近兩億美元；不過我們在資料裡看不出來這筆錢到底有沒有還。在這不久之前，阿爾卡季・羅騰貝格的一家公司才剛標得價值數十億、但由於烏克蘭危機遭到冷凍的天然氣管線計畫「南流」（South Stream）。對於相關的詢問，羅騰貝格兄弟完全不予回應。

單單在二〇〇九至二〇一一年之間，根據我們掌握到的資料，一共有將近十億美元流入羅爾杜金網絡。其中一大部分顯然來自賽浦路斯的俄羅斯商業銀行（Russian Commercial Bank，簡稱 RCB），它是國家持股占多數的俄羅斯外貿銀行（VTB Bank）百分之百的子公司。我們的資料並未顯示俄羅斯商業銀行哪來的這些錢。對於相關的詢問，這家銀行給的答覆是：關於客戶或金融交易方面之事無可奉告，不過一切都是合法。

某位業內人士告訴我們在《衛報》的伙伴，至少在二〇〇〇至二〇〇九年期間，普丁和他最核心的親信曾將俄羅斯銀行當作他們的個人信用卡來使用。銀行完全否認這一點。不過這位消息來源卻指出：「如果普丁的女朋友或太太需要錢，不管是為了購物之旅、遊艇，還

1 直到本書截稿為止，尤根・莫薩克都沒有對我們提出的詢問做任何回應。

是為了其他投資，俄羅斯銀行二話不說，隨時準備好資金聽候調用。俄羅斯銀行宛如這位政治菁英的自助商店。」這點可以說明，為何歐債危機期間俄國政府會在二〇一三年時強烈反對某項「剃頭」（haircut）措施。因為如此一來，包括俄羅斯銀行在內，所有賽浦路斯的銀行存款都會變少。賽浦路斯中心黨的黨主席後來曾在一段電台訪談中指出：「俄國最高領導階層曾經明明白白對我們放話：要是我們敢動俄羅斯銀行，大家就走著瞧！」於是俄羅斯銀行便從規定裡被排除。

對於我們在檔案中發現和懷疑的可疑貸款，專家認為，從種種不尋常跡象看來，例如幾乎不收利息、沒有明確還款、不需任何擔保品等，其實更像是贈與而非借貸。馬里蘭大學的金融專家大衛．韋伯（David Weber）表示：「很顯然這些金融交易是基於逃稅、詐欺和／或其他見不得人的事，最終的目的就是洗錢。」

這些巨額借貸在當時只是透過羅爾杜金網絡裡的境外公司取錢的一種方法。其他的方法例如，Sunbarn在二〇一〇年五月和六月期間便曾以「諮詢服務」的名義獲得了數千萬美元的金額。Sunbarn可能提供了另一家境外公司關於在俄國「投資與貿易」的諮詢服務，為此收受了三千萬美元。許多人認為，這其實只是在掩飾那些出於某種截然不同的原因的金流。是以根據我們的調查，這家接受諮詢的境外公司根本從未以「投資者或貿易商」的身分在俄國受矚目。

洗錢專家將「諮詢服務」這個術語看成用來挪移大量金錢的簡單藉口。

早在初期調查中，我們就注意到另一種稱之為「收取解約金」的模式。這是個相當簡便的手法，也最適合用來搬錢。網絡中某家境外公司允諾買下另一家設在貝里斯的境外公司股份，可是這家貝里斯的公司卻「無法」讓與這些股份，因此必須給付將近八十萬美元的「賠償」。在這種情況下，讓與金錢的一方便有了明白的「原因」與確切名目。二〇一一年二月時，羅爾杜金的 International Media Overseas 做成了一筆獲利特別豐厚的交易。它以一美元的代價獲得了一筆兩億美元借款的債權。根據我們在莫薩克馮賽卡的文件裡找到的這份契約，這筆借款每天會產生兩萬一千九百一十七美元的利息，一年下來就有高達八百萬美元的利息收益。

此外，在這個脈絡中也發現到可疑的回溯股票交易。根據這些相關文件，羅爾杜金網絡中的幾家公司以數百萬美元的代價購買了一些俄國公司的股票，接著在很短的時間內轉手賣出，從中取得巨大獲利。買賣這些股票的獲利者或許是非常傑出的投機者。不過其中某些事情引人注目，讓我們對此有所存疑。舉例來說，二〇一一年六月五日，俄羅斯銀行有位員工請求莫薩克馮賽卡讓 Sandalwood 的人頭負責人簽署多項股票交易。基本上，幕後金主讓人頭負責人簽約，程序其實很平常。不過在這個案子裡，根據我們掌握到的文件，這些交易應該早在五個月前，也就是二〇一一年一月就已發生。

可疑的巨額借貸、回溯的股票交易、諮詢服務的費用以及賠償金等等，一切似乎只是某個巨大祕密體系的一部分，一個能在短時間內將大量金錢移入多家不透明境外公司的體系。

其中的輸家往往是俄羅斯這個國家。

把俄羅斯當搖錢樹，並不是什麼好主意；除非自己的人脈能容許。

長久以來人們談及普丁統治的俄羅斯，並非只有西方專家稱之為盜匪政權。普丁從政之路從一開始就伴隨大量的貪污指控。其中大多數指控到今日已成為過眼雲煙。

不過我們現在見到某個置於境外的錢箱如何在普丁的老友與親信通力合作下，峰迴路轉地裝填數以億計的金錢。

為了能更妥善評價這些交易，於是我們去請教了某位歐洲探員，他是國際最知名的洗錢與詐欺獵人之一。他表示，「有數百種方法可以將錢從某個國家，例如俄國，轉移出去」，而我們發現到的包括在這些方法裡。他不認為俄國有關當局完全沒有涉入。在俄國，洗錢查緝是由俄羅斯金融監管局（Rosfinmonitoring）負責。這個單位從成立開始就一直是由普丁親信掌控；它有別於其他大多數歐洲國家類似的機關，更像是特務機關，而非警察機關。俄羅斯金融監管局可以監看電子郵件、監聽電話，還可調閱個人所有的銀行資料。「什麼也逃不過他們的法眼」，這位探員帶著敬畏與羨慕的語氣說道。

在華盛頓聚會裡組成的俄羅斯專案小組（成員來自普羅米修斯的調查人員），近期以來針對各項調查結果，諸如有問題的借貸、可疑的契約、對於祕密金流的最新推測等，幾乎每天都會討論。

《衛報》的伙伴路克．哈汀（Luke Harding）將這一切形容成：我們在尋找「調查報導的聖杯」。普丁的錢。特別是對安寧和施萊諾夫兩位俄國伙伴，此舉將為他們招致立即危險。在俄國經常可以聽到這樣的說法：在俄國當記者無異於自殺。

如果有人追查普丁的錢，這樣的舉動又該稱做什麼？

因此，我們和國際調查記者聯盟的計畫主持人瑪莉娜．沃克共同決定，要在遠離俄羅斯特務的中性地區舉行一場工作會議。我們希望能在免於監聽的恐懼下，與俄國伙伴暢談至今的發現與未來規劃。

於是，在二〇一五年聖誕節前不久，我們去了一趟倫敦。集合地點就在國王廣場，約克路九十號，《衛報》的總部。我們上到頂部一個樓層，那裡的走廊盡頭有個房間，在調查報導記者圈裡，這房間有著傳奇性地位，被稱為「地下碉堡」。

這個樸實房間只有一把鑰匙及一張特殊鑰匙卡能夠打開，《衛報》曾經在此審議過美國國家安全局的告密者艾德華．史諾登提供的祕密文件。如今這裡有十位編輯在處理莫薩克馮賽卡的資料，這些資料曾在幾個月前先送到我們慕尼黑那裡。

房裡的桌子都靠得很近，對著走廊的窗子被遮起來，至今的發現都用便利貼黏在牆上，仔細地根據不同主題分門別類，像是名人、傭兵公司、國家元首、體育、政治人物等等。據說在處理史諾登密件的期間，這裡的門口甚至還有兩名警衛把守。當時消息已經走漏，大家都曉得資料就在《衛報》裡。我們希望這一回的情況能有所不同。

聚集在地下碉堡的是一個小團體。除了我們以外還有俄國的伙伴阿寧，以及在《衛報》的伙伴哈汀，他曾因為在某篇報導裡推測普丁的財產被俄國驅逐出境。沃克、賴爾及普立茲獎得主伯恩斯坦這幾位國際調查記者聯盟的伙伴也陸續抵達。此外，兩位BBC的記者，還有北德廣播公司的史坦及西德廣播公司的佩特拉・布魯姆（Petra Blum），這幾個月來一直在幫忙處理羅爾杜金的資料），同樣出席了這場會議。

我們一起討論了至今在資料中的發現，例如俄羅斯寡頭羅騰貝格兩兄弟[2]，或是普丁的朋友杜魯夏諾夫（我們資料中發現，他是多家信箱公司的股東或全權代表）[3]。

我們也聊到了德米特里・佩斯科夫（Dmitri Peskow）。他是普丁的發言人。佩斯科夫前不久娶了一位知名滑雪選手，由於他在婚禮上配戴了一只價值超過自己年薪的名錶，讓他飽受抨擊。不久之後又有部落客爆料，這回居然是佩斯科夫和他的新婚妻子一起搭乘世界最貴的帆船遊艇之一去度假。我們在資料上有何發現呢？至少在二〇一四年前，他的妻子曾經持有一家名為Carina Global Assets的信箱公司。

我們在資料中發現，共有四位俄國部長和高官、四位國會議員和兩位省長與境外公司有牽連。經濟部長亞歷克謝・烏爾久卡耶夫（Alexej Uljukajew）之子曾是Romnieville Limited這家境外公司的負責人。前聯邦安全局局長、現任聯邦安全會議秘書長尼可雷・帕楚雪夫（Nikolai Patruschew）的姪子，曾是某家設在英屬維京群島的境外公司股東。內政部次長亞歷山德・馬裘諾夫顯然是透過 Northwest Management 這家信箱公司控制一整個信箱公司網絡。

這些故事都很有意思，不過我們最感興趣的還是大提琴家羅爾杜金的案子。誠如我們所發現，他透過多家境外公司持有 Video International 這家公司的股份。由同樣的俄羅斯銀行員工（羅爾杜金持有該行股份）和瑞士的事務所管理的其他幾家像是羅爾杜金所屬的公司，也曾持有和交易汽車製造商拉達（Lada）或坦克與貨車製造商卡馬茲（Kamaz）的股票選擇權。這是帶有苦味的股票選擇權。這家車廠的貨車在烏克蘭戰爭中出動特別頻繁。擔任所謂援助運輸開往烏克蘭東部的俄國白色卡車，便是卡馬茲的卡車。就連獨裁者阿薩德長期獲得俄國地面部隊支援的敘利亞，都可以見到卡馬茲卡車的身影。至於拉達，則是俄羅斯軍隊的供應商。

在某個晦暗的十二月天，我們一夥人坐在《衛報》的地下碉堡裡，討論俄國的銀行的持股關係，講述著如今誰與普丁交好、誰又早已與他決裂。阿寧吐露了一項調查成果，著實讓我們吃了一驚。

---

2 直到本書截稿為止，羅騰貝格兄弟都沒有對相關詢問做任何回應。

3 杜魯夏諾夫委任的一家律師事務所表示（直到本書截稿為止，未曾針對這多家公司做具體說明），杜魯夏諾夫完全無意違犯美國人所提出的制裁。

驚喜交集。

在場許多人都跳起來鼓掌叫好，我們不禁搖搖頭，覺得難以置信。

到底發生了什麼事呢？

路透社不久之前披露，普丁最小的女兒卡特莉娜早在二〇一三年二月與一位三十多歲的男子基里爾・夏馬洛夫（Kirill Schamalow）祕密完婚。這名男子是尼可雷・夏馬洛夫（Nikolai Schamalow）的兒子，尼可雷・夏馬洛夫則是傳說中的湖畔兄弟會（Ozero Cooperative）成員之一。這個兄弟會是普丁與若干好友共同在九〇年代成立的，在那之前不久，這幫人曾在聖彼得堡近郊的共青團湖畔買了一些蓋有別墅的地皮。起初一度只是別墅業主的集合，很快就成了結黨營私的縮影。舉例來說，湖畔兄弟會的一員尤里・可瓦茲舒克（Juri Kowaltschuk）如今已是俄羅斯銀行董事長兼最大股東；普丁小女兒的公公尼可雷・夏馬洛夫也是該行股東。

在婚後短短幾個月內，普丁女婿的身家立刻暴漲。他手上增加了不少俄羅斯石化巨人西布爾（Sibur）公司的持股，持股比例有百分之二十一。

不過，對我們來說更有意思的是婚禮地點：伊古拉（Igora）滑雪度假中心位於聖彼得堡北邊大約一小時車程之地，離湖畔兄弟會的大本營不遠。這裡的某棟豪宅被當地居民稱為「總統別墅」。當地居民表示，普丁經常來這裡；不過土地登記簿上登記的所有權人不是他。與這塊土地相鄰的正是伊古拉滑雪度假中心。

二〇一三年二月，這對知名新人搭乘一部由三匹白馬拉的雪橇來到這裡。賓客獲得了繡有K＆K（新人名字縮寫 Katerina & Kirill）的圍巾。

婚禮現場禁止攝影，所有賓客必須在入口交出手機，維安工作陣仗十分龐大。伊古拉滑雪度假中心的某位員工在向路透社記者描述當時的情景時說：「每個角落都站有維安人員，他們不讓任何閒雜人等靠近婚禮會場。」這對新人為婚禮嘉賓準備了許多節目，像是滑冰、燈光秀，還有一個由許多演員穿插的俄羅斯小村莊，以及各種民族舞蹈表演。

羅曼・阿寧去調查到底誰是伊古拉滑雪度假中心的業主。這塊土地的所有權人是一家名為 Ozon LLC 的俄國公司，這家公司原先屬於某家祕密的賽浦路斯境外公司，而普丁的親信可瓦茲舒克和他的兒子也曾（透過另一家公司）持有該公司百分之二十五的股份。這家企業是在二〇一二年購得這塊土地。可瓦茲舒克是湖畔兄弟會的成員之一，其他兩位成員的子女，普丁的女兒和尼可雷・夏馬洛夫的兒子，則選擇在這同樣屬於可瓦茲舒克的度假中心結婚。湖畔兄弟會成立了十九年，其成員在今日依然關係緊密，這已毋須多提。

不過我們在《衛報》的「地下碉堡」裡歡欣雀躍卻另有原因。我們其實早在掌握的文件內發現過 Ozon LLC 這家公司的名字。二〇〇九年年底，Ozon 曾經從 Sandalwood 這家羅爾杜金網絡中的境外公司獲得一筆大約五百萬美元的借款。大約兩年後又有一筆幾乎相同金額的錢流入，名目同樣是借款。根據我們掌握到的資料，借款並沒有償還，而到了二〇一三年 Sandalwood 便解散了。

很顯然有上千萬美元（顯然是透過網絡中的一家信箱公司轉手與掩飾）透過這家境外公司流入這個度假中心（普丁的女兒在此舉行婚禮，普丁的兄弟會死黨又是這裡的股東），一切全由多位普丁親信所屬的俄羅斯銀行策劃。負責扮演網絡白手套的人，誠如我們所見，正是普丁最要好的朋友、普丁女兒的教父、俄羅斯銀行的股東之一，謝爾蓋·羅爾杜金。

為此我們做了好幾個月的調查，始於巴拿馬，終於伊古拉：調查普丁最親近的家人。

真是可怕。

28 明星、明星、超級巨星

在倫敦聚會後，論壇和我們的團隊都趨於沉寂。聖誕節和新年期間沒什麼事情發生，雖然我們並沒有完全關機。當然沒有。有了那些新發現後當然沒有。不過，感謝這段不尋常的平靜，讓我們有時間重新檢視某些舊故事。到此時為止，我們已在論壇上發文七千多篇，數量多到無法一目了然的地步。

雖說本書或許容易讓讀者覺得，莫薩克馮賽卡法律事務所的客戶似乎都是些闇黑人物。不過當中也包含不少光鮮亮麗的名導演和名演員、在他們家鄉被神格化的南美歌手、天才西洋棋手，還有一大堆擁有或帶領大型足球隊的人。

在歲末年終這段清閒時間裡，我們瀏覽了數百件發現，閱讀了許多故事，其中包括了數十位部長、數位偉大舞者和某位最知名的古典現代藝術家的孫女、數位曾經與前東德做過軍火生意的間諜，還有某位據說是某個歐洲國王的情人。

可以講的故事還有好多好多。

不過基於法律上的原因，這裡只能稍微點一下有做足調查的少許案例。這類案例的數量受限於我們的時間和精力；我們有時候也需要睡覺休息。

聖誕假期的氣氛還沒完全消散，二〇一六年一月，下一個大案子接踵而至。事關利昂內爾·梅西（Lionel Messi），全世界最佳的足球選手，或許還是史上最佳的足球選手。

他的巴拿馬信箱公司的名稱聽起來或許有點臭屁，倒也不至於與他完全不相稱，這家公司名叫 Mega Star Enterprises。公司表面上是由五個人頭負責，事實上享有話語權的，顯然是這位世界足壇的超級巨星。一切全是根據一份二〇一三年六月的文件，最先發現這份文件的是普羅米修斯計畫中的一位西班牙籍伙伴。

在這份文件裡，某家烏拉圭的事務所員工向境外公司供應者莫薩克馮賽卡表示，Mega Star Enterprises 的最終受益人是利昂內爾·梅西與他的父親霍爾·奧拉西奧·梅西（Jorge Horacio Messi）。

事實上，梅西早就因為自己的理財方式惹了大麻煩。在二〇一五年十月時，一名西班牙的偵查法官便決定以逃稅罪名起訴梅西和幫他出主意的父親。檢察官除了求處四百一十萬歐元的罰金外（這對超級富豪梅西顯然不痛不癢），還對這位巴塞隆納足球隊的核心球員求處兩年徒刑。審判的日期已定，將始於二〇一六年五月三十一日。

西班牙有關當局對於這些資訊會做何反應，很是令人好奇。至今為止，Mega Star Enterprises 還未曾出現在檢察官的檔案裡，官方的某位發言人證實了這一點。不過它倒是完全可以銜接上整個案情，因為根據起訴書，梅西和他父親應該也曾利用過一些信箱公司來從事他們被指控的逃稅行為。

根據起訴書，梅西和他父親利用一些信箱公司來進行他們被指控的逃稅。自二〇〇五年起，梅西一家顯然以很低的價格，將假的肖像權賣給一些設在貝里斯或烏拉圭等南美避稅地的境外公司。透過這個方式，他有高達一千零一十萬的廣告收入流入了避稅地，這些錢實際上都未曾被課稅。此外，梅西一家還對稅務機關隱瞞重要的相關資料，藉以讓稅務機關對於金流海外之事一無所知。根據推估，在二〇〇七到〇九年期間，梅西應該逃避了大約四百一十萬歐元的稅金。

Mega Star Enterprises 是由某個境外公司供應者於二〇一二年二月八日在巴拿馬設立，股票是以無記名的方式發行。在梅西委託下，前述的烏拉圭律師事務所幫他仲介。這是與起訴書指控的第一個連接點。根據起訴書，同一家事務所在九天後證實，梅西是 Jenbril S. A. 這家信箱公司（在已知的逃稅指控裡，這家公司居於整起案件的中心）唯一的股東。也就是說，在背後負責打點 Mega Star 和在起訴書裡提到的 Jenbril 的，都是同一家烏拉圭的事務所。

第二個連接點出現在二〇一三年夏天，針對梅西的調查被公開之後。二〇一三年六月十二日，西班牙的埃菲通訊社率先報導了這件案子，全球媒體也紛紛跟進。就在隔天，梅西的烏拉圭律師寄了一封電子郵件給莫薩克馮賽卡，因為他們想要為 Mega Star Enterprises，誠如（根據電子郵件的內容）先前曾在電話中談過的那樣，更換境外公司提供者。換言之，往後將改由莫薩克馮賽卡來管理這家信箱公司。

莫薩克馮賽卡堅持自己必須獲得免責保證：一切與 Mega Star Enterprises 有關的「投訴、請求、控告、糾紛、訴訟、開銷和支出」，莫薩克馮賽卡及其配置的人頭負責人都可以得到賠償。這份我們掌握到的二〇一三年七月二十三日的文件，上頭簽名的人正是利昂內爾・梅西與霍爾・奧拉西奧・梅西。

很顯然，這家登記在巴拿馬的公司只是梅西委託那家烏拉圭的事務所規劃的境外公司布局的一部分。只不過，Mega Star Enterprises 在梅西的整個公司版圖裡究竟扮演什麼角色，單就文件上看實在很難說。在一份文件裡，一般營業目的只籠統記載成「投資」。可是直到目前為止，在密件資料中未曾發現任何具體的合約或交易。有可能是因為梅西本人或其他相關人士像是握有該公司的全權授權；如此一來，沒有任何文件必須經過莫薩克馮賽卡簽名。無論如何，根據二〇一三年六月二十三日的一封信，「霍爾・奧拉西奧・梅西與利昂內爾・梅西」向莫薩克馮賽卡保證，在與這家烏拉圭的事務所終止合作關係的情況下，將會協助「撤銷這家公司授予第三人所有及個別的全權代理」。

有了這樣的全權授權，就可以去簽訂各種契約，例如可以去開立帳戶或購買房地產。可是外人無法確定這家公司究竟屬於誰；因為，如前所述，這家公司的股票是無記名的。西班牙的檢方或許會非常感興趣，誰配備了這樣的全權授權、目的何在？

不過，無論 Mega Star Enterprises 的契約裡到底寫了些什麼，梅西幾乎不用去改變自己至今在訴訟程序中的防禦策略。這位巴塞隆納足球隊前鋒採取的策略很簡單，幾乎與法蘭茲・碧根鮑華（Franz Beckenbauer）在德國足球總會（DFB）事件裡的說詞一模一樣：「我沒看清楚自己簽的是什麼！」根據某位女性偵查法官在報上發表的報導，梅西曾表示：「每當我父親要我簽名，我總是閉著眼睛就簽下去。」還有：「我父親告訴我該簽些什麼，我就會簽下去，我不會多看、多想，也不會多問。」

只不過，這樣的策略似乎不太奏效。西班牙檢方雖然相信他，認為這些行為是出自梅西父親的主意（而且老梅西也願意承擔所有罪責），不過財政部還是決定連同利昂內爾・梅西本人一起告上法院。該部的代表主張，這位足球選手理應對這些行為有所質疑，特別是在收到二〇〇七至〇九年的一筆退稅以後。根據法新社的報導，這項決定理由中「可謂是合理點出了兩位被告的犯行」。

在我們掌握到的資料裡，我們見到Mega Star Enterprises的所有權人在二〇一五年十二月一日有所改變。原本發行的無記名股票被一般的股票取代，而這些股票的所有人變成梅西的父親。不過，這家烏拉圭的律師事務所還有一項請求。就在第二天，該事務所的某位代表請求莫薩克馮賽卡確認，由他們所打理的公司股東不會出現在巴拿馬官方的公司登記簿上。萬一此事已經根據標準程序有所安排，該事務所的律師們請求將必要的文件交給他們，藉以阻止這樣的事情發生。

直到本書截稿為止，梅西與老梅西對國際調查記者聯盟和《南德日報》多次共同提出的詢問都沒有回應。

這些新挖掘出的內幕肯定不讓會讓梅西（他在二〇一六年一月才又獲選為世界足球先生）在法庭上好過。

29 第四人與國際足球總會

從外面幾乎看不出國際足球總會的危機已結束。不過，國際足總本身倒是不僅宣布了危機告終，還宣布了自己的新任主席，瑞士籍的詹尼・因凡蒂諾（Gianni Infantino）。他在蘇黎世的哈倫體育館被推舉為新任主席後，以國際足總主席一貫簡練的語氣表示：「我們要重建國際足球總會的形象與尊嚴，世上每個人都將給予我們掌聲，在座各位都將因我們為國際足球總會的未來所做的一切而得到掌聲。我們都該以國際足球總會為榮。每個人都該以國際足球總會為榮。」

順道一提，因凡蒂諾上台說的第一個字是「唔」。

我們也是這麼想：唔！

因為從二〇一五年年中起，我們發現到歐洲足球總會在厄瓜多的電視轉播權有可疑的交易：電視轉播權交易商金奇斯父子（Hugo Jinkis & Mariano Jinkis）先從歐洲足總取得電視轉播權，再以三倍價格轉賣給厄瓜多的亞馬遜電視台，從此因凡蒂諾這個名字就被我們列在清單上。

某位國際足總調查人員圈內知情人士向我們表示，對他而言，這份有著三倍差額的合約「非常可疑」，尤其在權利已經過了一手的情況下，如同本案。

另一位賽事轉播權專家同樣認為，這樣的模式問題重重。紐約的調查人員表示，金奇斯父子的經營模式大抵如下：藉由行賄國際足總的官員，以低廉價格取得轉播權，再以高價將轉播權轉手[1]。如果這些指控是正確的，這件案子也是採取類似的模式。只不過重要的差別在於，我們沒有在歐洲足總身上找到賄賂的證據。

我們發現到歐洲足總與 Cross Trading 之間的契約時，我們還不太去留心歐洲足總這邊負責磋商的人士。在兩份歐洲足總與 Cross Trading 的契約裡，簽名頁上共有四個擔任簽署人的官員名字。其中三位在二〇一五年時，若已經不再在歐洲足總身居要職，就是已離開組織。這裡頭的第四位正是當前國際足總的主席，詹尼・因凡蒂諾。

頗具爆炸性。

且讓我們一件一件來。出現因凡蒂諾名字的合約涉及到二〇〇六至〇九年授予厄瓜多的歐洲冠軍聯賽轉播權。合約第二頁是簽名頁，應該在這裡簽約的有三人：雨果・金奇斯（代表 Cross Trading）、當時歐洲足總代理秘書長（代表歐洲足總）以及職稱為「法務主任」的詹尼・因凡蒂諾（同樣代表歐洲足總）。我們經過查證確定，因凡蒂諾的確是當時歐洲足總的法務主任。

1直到本書截稿為止，我們和國際調查記者聯盟都無法聯絡上金奇斯父子。

某位賽事轉播權專家告訴我們，各體育協會一般說來都會讓自己法務部門審查這類契約。我們嘗試向歐洲足總查詢，當時的程序是否也是如此？起初我們居然只得到該會對媒體制式又荒謬的回應：這是歐洲足總內部的事！後來歐洲足總改稱，他們的法務部門會審查每件這類合約。

為何這位法務部門主管應該去簽一份自己不必負責的合約？歐洲足總的解釋是，因凡蒂諾之所以簽名，是因為所有契約都會由兩名授權簽署的負責人簽名。此外歐洲足總的發言人還表示，這項契約涉及的金額並不高，Cross Trading 是幫亞馬遜電視台代購轉播權的買家，至於 Cross Trading 與亞馬遜電視台之間簽了什麼約，不是歐洲足總的事。歐洲足總只知道自己以十一萬一千美元的價格賣出該項轉播權。

事實是：是因凡蒂諾主管的部門允許了和金奇斯父子做成這筆交易，幫助了目前已成為國際足總案被告的金奇斯父子賺取數十萬美元。在因凡蒂諾擔任歐洲足總秘書長期間，歐洲足總曾就某件交易表示，從未與前述的雨果．金奇斯有過「生意上的關係」。然而他的名字清楚可見地出現在因凡蒂諾名字下方三公分處。

這兩位阿根廷人並沒有使用假名，這點很重要。Cross Trading 是金奇斯家族在業界知名的一家公司，是他們旗下另一家更知名公司 Full Play（在國際足總案裡也被點名）的子公司。身為歐洲足總的法務主任，因凡蒂諾應該十分清楚自己在和誰做生意。然而正是在這一點上，情況顯然並非如此。歐洲足總對這個問題的解釋是，他們並不曉得 Cross Trading 背後的人是誰。

無論如何，瑞士《週日報》的伙伴凱瑟琳・波斯（Catherine Boss）想要問因凡蒂諾，在他擔任歐洲足總的高層官員期間，是否曾與那些遭到控告的賽事轉播權商人在生意上或其他方面有過往來？後來她確實去問了，點名的賽事轉播權商人包括了金奇斯父子和 Cross Trading。

因凡蒂諾接受了訪問，他的回答是：「在他任職於歐洲足總期間，他個人從未與被點名的那些人士或組織在生意方面或有意識地在其他方面有過往來。」後來國際足總表示，他們是根據歐洲足總提供的資訊做出這項答覆。耐人尋味的是，上述聲明其實含有因凡蒂諾的用語，像是「個人」和「有意識地」；可是國際足總事後卻聲稱，那是歐洲足總的調查報告加上去的。

這件案子的發展在我們看來有點荒謬。早在擔任歐洲足總的秘書長時，因凡蒂諾就已是位重要人物，他的捲入顯得十分有意思。無論如何，當時在歐洲足總裡他可是僅次於米歇爾・普拉蒂尼（Michel Platini）的第二重要人物。後來普拉蒂尼被爆出涉嫌收受數百萬可疑款項，不得不放棄原先角逐新任國際足總主席、成為布拉特（Sepp Blatter）繼任者的計畫。接著我們馬上看到歐洲足總改為力挺因凡蒂諾擔任新候選人。起初他看起來不太有機會當選，局勢到了二〇一六年年初開始有轉變，越來越多國家的足協紛紛表態，將在二月的選舉中投他一票。當時他曾在德國《世界報》（*Die Welt*）的一段訪談中表示，全部二〇九票裡他已穩定掌握一〇五票。最後他以一一五票勝出。

歐洲足總與厄瓜多之間的轉播權疑案在一時之間變得特別耐人尋味。

有鑑於在不久前才宣告走出成立一百一十年來最大的危機，這場爛戲想必再度讓世界足球總會難堪。

早在很久以前，英國的揭密記者安德魯・詹寧斯（Andrew Jennings）以及我們《南德日報》同事湯瑪斯・基斯特納就已經開始用「黑幫」一詞來形容國際足球總會。事實上在過去十年裡，國際足總的醜聞也的確是一件接一件。有和國際足總的行銷伙伴「國際運動與休閒公司」（International Sport and Leisure）有關的行賄案，有問題重重的主席改選，有涉嫌以行賄獲取世界杯主辦權的疑雲。每回爆出醜聞後，布拉特和他在國際足總執委會同事們對外總是力圖給人「從此一切將漸入佳境」的印象。事後看來，這樣的保證簡直荒謬透頂。

看來像是最後一點良心的國際足總道德委員會，在過去幾個月裡的工作堆積如山。他們不僅必須開除自己的主席布拉特，還得開除歐洲足總的主席普拉蒂尼、國際足總秘書長傑羅姆・瓦爾克（Jérôme Valcke），還有一大堆高層官員，像是傑克・華納（Jack Warner）、查克・布雷澤（Chuck Blazer）、主席候選人鄭夢準、前國際足總副主席尤金尼奧・費戈雷多等人。

國際足總道德委員會幾乎在執行不可能的任務。因為他們必須將國際足壇清理乾淨。這個委員會的公信力當然是建立在成員個人的正直與操守上；例如判決室的德國籍主席漢斯・姚阿辛・艾克特（Hans-Joachim Eckert），他是慕尼黑地方法院刑事庭的資深法官。我們可以假定，兩個室的所有其他成員也都是一時之選，都是這搖搖欲墜國際組織裡的道德巨人。不過這顯然是個誤會。

因為正好在艾克特所屬的室裡，我們發現到該室某位成員深陷在紐約調查人員力圖將水排乾的泥淖裡。這位成員就是胡安・佩德羅・達米亞尼（Juan Pedro Damiani），他是深具影響力的烏拉圭籍律師，也是佩納羅爾足球俱樂部（Peñarol）的老闆。

達米亞尼的一項專長就是管理信箱公司。無巧不巧，他的事務所正好是境外公司供應者莫薩克馮賽卡一位頗重要的客戶。達米亞尼的事務所照料過超過四百家境外公司。對一個拿著道德標準來審查別人的人來說，光是這一點就極不妥當。

不過還有更訝異的事：根據我們掌握到的資料，有三位達米亞尼的長期客戶居然是國際足總案裡的被告。

一位是前國際足總副主席費戈雷多，去年他已在瑞士遭到逮捕。另兩位是阿根廷籍電視轉播權商金奇斯父子；根據我們的調查，他們曾透過自己在莫薩克馮賽卡的境外公司 Cross Trading 與歐洲足總合作，此外，根據國際足總案的起訴書，他們還曾利用多家信箱公司支付賄款[2]。

金奇斯父子曾委託莫薩克馮賽卡法律事務所，同樣以 Cross Trading 的名稱設立了三家信箱公司，卻是分布在三個不同的避稅地：加勒比海的紐埃島、印度洋的塞席爾群島和美國的內華達州。上述設立於紐埃和內華達州的兩家公司，是由達米亞尼的事務所負責管理。

2直到本書截稿為止，我們和國際調查記者聯盟都無法聯絡上金奇斯父子。

如果稍微花點力氣瀏覽國際足總案的起訴書，便會一再見到Cross Trading這個名字。根據起訴書內容，賄款支付是透過幾家Cross Trading的戶頭，例如在蘇黎世的以色列工人銀行（Hapoalim Bank）的一個戶頭就曾於二〇一三年六月十七日匯出五百萬美元的賄款。只不過，從起訴書上看不出來這個戶頭究竟是屬於三家中的哪一家；對於我們的查詢，美國司法部拒絕做說明。這五百萬美元匯款應該屬於某個更大的計畫，牽涉到以巨額賄款分別向數個南美體育協會的主席行賄，藉以確保金奇斯父子及其合夥人獲得諸如美洲盃足球賽之類賽事的轉播權。

莫薩克馮賽卡的客戶顧問曉得他們在和一些特殊人士做生意。莫薩克馮賽卡的領導階層之一便曾寫道，事涉一些「對於保密有特殊想法」的阿根廷終端客戶。

負責打點和保護這些機密的人（金奇斯父子與國際足總高層官員做的生意顯然需要這些機密），便是達米亞尼。巴拿馬文件顯示，從一九九八年在紐埃島設立第一家Cross Trading一直到二〇一五年內華達州的Cross Trading進行清算，達米亞尼全都參與其中。

換言之，在過去至少十五年裡，根據國際足總案的起訴書，他一直在和向國際足總高層官員行賄的人做生意。居然要由他來負責還給世人一個更乾淨的國際足總[3]？

這是不是完全錯亂？還是說，國際足總就是這麼回事？

如果我們假設達米亞尼是個好人，在紐約的調查人員舉發之前，他對金奇斯父子被控的那些行賄事實一無所知，那麼他最晚也應該在那之後公開自己所捲入的情節，並且退出道德委員會；特別是，金奇斯父子之案並非他唯一涉入的麻煩。

證據顯示，達米亞尼從二〇〇二年起便一直在為前國際足總副主席費戈雷多服務。當時費戈雷多曾是烏拉圭足協的主席。他與一大堆透過莫薩克馮賽卡設立的境外公司有牽連，這些公司多半交由達米亞尼的事務所管理。

根據我們掌握到的資料，達米亞尼直到二〇一五年二月才為費戈雷多的妻子安排了一項全權授權，如此一來，她便可利用其中一家公司來辦事。

緊接著到了二〇一五年五月二十七日，費戈雷多被逮捕的消息震驚了達米亞尼和莫薩克馮賽卡法律事務所。隔天雙方不安地來回往返多封電子郵件。莫薩克馮賽卡讓自己提供的人頭退出，並且撤銷了費戈雷多妻子的全權授權。

在二〇一五年六月時，莫薩克馮賽卡的合規部門主管在一封內部電子郵件裡顯得一籌莫展，他不確定費戈雷多在不動產上能否證明，那些投資所用的資金並非「來自國際足總案」。因此他想問：「在與這家公司有關的文件裡，我們是否有這方面的證據？」事實上，目前已被引渡回烏拉圭的國際足總前任高官曾在筆錄中坦承，自己不但收受了賄款（每個月將近五萬美元），而且還利用它們轉投資。他將自己合法與不合法的收入混在一起，當中最主要就是在烏拉圭購置不動產。有辦法見到筆錄的烏拉圭《探索報》（*Busqueda*）更指出，他為此還特地從達米亞尼的事務所買了幾家巴拿馬的公司[4]。

3 直到本書截稿為止，達米亞尼都沒有對我們提出的詢問做任何回應。
4 達米亞尼不回應我們提出的詢問。

為了回應莫薩克馮賽卡提出的「費戈雷多的資金是否可能『來自國際足總案』」問題，達米亞尼的事務所寄了一份財產清單，上頭載明費戈雷多在那些仍在營業的莫薩克馮賽卡境外公司裡持有的財產。其中包含了若干在烏拉圭的不動產[5]。二〇一六年一月，達米亞尼在烏拉圭出庭作證。他只提到了三家自己為費戈雷多仲介的公司（我們發現的是七家）。他的事務所將所有資料都交給了主管機關，並未隱匿任何財產。

烏拉圭籍的達米亞尼在國際足總道德委員會所屬的判決室裡，不能參與同胞費戈雷多案的投票，因為審判員如果和被審判的人來自同一國家，那位審判員就必須迴避。可是他的三名客戶遭到控告，國際足總道德委員會裡的同事還要對其中一名投票表決。達米亞尼對此抱持何種態度？安安靜靜坐著，什麼話也不說？

對於我們和國際調查記者聯盟的詢問，達米亞尼的一位發言人表示，由於案件正在調查中，達米亞尼只能做部分說明，不過達米亞尼確實有通知有關當局以及國際足總的道德委員會。

國際足總道德委員會的一位發言人在回覆詢問中證實了這一點。不過達米亞尼卻是在二〇一六年三月十八日晚間，也就是我們向他提出詢問之後隔天，才將自己與費戈雷多的商務關係知會該委員會。接著在第二天，道德委員會做了一項初步調查，藉以釐清事實。不過，根據我們瞭解，達米亞尼與金奇斯父子之間的商務關係未被提及。

莫薩克馮賽卡法律事務所表示，完全看不到任何跡象顯示達米亞尼管理的公司涉及什麼違法行為。

曾是道德守門員的達米亞尼，如今反倒淪為同事要審理的案件主角。

某位內部知情人士私下向我們表示，就算籠罩在所屬成員身上的陰影再小，對於委員會來說都是大麻煩。

唯有國際足總道德委員會自己在道德上無懈可擊，它對於外界才有意義。也唯有如此，委員會才能做出可能會在內部引發強烈反彈的決定，例如在二〇一五年十二月時開除自己的主席布拉特，以及歐洲足總的主席普拉蒂尼。

我們兜了一圈回到起點。有位名叫米歇爾・普拉蒂尼的人（根據我們掌握到的資料，他應該是住在瑞士法語區一個叫熱諾利耶〔Genolier〕的小鎮），在二〇〇七年十二月二十七日從莫薩克馮賽卡那裡獲得了 Balney Enterprises Corp 這家巴拿馬公司長期的全權授權書。大約在這家境外公司授權同時，日內瓦的私人銀行巴林兄弟斯圖爾札（Baring Brothers Sturdza）要求這項授權，換言之，它從一開始就存在。許多銀行都採取這種模式，這樣就不必去提及一家公司真正的所有人。就這點來說，普拉蒂尼也許不只是全權代理人，還是那家公司的業主。

這家 Balney Enterprises 到底屬於誰，從眼前的資料上看不出來。所有股份都是採無記名股票。

5 無論是達米亞尼或費格雷多，抑或是莫薩克馮賽卡法律事務所，都不回應我們提出的詢問。

不過，我們很快就確認了，在我們掌握資料中出現的米歇爾．普拉蒂尼就是真正的米歇爾．普拉蒂尼。那個名叫熱諾利耶的小鎮其實就在尼永附近，而歐洲足總的總部正是設在尼永。在米歇爾．普拉蒂尼於二〇〇七年出任歐洲足總主席時，他的競選承諾之一便是遷居到總部附近，便於處理日常業務。熱諾利耶一帶緊鄰日內瓦湖，風景優美，不少富豪和名人都喜歡住到這裡，包括了史恩．康納萊和菲爾．柯林斯等人。著名的英國演員彼德．尤斯汀諾夫爵士（Sir Peter Ustinov）更是在此辭世。早在很久以前，瑞士小報《眺望》（*Blick*）就曾報導過，普拉蒂尼打算住到熱諾利耶的「萊芒湖上的梯田」（Les terrasses sur Léman）社區。我們在資料上發現的那位全權代理人，住址正是這個地方。

不過我們從與普拉蒂尼有關的資料上看不出來，這家公司到底都做了哪些生意。問題在於，這家公司不需要人頭負責人在合約上簽名。反正普拉蒂尼擁有全權授權，這代表，他幾乎可以毫不受限地以公司名義行事。換言之，普拉蒂尼可以去開戶、簽約、購置不動產或諸如此類行為。現狀的確是如此，因為這家公司還在營運中，無論如何，到二〇一五年年底還是處於這樣的狀態。

不過，普拉蒂尼到底為了什麼需要動用到一家境外公司？

唯一的具體提示是一封信。一封由中間人寄出的信，由私人銀行巴林兄弟斯圖爾札寄出，在二〇一五年八月十二日寄到莫薩克馮賽卡法律事務所。信的主旨上寫「Re：帳號×××（作者注：實際帳號保密）——Balney Enterprises Corp」。

如此看來，這家公司很明顯有個戶頭。我們甚至還曉得了戶頭號碼。

我們詢問了普拉蒂尼的顧問，對方很快就回覆：瑞士有關當局早已知道普拉蒂尼的所有戶頭和財產。對於我們的追問，這位顧問解釋：在巴林兄弟斯圖爾札銀行的戶頭也特別告知了有關當局；普拉蒂尼基於某些個人原因，決定讓一家境外公司擔任戶頭所有人；他也從未利用這個戶頭做過任何與國際足總案或歐洲足總案有關的事。

我們順著對方的回答接著追問：瑞士有關當局是從何時開始知道這個戶頭的事？對此，普拉蒂尼是否願意提供我們某項證據？還有，是否存在某項因這個戶頭而啟動的調查？

顧問表示，這些問題我們應該去問瑞士有關當局，而非普拉蒂尼。瑞士有關當局才不會對這些問題做出任何說明；關於這點，普拉蒂尼的顧問肯定心知肚明。

30 百分之九十九與避稅地的未來

巴拿馬莫薩克馮賽卡法律事務所伺服器裡超過2.6TB的資料揭示了境外公司的世界，其方式乃是至今難以想像的深入、直接且即時。許多個月以來，我們以近乎直播的方式體驗到，莫薩克馮賽卡如何為幾乎每位必須隱匿些什麼的客戶提供量身打造的解決方案。他們總是能在某個避稅地找到適合的漏洞，如果不是塞席爾的公司，也可以是巴拿馬的財產受託管理人或百慕達的基金會，不然就是兩種、三種或四種這些元件的組合。在全球化的世界裡，似乎沒有什麼法規可以有效整治或緩解信箱公司的肆虐。

英國記者尼可拉斯．夏克森相當中肯地點出這樣的局勢：

境外公司並非只是解決事情的一個地點、一個點子、一種方式，甚或金融業的一種武器。它其實是一種過程，一種倒退，將規則、法律和民主的外在標記一一卸除[1]。

只要靈活運用境外公司，就能得到一個幾乎完全不用負責的操作空間。在一些討論內幕的談話裡，我們一再聽聞到，如果探員遇到一個擴及五個、十個或三十個避稅地的信箱公司網絡，有關當局幾乎沒辦法在法庭上提出明確的證據鏈。

這樣的捉迷藏遊戲有嚴重後果，而且並非只出現在顯然要掩飾犯罪行為的情況裡。就連境外公司世界裡的合法組織也會釀造嚴重的問題。對於英國下議院財政委員會於二〇〇八年所舉行的一場聽證會，租稅正義網（Tax Justice Network）的一位專家表達了這樣的立場：「沒有那些境外公司中心，根本不可能形成當今的金融信貸危機。」

金融危機的肇事者受金融危機的影響最小，這件事一點也不足為奇。在眾多銀行獲得數十億金額紓困之際，幾乎沒有一個應該為此負責的人遭到調查，更別說是審判，那些受害者，那些因遭到矇騙而背負巨額債務的人，完全被棄之不顧，他們多半丟了工作、失去了房子，還清債務的日子也遙遙無期。相反的，那些把自己的錢安放在境外信託公司的人，一點也不需要為此操心。

我們在本書裡幾乎未曾提到境外公司的另一個面向，這個面向就是諸如亞馬遜、星巴克或蘋果等跨國集團的避稅竅門。這些跨國集團之所以還懷有難以遏制的避稅渴望，境外公司是核心因素。這些跨國集團去世界各國營運和賺錢，那些國家與人民動輒損失數十億的稅收；

1 Nicholas Shaxson: *Treasure Islands*, Vintage Books, London, 2012.

關於這一點，我們可以在近期的盧森堡解密裡看得很清楚。雖然現任歐盟主席尚－克勞德・榮克（Jean-Claude Juncker，盧森堡前總理）辯稱自己國家的行為一切合法，不過他的說法卻被歐盟的一項調查打了耳光。歐盟委員會確信，盧森堡為網路書店亞馬遜開了不法租稅優惠的方便之門。不過莫薩克馮賽卡在這些跨國集團裡不扮演任何角色，因此本書也沒有談到這方面的問題。

我們可以清清楚楚看出，數量大得驚人的金融界玩家透過信箱公司，巧妙地規避自己國家監管單位的影響。不僅如此，他們的舉動同時掏空了民主的理念。如果一個社會由所有公民決議通過的法律，並不平等適用於每位公民，換言之，某些人可以利用自己的權勢和財富逃避這些法律的約束，民主便喪失了它的價值。

為何其他人應該繼續接受這些規則呢？

為何百分之九十九的人應該接受，自己的政府只是理論上能對社會上那百分之一的超級富豪有影響力？受薪者看著自己的薪資單，只能無力地感嘆國家從自己身上拿走了什麼。那些透過設在英屬維京群島的信箱公司坐收股利的人，卻可以自行決定是否要對提供自己生活便利和保護的社會申報自己的所得。

那些「高高在上的人」可以為所欲為的感覺，在金融圈裡可不只是種感覺。

這是現實。

丹麥社會學家布魯克・哈林頓（就是前面提及，為了進入那個世界做深入田野調查，親自接受了兩年資產管理員訓練的女性學者）正確地警告世人要當心一種「新的封建式財富集中」。一小群富有的人不僅隱匿財富、逃避稅賦，更規避了法律的拘束。

國際金融菁英的成員簡直是在打造他們自己的法律體系。這個國家不能做的事，就改去別的司法管轄範圍裡做。哈林頓指出，這項發展的推手和不可或缺的幫手，正是像莫薩克馮賽卡法律事務所這類境外公司供應商。

不過，國際金融圈只是整個境外公司產業當中無數牟取暴利者的其中之一。無論如何，人們在金融圈裡還是會設法在合法範圍裡行事，其中有一部分確實也能得逞。可是，我們和我們最終為數將近四百位的國際伙伴卻也發現了無數逍遙快活於境外世界的罪犯。日本黑幫、義大利黑幫、俄羅斯黑幫。大毒梟、軍火走私販、恐怖活動金主。疑似在背後幫阿薩德或格達費這類屠夫撐腰的人。洗錢組織。還有一大堆貪官污吏。

簡言之，不論不同型態的組織犯罪，還是單獨行動的騙子或罪犯，全都有志一同地湧向境外世界。藉此掩飾自己的罪行，抹去自己的線索。

就連這一切也是現實。

值得慶幸的是，這樣的事實並非不可逆轉。

境外公司中心的不負責任，奠基在人們可以修改的法律上。

我們遇到的專家在評估妥適對應措施方面普遍都有共識。基本上，這涉及到兩件事：

第一大步是一套運作良好的全球銀行帳戶自動資訊交換機制。如此一來，德國的有關當局便可自動獲悉，哪些德國人在例如巴哈馬有銀行帳戶。只不過，若是銀行帳戶是由一家匿名的信箱公司持有，空有這套資訊交換機制也是枉然。如果某個德國人躲在一家信箱公司背後，利用這家公司的名義使用自己的銀行帳戶，德國的有關當局還是無法獲悉這個人。

基於這一點及其他若干理由，我們還需要全球性透明的企業登記。上頭必須登載公司或基金會真正的所有人。若有登載不實將會遭受處罰，嚴厲的處罰。這是第二步。

如此平凡無奇的兩招，就足以宣告避稅地終結。

如此一來，莫薩克馮賽卡為隱匿自己所售公司的真正所有人而提供的服務，諸如名義股東、無記名股票、受雇擔任「真正所有人」（實際上只是人頭）等，都會被禁止。人頭負責人則會變成多餘的，因為公司業主本尊無論如何都會曝光。

像莫薩克馮賽卡這樣的事務所老是喜歡宣稱，自己的客戶只有很小一部分有非法企圖。我們倒是很想看看，如果境外公司的真正所有人都得曝光，還會有多少家境外公司維持營運。

關鍵只在於，上述兩個步驟必須始終如一地貫徹。

我們一再見到幫避稅地辯護的人（多半是在頌揚所謂「租稅競爭」）表示，這樣的改革不可能實現。事實上的確會有這樣的問題：為何避稅地應該要低頭？

法國經濟學家加柏列．祖克曼在他的《富稅時代》（*La richesse cachée des nations*）一書裡演繹了，自動資訊交換機制與真正所有人實名登記在必要時如何能透過強迫與制裁加以落實。

祖克曼認為，一旦面臨像是貿易抵制之類的強烈手段，諸如盧森堡和瑞士之類的國家也會被迫轉向。至於一些更小的國家，以制裁相脅應該就夠了，如若不然，也可祭出一些還沒有到貿易抵制那樣嚴重的中間手段。祖克曼寫道：「沒有哪個國家有辦法對抗聯合國和歐盟大國共同的意志。」

許許多多逃稅者的說客會假裝關心地表示，某些在業界相當知名的地方，像是英屬維京群島、薩摩亞、庫克群島等一旦不再是避稅地，將看不見自己的未來，藉此來掩飾自己真正的企圖。

租稅正義網的約翰・克里斯汀森（John Christensen）本身是來自避稅地之一的澤西，他對於這樣的說法完全聽不下去。他表示：「我們總是以浪漫眼光去看待這些島……幾年前，倫敦附近有座大型煉鋼廠關門。整座小城失業。人們可以用新自由主義的口吻冷冷地表示：『這是難免的，這就是市場！』讓我們想像一下，這個城市恰好是某座島上唯一的城市，事情會不會更糟呢？」他笑了一下。「或者我們換個方式來問：如果其中一座島上居民是以搶奪來往的遊輪為生，我們也會對他們寄予同情嗎？應該不會吧！可是這些島多年以來的的確確是在劫掠國際社會！或許人們應該單刀直入地說：如今要離開一座島嶼另謀生計是可行的。某些島嶼擁有的資源實在少到無法負擔居民生活，所以最好還是不要在上頭住人。」

另有一種反對自動資訊交換機制與公司真正所有人透明登記的論調是：這會嚴重侵害個人隱私。真的嗎？必須登記的事項只有所有權人的姓名和出生日期、公司地址以及持股的數量。就這麼多。如果這樣都嫌多，境外公司也沒什麼必要了。

容我們提醒：稅務保密本身並非普世的人權。在部分斯堪地那維亞地區，例如在挪威，公開稅務資料早已行之多年。瑞典不僅設有有價證券登記簿，顯示股票或債權誰屬，而且在一定收入以上更有按字母順序臚列的富有公民清單，上頭同時載明資本利得與財產。即便如此，瑞典人和挪威人也未因此而落得仇富的名聲。

至於想以成本、花費和人力等理由來反對透明登記，不妨去想想每年各國流入避稅地的數十億金額。就目前情況而言，各國的損失絕對遠大於這些可能的成本。

倘若有人表示，如此一來所有權人可能會遭到公審，那麼這人並不瞭解，這正是為了消除組織性的不負責任。擔心會因此將管理不善以及不道德或不合法的行為歸咎到具體的個人身上，這對那些隱瞞真正所有人的公司並不是正當藉口。

我們所知的最後一項反駁是：不公正的政權會利用這些登記簿上的資訊來打擊政敵。理論上，這樣的說法不可謂不正確。不過在一方面，用近乎天真的眼光去看待敘利亞不公正的政權的確可以得出這樣的結論，因為那裡的掌權者很清楚自己的政敵是誰，這些政敵的錢又藏在哪。可是在另一方面，在我們掌握到的外洩資料裡，以及在境外公司解密和瑞士解密的資料裡，我們見到政敵隱匿財產的例子可說是少之又少。相反的，我們見到不義政權的盟友和貪官污吏隱匿巨額財產的例子，可說是數以百計。

如果可以終結避稅地的營運，問題就不應該是如前所述：為何社會應該容忍這樣的事？而應該是：為何社會一直容忍這樣的事？

說得更明確一點：為何國際政壇容任這樣的事？為何各大國不乾脆做更徹底的反制？畢竟這不僅關係到正義，更關係到令人髮指的罪行。

因為如果這麼做的話，正是這些大國要蒙受巨大損失，而且到頭來，它們自己恐怕還得面臨制裁的威脅。

美國的內華達州、懷俄明州和德拉瓦州便是其本土的避稅地；莫薩克馮賽卡甚至在內華達州和懷俄明州設有自己的辦事處。在二〇〇七年時，當時還是參議員的歐巴馬在美國參議院提出一項反對濫用境外公司的法律草案，可惜直到今天仍然遲遲未能通過。有不少重要避稅地是在英國的勢力範圍裡，像是英國的海外屬地和海峽群島。光是在英屬維京群島一地，莫薩克馮賽卡就設立了超過十萬家公司。

那麼，德國呢？

德國口頭上對改革表示樂見其成，實際上卻是歐洲的改革煞車之一。我們總是一再聽聞，每當有人試圖促成更高的透明度，無論是透過歐盟還是其他組織，德國代表老是在那裡扯後腿。即使在二〇〇八年全球金融海嘯之後，金融界的說客實力依然不減。就連在德國的銀行裡也都藏有大量海外資金；其中有很大一部分恐怕都是沒有被課稅的。

因為，德國的銀行唯有在本國幫助逃稅才會被德國懲罰。在巴西或紐西蘭幫助逃稅，就不關德國法律的事。

此外，在德國也有匿名的公司，在我們的國家也允許所謂的無記名股票。它們讓實質握有這些股票的人成為一家公司的所有人。

對德國來說，所有公司都必須申報真正的所有權人和股東，這樣一套公開登記制也算是件新鮮事。只不過這樣的事情老早就有人在要求和討論。公開表示支持的，有例如課徵金融交易稅以協助公民組織（Association pour la taxation des transactions pour l'aide aux citoyens；簡稱 ATTAC）、租稅正義網和透明德國（Transparency Deutschland）等。舉例來說，二〇一三年年初，在我們發表了境外公司解密之後不久，ATTAC 的戴特列夫．馮．拉歇爾（Detlev von Larcher）便曾表示：「我們必須終結匿名的企業。信箱公司沒有任何經濟功用，它們只是在為盜匪政權、逃稅者和洗錢者服務。如果德國在這方面踩煞車，所有強烈抨擊避稅地的言詞無異全是謊言。」

可是有一件最荒謬的事：基本上，登載真正所有人的企業登記老早就已經表決通過。二〇一三年於北愛爾蘭舉行的 G8 高峰會裡，與會國家對此一致表示同意。可惜未能一致貫徹。英國打算先在本土實施，那些惡名昭彰的英屬領地則先排除在外。其他國家表示它們會建立這樣的登記制，不過其中內容只有國家機關可以查閱。可是重要的是，這樣的清冊應該也要開放給學者、非政府組織，還有那些有閒工夫去調查的專家。因為國家至今一直沒空做這些。

國際間對避稅地做的攻擊，對莫薩克馮賽卡應該是經營上的巨大威脅。不過，在巴拿馬文件發表的那一刻，這些攻擊或許會是他們最微不足道的問題。

在若干國際調查記者聯盟伙伴將發表報導的國家，當地的執法機關肯定會對莫薩克馮賽卡法律事務所很感興趣。德國的探員早就在著手調查。情治單位也蠢蠢欲動，他們應該會對金流與偽裝生意很有興趣；畢竟我們確認了不少客戶的身分，恐怖活動經常是透過他們的國家而獲得資助。

國家的調查人員將會笑顏逐開。因為根據我們的觀察，莫薩克馮賽卡集團的員工經常遊走在法律邊緣，有時甚至會做出違法或犯罪行為。

莫薩克馮賽卡再三強調，在他們的事務所裡總是將盡職調查擺第一，換言之，他們總是克盡義務地檢驗了自己到底和誰在做生意。不過我們可以舉出一大堆的例子，一旦某位「優良」客戶不想讓真正所有人的姓名曝光，莫薩克馮賽卡是如何一再「例外地」允許特殊處理。

然而，採取「給人方便」的經營策略，莫薩克馮賽卡顯然不是業界的特例。在二〇一二年時，一個由美國和澳洲學者組成的研究團隊以請求幫忙設立一家境外公司為名，寫信給一百八十二個國家大約三千七百家境外公司仲介商。其中有半數仲介商未依規定核實委託人的身分，將近四分之一則是連證明文件都不想審閱。過程中如果對方提出詢問，學者們會大剌剌表明自己想隱匿貪污犯行，甚或想資助恐怖組織。得到的反應令人震驚：許多人根本刻意忽視所有警訊！舉例來說，對於某位宣稱資助恐怖組織涉嫌重大的客戶，某位仲介商的回答居然是：「聽起來，您似乎是想設立一家對該國匿名的公司，沒錯吧？我們可以酌收二十五美元附加費辦理。如果只是幫您設立一家公司，僅此而已，我們完全不需要您的任何文件。」[2]

我們對於這些事情的看法也有所改變，並非只是因為這些資料及我們在裡頭發現的惡行，部分也是因為一些故事，全球見證的丹尼爾・貝林特—庫爾堤告訴我們的一些故事。他曾調查過蒲隆地的一些見不得人勾當，大多涉及到流向海外的數百萬巨款。丹尼爾告訴我們，蒲隆地的人民十分貧窮，貧窮到許多家庭吃飯得按日輪流，今天父母吃，明天子女吃。

這些人民正是境外公司的受害者。在各家歐洲總公司的商務律師處心積慮出謀策劃下，它們在非洲的子公司得以透過境外公司，盡可能不在當地繳稅，非洲當地的國家因而缺乏食衣和教育的財源。根據租稅正義網的研究，非洲因逃稅而短收的錢兩倍於因發展援助而流回的資金。

受害的不僅是非洲的貧困人民。諸如恐怖主義、毒品走私、非法軍火買賣等，都是有可能波及你我的犯罪行為，而這些犯罪行為也因整個境外公司產業的掩護而幾乎無法遏制。光是歐盟，每年因為逃稅或避稅所造成的損失就達到一兆歐元。

避稅地這種模式的成本，是由許多國家的社會和人民來負擔，因為境外信箱公司，這些國家不僅稅收短少，公款被移往海外，隱藏到加勒比海，它們的國家元首也貪污腐敗，把聚斂來的錢統統放進自己海外的口袋。

對於「國際社會必將有所作為」，我們保持審慎樂觀的態度。歐盟、經濟合作暨發展組織或聯合國的改革是否夠充分，這點仍令人相當懷疑（初期改革恐怕不是那麼一回事），不過這些改革會有後續。公眾將會繼續施壓，這些壓力肯定也將因巴拿馬文件而持續增加。這樣的現象，我們從境外公司解密與盧森堡解密就能看出來。

不僅如此。

在現今這個世界裡，在某處從事祕密勾當並且在過程中留下數位線索的人，沒有一個是安全的。不論他做什麼，不論在何處。任何取得一家匿名信箱公司的人都應該知道，在這個數位化時代裡，保密是一種幻想。

在某個地方，總會有員工再也看不下去。在某個地方，總會有駭客能找到資料庫的漏洞。在某個地方，總會有技術人員可以擷取數十億位元組的資料。

這項解密雖然不是最早的解密，卻可能是一個發端。

終結避稅地的發端。

2 Michael Findley, Daniel Nielson, Jason Sharman: *Global Shell Games*, Cambridge University *Press*, Cambridge, 2014..

31 冷酷的境外世界

巴拿馬市。遠遠望去一派宏偉，數十棟摩天大樓，一座高過一座，陣列在太平洋邊緣。這是某種財富的見證，部分由與見不得人金錢有關的大生意堆砌而成的財富。Bienvenidos a Panama。歡迎來到巴拿馬！

我們的飛機正在降落，下方，海岸前緣，我們見到許多貨櫃船正等著駛入巴拿馬運河，地平線附近有原始森林，在兩者之間的是金融區，我們花了一年多時間研究其業務的莫薩克馮賽卡法律事務所的總部就設在這裡。我們至今已瀏覽了成千上萬頁這家事務所內部文件，不但熟悉它的客戶和員工，更曉得哪些人不常完全遵照法律規定、哪些人的想法經常是主導。可以想見，在我們那裡開始的「巴拿馬文件」計畫將會在這裡引起巨大回音。如今，就在發表前幾週，我們親自前往；說的情緒化一點：我們正深入龍潭虎穴！只要不會引起人注意，我們很想親自為莫薩克馮賽卡、它的員工和避稅地巴拿馬照張相。

趁著在機上，我們又仔細回想了過去發生了什麼事。有位匿名的消息來源偏偏聯繫上我們，對方劈頭就問：「有興趣看一份資料嗎？」就這樣促成了至今全球最大規模的調查報導計畫。如今已有來自八十多個國家將近四百位記者參與。我們在資料中發現與數十位國家元首有關的線索、與全世界幾乎每個國家醜聞有關的線索，還有與國際足總及主席、歐洲足總及主席、許許多多的黑幫組織、真主黨、基地組織、烏克蘭總統、冰島總理（前不久才與我們在資料裡發現到的財政部長一起獲選為「年度商人」）有關的線索，別忘了，還有普丁。

不過我們這時很高興，很快就要開始了。因為這項計畫蠶食了我們和精力。我們在組織上幫助了國際調查記者聯盟，更在調查上協助了來自全球的記者。目前在《南德日報》光是這個調查報導團隊就有七個人單單在處理巴拿馬文件；除了我們兩個以外，還有資料專家凡妮莎．沃爾默、自由撰稿人莫里修斯．穆赫，以及卡特琳．朗漢斯（Katrin Langhans）、漢涅斯．穆辛格（Hannes Munzinger）和吉安娜．尼威爾（Gianna Niewel）這幾位《南德日報》同事。此外還有一個每天都在成長的團隊，這個團隊以數位、線上和印刷方式讓故事閃閃發光，《南德日報》也將有一個自己的特別報導網頁（www.panamapapers.de），從幾週前起，有位插畫家專門在為我們的計畫工作，到時還會有一部幕後花絮影片等等。整個《南德日報》都受到感染，在若干部門裡，不少同事也和我們一起追蹤這些故事。在過去幾週，我們有無數的日子一整天都在計畫，如何安排版面、如何安排插畫和附圖。

此外，更經常和總編及我們的律師一連數小時交換意見。當中主要在討論可不可以指名道姓地點出誰、在哪些地方的措辭必須放軟、哪些地方還可以更具攻擊性。夜裡我們幾乎不能成眠，週末也越來越沒有時間能給自己家人。從很久以前開始，我們早就不再去計算每天到底灌了多少紅牛和咖啡。有待完成的事情實在太多了。

我們不僅指望這一切很快會過去，也日益擔心這一切會如何發展，還有，直到發表那一刻前，是否一切都不會外洩（是不是有什麼老實說連我們自己都沒算到的地方；畢竟參與的人如此眾多）。所有這些想法，都在維持我們的幹勁。

直到幾週前，有條新聞才使整個普羅米修斯團隊不安。巴西警方暫時拘留了幾位莫薩克馮賽卡的員工。這些人據稱是捲入所謂的洗車醜聞（Lava Jato scandal）；這是南美的一宗（若不說是最大的）貪污醜聞。這件貪污案的核心是半國營的巴西石油（Petrobras），藉由和多家工程大廠串通好提高合約價格來收取回扣，接著再將部分回扣當作政治獻金，拿去資助巴西的執政黨及其盟友。總共有數百億美金消失在黑暗渠道裡。就連巴西前總統盧拉（Luiz Inácio Lula da Silva）也涉嫌貪污，捲入其中。

相關調查從二〇一四年就已經展開，只不過在調查過程中，案件卻不斷節外生枝。為避免失去案件全貌，巴西檢方還為自己的偵辦階段編號，為它們取些朗朗上口的暱稱。

在代號為「三個X」的第二十二階段裡，調查人員鎖定了莫薩克馮賽卡。遭到逮捕的某位女性員工涉嫌對警方隱匿甚至銷毀文件。據稱當中涉及到與盡職調查有關的文件，這些文件可以證明，這家事務所有多麼認真（或多麼不認真）在核實自己的客戶、有多麼在乎只收留清白的客戶。巴西檢察官卡羅斯·利馬（Carlos Fernando dos Santos Lima）不久前曾在一場記者會上表示，雖然還有許多調查在進行，不過事情已經很清楚：有證據指出，莫薩克馮賽卡法律事務所是一個「洗錢大本營」。

莫薩克馮賽卡接著也召開了記者會，強調所有莫薩克馮賽卡的辦公室都採取「最高的盡職調查標準」，而且也都遵循所有國際的法律和規則。此外，巴西的莫薩克馮賽卡完全獨立於巴拿馬的公司。無論如何，巴拿馬的事務所完全與這件「洗車醜聞」無關。同樣的老把戲：一切都沒問題，事務所完全按照規矩來；萬一出了紕漏就只是某個分支機構的問題，和莫薩克馮賽卡沒有直接關係。我們很好奇，在巴拿馬文件的調查結果於八十多個國家發表後，這種說法還留下多少效力？

這件新聞讓巴西的伙伴特別緊張。他們擔心那些對莫薩克馮賽卡巴西辦事處進行的搜索和逮捕行動，會導致我們長時間調查出的細節在全球同步發表前提早曝光，過去幾個月的辛苦也將毀於一旦。國際調查記者聯盟的領導人瑪莉娜・沃克這時扮演了安撫者和警告者的角色。她安撫大家，事情很快會平息，畢竟巴西警方掌握到的內幕消息沒有我們多。不過她還是警告大家，一切得按照原先約定好的時間，不能有人因為驚慌而提早發表。

在過去幾週裡，也有其他德國媒體同業來向我們探口風，詢問我們到底在祕密進行什麼計畫。這著實讓我們感到不安。不過在另一方面我們也很清楚，這種事情真的很難完全保密。畢竟全球有數百位記者參與，就算每個人只向外面某個人透露，也會有將近一千人知道此事。此外，有心人稍微留意一下報紙也會發現，歐伯邁爾兄弟已有幾個月沒有發表任何報導。

無論如何我們總是盡可能輕鬆應對。某些同業雖然曉得我們在進行某項大規模計畫，卻顯然完全沒有靈感，到底是項什麼樣的計畫。在某個晚會上，有位隸屬某家新聞雜誌的同業對我們使了個眼色問到，這陣子你們肯定壓力很不小吧？我們很直接地回答：當然！這些日子照顧小孩的確有夠辛苦。一個才剛進幼稚園，另一個正在學騎腳踏車。

我們在慕尼黑上飛機時氣溫只有五度，在托庫門國際機場（Aeropuerto Internacional de Tocumen）下飛機時，氣溫高達三十五度，空氣濕度有百分之六十。多麼大的轉變！奇怪，雖然我們從未來過巴拿馬，不過才走幾公尺就見到某些「舊識」，例如托庫門皇家沙龍（Tocumen Royal Saloon）。從資料上得知，莫薩克馮賽卡的員工喜歡在這個VIP休息室裡會見在此過境的重要客戶。接下來幾天裡還不斷遇上這樣的事：遇見的事物或人物，我們其實從未親眼見過，可是基於掌握的資料，我們卻早已對他（它）們十分熟悉。

巴拿馬《新聞報》的伙伴為我們找了一位司機，在這段期間負責照顧我們。這位司機是個沉默寡言、虎背熊腰的男性。擁有專屬司機對我們來說算得上是新鮮事。他憑著天使般的耐性，載我們停停走走穿過尖峰時段的街頭。我們的目的地是座落在遠處金融區裡的一些大樓。我們駛過了貧民區，在那裡可以見到，如今在巴拿馬還是有許多人連三餐溫飽都有問題。與破爛棚屋相隔數百公尺的地方，一些亮麗奪目、在陽光下金光閃閃的外牆聳入雲霄。那些高樓一棟棟在外型和高度上相互較勁。川普塔宛如一艘巨大的帆船，其他的摩天大樓有的像火箭、有的像火把、有的像被巨人用手捏凹的利樂包。幾乎每個月都會長出新大樓。越來越高，越來越怪。巴拿馬也是一樣。最吸睛的莫過於兩百四十三公尺高的螺絲塔（Tornillo；又名革命塔），猶如一根繞著自己中軸旋轉的螺絲釘。

相反的，外牆映照螺絲塔的莫薩克馮賽卡法律事務所「大樓」看起來就像被時代所淘汰。它只有三層樓高，位在一條小路上，樓下是一家診所。兩名警衛虎視眈眈地盯著每個路過的人；車子緩慢經過這棟建築，我們用手機偷偷拍下幾張照片，他們也對我們投以懷疑的眼光。那位深色頭髮的女士，那位剛把自己的豐田車停在公司停車場的女士，是不是就是「境外公司女王」莉提夏・蒙托雅，那位成千上萬家公司文件上都有她簽名的女士？那位坐在一部剛開進法律事務所地下車庫的SUV裡的男士，是不是就是尤根・莫薩克本人？我們真的很想直接下車，衝進這棟建築物，拿著我們的發現去質問莫薩克馮賽卡裡頭的人。

然而我們必須耐著性子多等幾天。屆時我們的質問，亦即寫上所有指控的信件將會發出。不過到時我們早已離開；為了安全上的理由。

* * *

我們驅車前往《新聞報》。報社位在巴拿馬市東北方的一個工業區裡，旁邊有一個DIY超市，還有一家車商。這是一家老派報社，從二樓的辦公室往下可以看到印刷廠，那裡正在印製第二天的報紙。整棟建築物裡都瀰漫著油墨味。

這裡是莉妲・瓦斯奎茲的地盤。這位《新聞報》副總編輯在辦公室裡接待我們，那是個沒有窗戶的小房間。莉妲早在慕尼黑的計畫會議上認識了我們。她的背景十分特殊，她曾是境外公司的一員，在英屬維京群島上待過，認識不少莫薩克馮賽卡的員工。接著她將她的團隊成員叫過來，其中包括她的丈夫史考特．布隆斯坦（Scott Bronstein）、調查專家伊雷達．普利托－巴雷洛（Ereida Prieto-Barreiro）以及羅蘭多．羅德里格茲（Rolando Rodríguez），他是巴拿馬相當傑出的調查報導記者，曾經揭發過許多醜聞案。他們告訴我們至今的種種發現。一些與巴拿馬深具影響力的企業、去年的一些大醜聞、某位前總統有關的線索。史考特表示：「這個故事會像原子彈一樣勁爆。」在他看來，巴拿馬文件會和一九八九年美國入侵巴拿馬的事件一樣，吸引大量本地及外國媒體關注。

當時巴拿馬成了全球關注的焦點。

對於《新聞報》來說，巴拿馬文件的計畫遠超出他們能力所及。這份報紙的發行量大約只有四萬份，讀者主要來自社會頂層，其中不乏他們每天在資料裡發現的巴拿馬人。

難怪計畫要被列為最高機密。在《新聞報》的編輯室裡，至今曉得內情的人不超過十個。走漏消息的風險實在太高！在巴拿馬，幾乎每個人都彼此認識。莫薩克馮賽卡裡至少有一位女性員工曾經在《新聞報》工作過，莉妲和她的同事經常會在一些烤肉派對或高爾夫球賽裡見到她。

尤其是，巴拿馬是個相當暴力的國家。如果有人問題太多，可能會自討苦吃。這群巴拿馬的伙伴們就是在這樣的情況下調查。目前他們鎖定的對象之一，正是一家捲入暴力醜聞的巴拿馬企業，莫薩克馮賽卡的檔案為他們開啟了全新視野。有關當局其實早在調查這樁案件，不過其中一位探員失蹤了；很有可能早已遇害。另有一位承辦案件的官員也在前往某個會議的途中遇刺。

《新聞報》也做了最壞的打算。報社老早準備了不少防彈背心。一旦開始發表，每位參與的記者都得穿上背心，出門在外時還得找保鑣作陪。我們以為的司機，原來就是我們的保鑣。莉妲很貼心地為我們的安危著想。

這位保鑣在接下來幾天果真和我們寸步不離。他開車載我們來到阿托斯德高爾夫（Altos del Golf）。巴拿馬的前威權統治者曼紐・諾瑞加（Manuel Noriega），也曾住在這個別墅區裡。這裡家家戶戶門口都停放著昂貴的越野吉普車或豪華轎車，舉目所及到處是監視器、鐵絲網和電圍籬，用來過濾及阻止不速之客。在重重戒護下，這裡不僅住著兩位巴拿馬前總統，莫薩克馮賽卡的合夥人尤根・莫薩克也住在這裡。

我們不是為了他而前來此地。

來這裡其實是為了又名C・M的德國私家偵探W・M。在與他的境外公司有關的資料裡，我們發現了一份文件，根據這份文件，這附近至少有一棟房子是他的。諾瑞加、莫薩克、M；相當漂亮的陣容。M是否真的住在這裡，此行我們想要探個究竟。我們來到某個熟悉的地址，上前按了門鈴。確實有人來開門，開門的是位女管家。

沒這個人！她不認識什麼M先生。那麼W先生呢？還是沒有？那麼賀伯・瑞克呢？奧圖・

約翰呢?一下子唸了一長串過去幾十年來M用過的化名,可真會把人給搞糊塗……沒有這個人喔,先生!那位女士回到屋裡,我們聽到了一些聲音。這時出來了一位打著赤膊,穿著短褲年輕男子,看起來像歐洲人。不是耶,這裡住的不是M先生,也不是W先生,他用西班牙語解釋。他沒辦法幫什麼忙。他到底叫什麼名字,還有,現在住在這裡的到底是誰?他不對我們透露[1]。

這幾天簡直就是我們境外公司地域研究的密集課程。我們在巴拿馬市快速穿梭,這個熱帶版的曼哈頓。我們去了舊城區加斯科維霍(Casco Viejo),去了衛星城科斯塔埃斯特(Costa del Este)。會晤了政府顧問、官員、洗錢專家、退休探員和巴拿馬律師公會的代表。聆聽他們的論據,聽他們訴說,這整件關於避稅地的事其實只是廢話,只是出於別的國家的嫉妒,美國是這一切的幕後黑手,他們只想轉移焦點,模糊掉自己也在經營像是德拉瓦州或內華達州等避稅地的事實。聽他們歡欣鼓舞地表示,巴拿馬日前終於從經濟合作暨發展組織的灰名單中除名。我們還討論,為何這個國家至今還留在歐盟的黑名單上。也聽到一些批評者告訴我們,巴拿馬累積了大量財富,無非是因為有許多顧問睜一隻眼閉一隻眼地和那些問題重重的客戶做生意,那些毒梟、詐欺犯、國際制裁對象等。

每一場對話都讓我們更明白巴拿馬有多麼分裂,擁護避稅地的人和提倡透明度的人之間的對立又有多嚴重。不過最重要的是我們明白了,莫薩克馮賽卡和其所有人可能面臨什麼樣的法律問題：長年與國際制裁對象做生意、這家事務所顯然無法報出自己管理的每間公司的受益人、使用「名義受益人」。

人頭負責人這件事一直讓我們耿耿於懷。卡羅斯・巴薩約（Carlos Barsallo）是巴拿馬律師公會道德委員會的主席，他告訴我們，這類人頭負責人對於他們（至少是在紙上）所負責的公司可能的違規都會被究責，有可能得面臨金額高達數百萬的損害賠償。

我們在莫薩克馮賽卡檔案裡發現的人頭負責人真的都明白這一點嗎？以境外公司女王蒙托雅為例，她是超過兩萬五千家公司的人頭負責人，當中有管理祕密金庫的公司，有在國際足總醜聞案調查中出現的公司。只要其中某家公司被告上法庭，她就毀了。因為她的收入簡直少得可憐（我們也見到這一點）。為何她要做這樣的事？為何她要鋌而走險？我們很想問問她。我們在資料中找到了她的住址。

我們和司機離開了巴拿馬市的光鮮世界。過了巴拿馬運河，向這個國家的內地行駛了將近四十分鐘，來到巴卡蒙特（Vacamonte）。街道上滿是隨風飛舞的塑膠袋。一個售報亭旁有堆垃圾正在燃燒，臭氣燻天。一整排單層房子，與其說是棚屋，還不如說是廢墟。我們向幾位年輕人問路，他們無不對我們投以懷疑眼光。我們慢慢開始瞭解到，為何莉妲堅持我們必

1參閱第7章，W・M承認自己在巴拿馬市有一件不動產。至於用途，他的說法前後矛盾。

須四人同行。

巴卡蒙特是個「禁區」，就連《新聞報》的伙伴都未曾到過此地。境外公司女王就住在這裡。

迷路了大概半小時後，我們終於找到了莉提夏・蒙托雅的家。她的家算是這一帶相當漂亮的一間平房。車棚裡有部日本車，旁邊堆了些小孩玩具。有位看起來心情不太好的老先生來開門。不，我的太太不在這。你們要找她做什麼？

呃，該怎麼說才好？我們想要找她聊聊她的境外公司。她究竟是如何能夠同時管理成千上萬家公司？她自己是否曉得，哪些公司捲入了醜聞案風暴？

這場對話很特別。無論如何，蒙托雅的先生顯然不是很清楚他太太工作上的細節。說著說著，他突然翻出自己的手機，把她的電話號碼唸給我們，要我們自己打電話給她。

她並沒有接電話。不過她的來電顯示上現在已經有了《新聞報》伙伴的號碼。

在回程路上，我們又談了許多人頭負責人這種奇特構想。對於想要隱匿些什麼的人而言，這種方法很實用；對於莫薩克馮賽卡這類公司而言，這種方法是種利潤豐厚的生意。可是擔任人頭的人又得到了什麼？他們在境外公司世界裡是被剝削的階級；這樣的說法或許再正確不過。

過了不久，《新聞報》伙伴的手機響了起來。蒙托雅打來了！她在電話裡憤怒地大吼：

為何她的丈夫，這個笨蛋，會把她的號碼給我們？

這也難怪，她可是成千上萬家公司的負責人。

不過，成千上萬家境外公司的業務錯綜複雜，她究竟是如何履行自己的義務？

她令人訝異地坦率直言：「這些公司到底要用來做什麼、被賣給了些什麼人、這些人又利用這些公司幹了些什麼事，這一切我一無所知。」

她表示，所有細節我們必須自己去問註冊代理人。我們知道，這得去問莫薩克馮賽卡法律事務所。

接著她便掛電話了[2]。

接下來我們要拜訪拉米西斯・歐文斯。他曾在莫薩克馮賽卡擔任律師到二〇一〇年，更準確地說是在莫薩克馮賽卡信託，這是直接與終端客戶合作的領域之一。我們從數百封電子郵件裡認識這位先生，他在不少郵件裡附上笑臉符號，因此我們給他起了個綽號叫笑臉男。如前所述，歐文斯曾經提供莫薩克馮賽卡的客戶「名義受益人」和「自然人名義」服務，還發送了相應文件。就是找個實際存在的人，讓這個人在銀行或其他事務上代替真正的業主，

2直到本書截稿為止，蒙托雅都沒有對後續的書面詢問做任何回應。取而代之的是莫薩克馮賽卡的一位發言人寄來一份一般性聲明，聲明中指出，一個人可以兼任多家公司的負責人。可是完全沒有回應我們提出的一些具體問題。

冒充為公司的真正所有人。整個洗錢的防護網就利用如此荒唐的方式布置妥當。舉例來說，某家銀行相信自己確實查核了客戶資料，實際上他們查核的卻只是人頭，根本不曉得背後其實還有別人，他們該如何檢驗出自己的客戶是否為罪犯？

如今歐文斯自立門戶，他和一位大學同學合開了一家事務所，與莫薩克馮賽卡相隔只有幾百公尺遠。歐文斯在短暫寒暄後表示，他們兩人在法學院的成績都是名列前茅；謙卑顯然不是他的風格。他帶我們參觀他的事務所，興高采烈地講述私人廚師的事，這位私人廚師每天專門為他和他的幾位同事烹調。他還告訴我們，他的事務所自覺有義務採取高標準。在他辦公室裡的一張桌子上陳列了所有曾經報導過他的報刊雜誌。

歐文斯很喜歡出風頭。他二話不說立刻就答應接受訪問，就算我們要求攝影，他也照單全收。他表示：「我沒什麼好隱瞞的！」在這個行業裡，對記者開誠布公很重要，畢竟這關係到好名聲。自從二〇一四年十二月，美國的《邪惡》雜誌報導了莫薩克馮賽卡法律事務所和他之後，他在這方面飽受困擾。歐文斯一口咬定，這是猶太共和黨人的陰謀詭計。

我們不禁暗自竊笑。《邪惡》雜誌所寫的東西不過都只是些傳聞；我們則不然，馬上就能提出證據。到時他還能如何狡辯？難道改稱是美國中情局或共濟會的陰謀？

無論如何，歐文斯的確很健談。他滔滔不絕地講著合規、盡職調查、透明度規範，講著如何防止見不得光的人物利用他們服務的種種措施。某些擺明就是要利用信箱公司來逃稅的客戶，他們絕不會收，畢竟設立信箱公司的律師事務所還是要遵守規定。還談了許多諸如此類的事。

這些話從歐文斯（在資料裡見到最是問題重重的人）的口中說出，簡直荒謬絕倫。他甚至加碼表示，莫薩克馮賽卡的正直和信譽都是最高等級！

我們將話鋒一轉，提到「名義受益人」的問題，也就是歐文斯在莫薩克馮賽卡任職期間所做的服務。

原先我們還以為他會支支吾吾，或顧左右而言他，如同律師遇上棘手事情時慣用的手法。想不到歐文斯語出驚人：在我看來，這就是洗錢！

他表示，畢竟受益人必須公開，如果有人不這麼做，而且該這麼做的人還去找人來冒充真正所有人，那他就是違法。歐文斯拿起他桌上的一本書《巴拿馬刑法》，接著語重心長地說，你們不妨自己看看，這上頭明訂，利用「名義受益人」可判處多年徒刑。

我們真是啞口無言。

雖然花了一年多的時間在莫薩克馮賽卡的最核心進行耙梳，還是有些事情足以讓我們目瞪口呆。最棒的是，歐文斯在陳述時我們拍攝了影片，就存在我們的帶子裡[3]。

3 訪問過了幾天後，歐文斯在回覆書面提問中表示，自己「從未」提供過「名義受益人」這項服務。我們以他寄出的某封信件內容質問他（信中提到，莫薩克馮賽卡為某家公司提供了名義受益人），歐文斯回答，那應該稱為「名義股東」（nominee shareholder）或「受託股東」（shareholder trusteeship），只是誤植而已。至於他是否真敢肯定這只不過是誤植，畢竟類似的文件可不只一件，直到本書截稿為止，歐文斯始終沒有回答。

巴拿馬市最後巡禮。再次駛過尤根・莫薩克的房子，再次駛過金融區，再次駛過莫薩克馮賽卡法律事務所大樓。接著我們直奔托庫門國際機場，莫薩克馮賽卡的員工喜歡在那裡的一間精緻休息室為專程飛來的客戶做諮詢。

從空中遠眺巴拿馬最後一眼。

我們不會再回來。

後記

二〇一六年四月三日晚間，剛過七點半沒多久，距離八點整公開巴拿馬文件還有半個小時左右。換言之，我們的調查結果即將在《南德日報》的官網全面曝光。事實上，刊登這些文章的網頁目前已是「即時同步」的狀態，也就是早就上線，只差正式對外公開。負責數位化的團隊編寫了一套繁複的網頁系統，正在進行最後測試。這情況當然不是我們所樂見，不過數位化小組的成員僅以制式回應打發了我們的異議：在這半小時內直到正式對外開放為止，都不可能有人找得到我們巴拿馬文件的文章；除非有人知道我們做了這項專案調查，並且輸入完整的網址。換句話說，搜尋者必須很清楚自己要找的東西是什麼。

於是我們做了各式各樣的測試，然後又檢查了一次英譯版本，第一批推特推文也蓄勢待發，確保一切能在晚間八點順利上路。

頭幾天要刊登的文稿早就準備好了，所有證據也都經過一再確認，還有每個應該修正的地方，以及每張圖表。第一批報紙也已印製完成，裝載到派報車上，即將送到讀者手中。一切準備就緒，還有十五分鐘。

不用說，我們當然全都繃緊了神經。所有人為了這檔事忙了一整年，但沒有人知道接下來會發生什麼事。其他媒體會有什麼反應？而人們又會有何觀感？或者根本擠不上熱門新聞排行榜，成為「又是一個解密」？

此時有個同事突然大喊：「愛德華．史諾登剛剛在推特上回應我們！」

我們不可置信地面面相覷，現在才七點四十八分。愛德華．史諾登？

我們隨即登入了推特，史諾登確實將這條消息轉發給將近兩百萬名追蹤他動態的粉絲：「資料新聞學史上最大解密正在直播中，事關賄賂內幕。」

史諾登還附上了《南德日報》官網上那篇關於冰島總理貢勞格松和其他兩名閣員的信箱公司的英文報導連結。

如果史諾登替我們傳播這篇調查報導，那是個好徵兆。沒多久，維基解密也在推特上轉推。

接著，一切就失控了。

眨眼間，巴拿馬文件這個關鍵字旋即挾帶數十萬則推文數量，一舉登上推特熱門排行首位。隔日，消息就傳遍了全球各大洲。這項消息毫不意外成為泰國和南韓的頭版標題，加拿大、南美、非洲、澳洲，還有歐洲當然也全都比照辦理。美國的《華盛頓郵報》、《華爾街日報》、《金融時報》和《紐約時報》連續多日在頭版刊登相關報導，儘管這些媒體並未參與我們的調查工作。所有大型新聞頻道亦相繼報導，這幾天，巴拿馬文件的新聞簡直無所不在。

因揭發水門案醜聞而迫使美國總統尼克森辭職下台的鮑伯．伍華德（Bob Woodward）是世界上最重要的調查記者之一，他把我們的調查稱做「新聞業的勝利」，《紐約時報》則指出這次行動或許徹底改變了新聞界。

新聞才發布短短數週，我們就發現：超乎預期的不只是大眾反應熱烈，還有後續所引發的政治效應。

美國總統歐巴馬也對此說明立場：逃稅已然成為一個迫切問題，我們將在G20高峰會研討一套全新的因應對策，歐洲議會更為此另外組成專門的調查委員會。

另外還有一連串具體行動，像是不少國家就發動了大搜索，例如位於瑞士的歐洲足球協會聯盟總部以及他們的行銷公司就遭到大規模搜索，莫迪里安尼的畫作《持拐杖的男人》也在日內瓦自由港內被發現後遭到扣押。莫薩克馮賽卡法律事務所位於薩爾瓦多和祕魯的分支也都遭到了搜索。

事務所位於巴拿馬的總部當然也是大搜查的目標之一，調查員甚至徹夜不休地進行搜查工作。他們一樓又一樓地仔細搜索，持續了整整二十七個小時，最後結束時顯然帶走了相當大量的資料。之後，調查員又在巴拿馬市另一棟莫薩克馮賽卡的辦公大樓裡發現了數量驚人的資料，不過這些都已經被碎紙機銷毀了。

許多國家因巴拿馬文件曝光而調查了不下數百人，除了詐欺犯、藥頭和個人，莫薩克馮賽卡的負責人尤根．莫薩克和雷蒙．馮賽卡當然也名列其中。紐約銀行監管委員會指出，有十三家銀行和莫薩克馮賽卡有業務上的往來，包含德意志銀行、荷蘭銀行（ABN Amro）以及法國興業銀行。許多國家領導人也面臨極大壓力，像是冰島、英國、阿根廷、馬爾他以及巴基斯坦。

我們就按照順序來談。

早在巴拿馬文件曝光的三週前，冰島總理貢勞格松涉案的消息就已經在冰島傳開來了。在此之前，我們在瑞典的同儕曾和在冰島擔任記者的約翰尼斯・克里斯特洋森共同與貢勞格松進行了一次令人難忘的訪談。在提出幾個無傷大雅的問題後——像是他如何看待信箱公司、冰島金融危機、境外公司的道德倫理，兩人突如其來地問起：「那麼您自身的情況又是如何呢，總理先生？您是否和任何一家境外公司有關聯？」

「我嗎？沒有這回事……」

貢勞格松顯然知道不該再多說，他看來有些遲疑，講話支支吾吾。

沒錯，他曾經合作過的公司的確和境外公司有牽連，不過他從來都是如實報稅。這是什麼奇怪的問題？

「我可以保證從未將個人資產的任何一部分暗藏起來。」

記者追問：「也就是說，您個人從未和任何一家境外公司有牽連？」

「我已經說過了：我的資產一向都是公開透明。」

接著記者提出了關鍵的問題：「您對於 Wintris 公司有什麼看法？」

總理先生沒出聲，倒是吞了口水。

「我記得沒錯的話，這家公司和我擔任監管委員的那家公司有連帶關係。」

他停頓了一會兒。

「然後有個帳戶，不過我已經說過了，當然有稅籍紀錄，而且是一開戶就有。」

貢勞格松漸漸開始故弄玄虛，這時候，原本一直靜靜待在一旁沒說話的冰島記者提出了質疑：

「為何您從未公開表明您和 Wintris 公司之間的關係？」

貢勞格松逐漸失去了主導權。

「我已經講過了：這些從一開始就詳載在我的納稅申報書裡。」

那麼為什麼他沒有對國會坦承與這家公司的關係？

因為這和「特殊事務」有關。

「這是您的公司嗎？」

「我的妻子出售了她娘家公司的部分股權，和銀行達成某些協議後，便交由銀行監管，這就是這家公司的由來。」

「這家公司擁有哪些股份？」

這時貢勞格松突然站了起來，終止這場訪談，轉身離開。

在這段訪談公開之前，總理夫人就透過臉書聲明她是 Wintris 公司唯一的所有人，不過在發出這項聲明的當下，她先生也正接受報社和廣播電台的訪問。已於事無補。

訪談記者之一的克里斯特洋森在四月三日透過電視播出這段訪談，不但獲得超過百分之五十的收視率，網路點播率更在短短幾小時內就突破了數千次。一則評論以「冰島國會史上情節最嚴重的背信罪」稱之。節目播出當晚，就傳聞貢勞格松即將下台，到了隔天，成千上萬冰島人齊聚國會前廣場發起大規模的抗議活動。他們推擠阻隔的柵欄，用腳踏車的安全帽和鍋蓋不斷敲打，同時不斷把香蕉、罐頭還有捲筒衛生紙扔向國會大樓。

街道上大概聚集了超過兩萬名以上的群眾，齊聲要求總理下台。對僅有三十三萬人口的冰島來說，這個數目相當驚人，差不多就像同時有七萬名德國人上街頭對總理梅克爾表達抗議。

緊接著登場的是一場不光彩的政治秀。貢勞格松先是表示他並不會因此下台，隔日卻又決定辭去總理一職，但這也只是為了沒多久之後的反悔才提出的。最後他才終於表示將暫時放棄自己的職權。

就這樣，因為我們的資料來源，知名的「無名氏」，因為他在一年多前輾轉提供給我們的資料，讓貢勞格松成為第一位因此案下台的國家領導人。

早在調查展開初期，我們在英國的伙伴就已經盯上 Blairmore Holdings，一家由英國現任首相卡麥隆的父親，伊恩・卡麥隆（Ian Cameron），一九八二年在巴拿馬創立的投資信託。

對我們來說，這只是眾多案件的其中一例。不過它當然是則辛辣的消息，畢竟誰都料想不到一向喜歡以打擊避稅地先鋒自居的男子，其父竟然在這些地方設立了財務不透明的公司。但我們能因為父親犯下過錯轉而指責其子嗎？我們發現：其實不行。

不過我們沒料到，大衛・卡麥隆很可能正好就是從這家公司得到了好處；不過他的溝通技巧令人遺憾。巴拿馬文件曝光的首日，他僅透過發言人簡略表示：「這是私人事務。」第二天他則自己站出來說明，不過也只有短短一句話，顯然不足以交代清楚事情的來龍去脈：「我並沒有持有這家公司的股份，或是信箱公司、境外基金、境外資產，和其他諸如此類的東西。我相信，這些聲明已經相當清楚。」同一天稍後，首相官邸又追加發表一份書面聲明：「為了讓一切清楚明白：不論是首相本人，或是他的夫人以及子女都未曾從任何境外投資公司獲取任何利益。首相本人並無持有股票。」

到了第三天，卡麥隆的媒體公關又再次強調：「無論是首相本人、首相夫人或是他們的子女都未持有任何未來可能從中獲利的境外投資或基金。」

也就是說，不管是現在或是未來，首相都沒有也將不會從任何境外的金融交易獲取私利。那麼過往呢？

對此，卡麥隆直到接受有線新聞台ＩＴＶ的電視專訪時才給出回應：「我們曾在Blairmore投資信託持有五千股，不過已經在二〇一〇年一月全數賣出。」他坦承曾經從父親的境外基金獲益。這段專訪結束後，倫敦街頭就湧現了上千民眾集結抗議，要求總理下台。

幾乎是與此同時，馬爾他也有數千名群眾齊聚總理府前要求社民黨總理約瑟夫・穆斯卡特（Joseph Muscat）辭職下台。遊行隊伍橫幅上寫著「Barra!」在馬爾他語裡是「出去！」、「滾蛋！」的意思。沒多久，人們開始談論起「第二個冰島」，也就是第二個因巴拿馬文件而導致政府陷入危機的島國。

穆斯卡特的兩名親信，衛生暨能源部長康拉德・米齊（Konrad Mizzi）和總理幕僚長凱特・謝姆布瑞（Keith Schembri）顯然在馬爾他經濟部毫不知情的情況下，將錢分別藏到巴拿馬的境外公司以及紐西蘭的信託公司。不過兩者同時堅決表示，他們並不知道必須向馬爾他有關當局申報這些資產。

至於在阿根廷，巴拿馬文件則給二〇一五年十一月才贏得總統大選的毛里西歐・馬克里帶來了大麻煩。根據我們取得的資料，馬克里曾擔任 Fleg Trading Ltd 這家信箱公司的董事，並且直到數週前才將他在一家境外公司的持股轉讓出去，而這家登記為水力公司的所有人正是他的父親。這是在他就任三個月後發生的事。

不僅如此，不少馬克里親信的名字也出現在巴拿馬文件裡，或是和一一遭到揭露的境外公司連在一起，像是馬克里在擔任布宜諾斯艾利斯市長時期的經濟局長內斯托爾・格林迪提

（Néstor Grindetti），兩人曾在二〇一三年以辦理都市發展借貸的官方名義相偕前往巴拿馬。另外還有在馬克里支持下成為波卡青年隊主席的丹尼爾·安傑利西（Daniel Angelici）、在馬克里政府擔任人權部門負責人的克勞迪奧·艾夫洛荷（Claudio Avruj）、馬克里的祕密特務古斯塔沃·阿里巴斯（Gustavo Arribas）、馬克里的多名兄弟以及在布宜諾斯艾利斯的衛星城市維森特羅培茲（Vicente López）擔任市長的堂兄弟豪爾赫（Jorge）。

當地的左傾報社《十二頁報》（*Pagina/12*）在頭版刊登了一幅馬克里垂頭喪氣的照片，打上「巴拿馬克里」（Panamacri）的標題。一名馬克里的對手向阿根廷檢察署提出檢舉，一連串的調查行動就此展開，而廉政公署也開始著手處理這個案件。

巴基斯坦總理謝里夫也因為其子女的信箱公司在倫敦擁有價值百萬的不動產而遭受強烈抨擊。謝里夫在四月中旬離開巴基斯坦，官方宣稱要前往倫敦接受醫療診治，不過隨即就有傳聞指出，在整起事件結束調查之前他不會再返回巴基斯坦。對手因此號召群眾進行大規模示威抗議。

西班牙工業部長荷西·曼努耶·索利亞（José Manuel Soria）也在連日試圖自清未果後黯然下台，不過在他花樣百出的推託之詞當中有一件事是真的：出現在巴拿馬文件的人名全是代號。

丹麥議會則針對當地三大銀行——北歐銀行（Nordea Bank）、丹斯克銀行（Danske

Bank）以及日德蘭銀行（Jyske Bank）——進行了調查與究責；芬蘭的政黨和影響力最大的協會分別將該組織設立在北歐銀行的帳戶全數解除；在奧地利和荷蘭有不少銀行的高階主管因此丟了飯碗；國際透明組織在智利分會的主席也跟著中箭落馬，他在巴拿馬文件中起碼與五家信箱公司有關係。

國際足總道德委員會創始成員胡安．佩德羅．達米亞尼也遭到巴拿馬文件揭露他和三名被控告的國際足總官員有過交易往來，他隨即遞出了辭呈。

然而，巴拿馬文件也帶來了沉重的後果。

在消息曝光不到幾個小時後，「巴拿馬文件」這個字眼就已經受到中國官方審查。一名律師因散播一幅以攝影蒙太奇手法處理的諷刺漫畫而遭到逮捕，畫中描繪了中國共產黨高層官員涉水通過巴拿馬運河的情景。

香港《明報》執行總編輯姜國元則在巴拿馬文件曝光後，短短幾小時內就遭到公司以「節流緊縮」的官方說法解雇。

我們任職巴拿馬報社的同儕甚至必須在隱密的場所印製第一批揭露醜聞的報紙，因為他們擔心遭受武力威嚇，進而無法傳播這些消息。

另一名曾協助巴拿馬文件調查工作的委內瑞拉女性同儕，因擔心與政府關係良好的東家《最新消息報》（*Últimas Noticias*）可能搶在消息發布前通知相關涉案人士，選擇隱匿自己曾參與行動，卻因此遭到解雇。

至於在突尼西亞，一名記者經營的網路雜誌《起義》（*Inkyfada*）因報導了某位前總理顧問和境外公司的關係，遭到駭客攻擊。

厄瓜多總統拉斐爾・柯雷亞（Rafael Correa）甚至透過推特公開了參與巴拿馬文件調查的記者姓名，這清楚傳遞了一個訊息：他試圖藉此向這些記者施壓。過沒幾天，柯雷亞的名字出現在文件裡的消息也傳開來了，連同境外公司的名稱一起公諸世人，至於這樁醜聞實際的交易內容與過程則在我們付印前仍未獲得釐清。

在公開這一連串黑幕的過程中，最讓我們不安的就是揭露普丁摯友羅爾杜金的醜聞後必須面對的後果。基於人身安全考量，我們將這則消息壓在最後，因為涉案相關人士中有個名叫佛拉迪米爾・普丁的人。由於我們無法預測這些人會有什麼反應，導致我們身在俄羅斯的同儕相當擔心自己的生命安危。

正式對外公開這份文件的前幾天，我們透過電子郵件向普丁的發言人德米特里・佩斯科夫提出了一籮筐問題。老實說，這種感受的確相當鮮有。不過其實在此之前，我們早就從資料中發現這位佩斯科夫的太太曾短暫是某家信箱公司的所有人。我們並不預期會得到回覆。

佩斯科夫在復活節星期一現身媒體面前，宣稱他收到「一封以審訊方式提問的郵件」，這些只是「資訊攻擊」的一部分，意圖使總統一家「承認報導屬實」。這些提問淨是提到一堆境外公司，還有普丁個人從未見過的企業家，佩斯科夫推測，這些「攻擊」背後的策動者不單是記者，甚至還有「特務和其他組織的打手」。

總統發言人如此義憤填膺地回覆記者提問其實並不常見，明確地說，根本前所未見。我們在俄羅斯的兩名同儕被狠狠修理了一頓：俄羅斯的電視節目公開了他們的照片，並且咒罵兩人是替美國宣傳的間諜。俄羅斯《新報》總編輯也遭到施壓，要求他不得刊登相關消息，不過他並未妥協。消息見報後，國稅局立即上門查稅，這是俄羅斯政府典型的報復手法。數天後，調查記者安寧寫了封信給我們：「我們並不後悔，而且已經準備好承受一切後果。」

巴拿馬文件曝光滿兩週那天，普丁受邀至電視節目「熱線」（Der heiße Draht）作客。自從他接任總統以來，每年都會上節目回答民眾的提問。

他抓住這個機會向我們發動攻勢：「是誰挑起這些挑釁的行為？我們知道這裡頭肯定有美國官方機構的派員在搞鬼。這些文章最先在哪裡發布的？我昨天問過佩斯科夫，而發言人給我的回覆是《南德日報》。《南德日報》隸屬一家媒體控股公司，而這家控股公司屬一家美國金融集團所有：高盛。」

不過這項說法是錯誤的。不管是直接或間接，《南德日報》都不屬高盛集團所有，它是一家由西南德出版社百分之百持股的子公司，而西南德出版社有百分之十八點七五的股權在慕尼黑出版集團手上，另外的八十一點二五則屬西南德媒體控股公司（Südwestdeutschen Medienholding）所有，即便是西南德媒體控股公司也不屬於克里姆林宮所指控的那家美國投資銀行。事後克里姆林宮也為了此項錯誤表示道歉。

有段重要的發言差點淹沒在這團混亂當中：普丁在「熱線」節目上承認巴拿馬文件所記載的資訊與事實相符，他說：「那些資訊貼近事實。」不過他在數日後拒絕了《南德日報》的專訪邀請。

坦白說，對於將這些內幕公諸世人我們其實沒有太多的期待：我們希望引起讀者的興趣，也希望促使世人審視政客廉價的說詞。至於任何實質的改變？或是在對抗境外世界的苦戰中取得任何進展？這些我們倒是沒有多想。

「巴拿馬是最後一個良知抗拒者，它持續採取開放態度，讓境外資金得以躲避稅賦及執法當局的追查，」經濟合作暨發展組織祕書長古瑞亞（Angel Gurría）在我們發布巴拿馬文件的數個小時前說。

幾天後，巴拿馬總統瓦雷拉宣布廢除無記名股票，同時，巴拿馬也將參與國際間稅務及資金的資訊交換。目前共有九十七個國家參與這類資訊交換，像是英屬維京群島、盧森堡、瑞士以及海峽群島，巴拿馬成為第九十八個會員國。

就我們看來，對付避稅地最有用的一招就是建立信箱公司真正所有人的註冊系統。這就猶如英國財政大臣喬治・奧斯本（George Osborne）所說的：「用槌子狠狠地給那些把稅金藏在陰暗角落的傢伙重重一擊。」不過至今我們只見到了白手套，哪有什麼槌子。

因巴拿馬文件曝光所引發的爭論至今尚未落幕，然而這提醒了我們一件事：世界可以是另一種模樣。

只要我們願意。

革命將邁入數位化

John Doe

所得不平等是我們這年代最重要的議題之一：它影響了我們全部人，牽動著全世界。人們對於所得不均突然加劇已經激辯多年，而政客、學者和激進分子之流都無力阻止這現象穩定成長，就算他們端出無數演講、統計數據分析、少數無力的抗議跟偶爾問世的紀錄片也一樣。不過問題依然存在：為何所得會不平等？而且為什麼選在現在討論？

巴拿馬文件替這些問題提供引人入勝的解答：龐大、無孔不入的腐敗。而且這些答案源自一間法律事務所，也絕對不是巧合。莫薩克馮賽卡法律事務所不僅僅是「財富管理」大機器裡的小齒輪；它運用自己的影響力創造和改寫全球法律，以便在過去數十年偏袒罪犯的利益。以紐埃島的案例[1]來說，事務所根本在徹底掌控一個避稅地。事務所創辦人雷蒙・馮賽卡和尤根・莫薩克希望我們相信，事務所創立的信箱公司——有時叫「特殊用途載具（special purpose vehicles，即特別目的公司）」——其實「就像汽車一樣」[2]。但中古車銷售員可不會

1 https://panamapapers.icij.org/20160403-mossack-fonseca-offshore-secrets.html

2 https://next.ft.com/content/ec5952e0-fad6-11e5-8f41-df5bda8beb40

自創法律；而且他們生產出載具的唯一「特殊用途」，經常會用於大規模詐欺。

信箱公司時常跟逃稅罪行聯想在一起，但是巴拿馬文件以毋庸置疑的證據顯示，就算信箱公司在定義上不算違法，仍會用於執行為數眾多的重罪，這些罪比逃稅更惡劣[3]。我之所以決定揭發莫薩克馮賽卡法律事務所的祕密，是因為我當時認為該事務所的創辦人、員工與客戶應該替他們在這些罪行中扮演的角色負責，而他們到目前為止只有一部分犯罪被揭露。我們得花上多年時間，也許要幾十年，才會曉得該事務所做了多少卑劣行徑。

同時，全球引發了新一波辯論，這點也很鼓舞人。這回不像去年禮貌彬彬的用詞，小心翼翼避免暗示菁英階級的不法勾當，而是針對重點大肆辯論。

就這方面，我有幾個想法：

我正式聲明，我不替任何政府或情報機構做事，沒有直接效力或承包案件，過去也不曾有。我的觀點全然來自自己，也是我本人決定要將這些文件分享給《南德日報》和國際調查記者聯盟（ＩＣＩＪ）；這不是出於任何特定政治目的，只是因為我能理解文件夠多內容，意識到它們描述了多麼龐大的不公不義。

至目前為止，占上風的媒體報導把焦點放在這體系的醜聞，也就是有什麼是合法和被容許的。被容許的事的確駭人聽聞，務必要改變，但我們也不能遺漏另一件重要事實：這間法律事務所、其創辦人和員工，確實在知情狀況下一再違反全球各式這樣的法律。他們對外聲稱不知情，但是這些文件顯示他們非常清楚法律細節，然後刻意犯下罪行。至少我們已經得知[4]，莫薩克在美國內華達州聯邦法庭上親自做偽證，我們也知道他的技術員工試圖掩飾底下的謊言。他們都應該在毫無特殊待遇下受到應得的告發。

到頭來，假如執法單位能存取和評估這些實際文件，巴拿馬文件就能令數千人遭到起訴。ICIJ與其合作報社正確地表明，他們不會把文件提供給執法機構；不過我倒是希望，我能在能力所及範圍下跟執法單位配合。

儘管我這麼說，我還是目睹美國和歐洲一個接一個告密人在揭發一件明顯罪行後，人生被他們身處的環境毀掉。愛德華・史諾登被困在莫斯科，因為歐巴馬政府決定以間諜法案起訴他；考慮到他揭露美國國安局的惡行，他真應該以英雄身分被迎接回國和賞一大筆獎金才是，而不是被驅逐。布萊德利・柏肯費德（Bradley Birkenfeld）揭露跟瑞士聯合銀行集團有關的避稅資訊，獲頒數百萬美元，結果仍被美國司法部判刑入獄。安東・戴樂圖爾（Antoine Deltour）目前正在接受審判，只因他對記者透露情報，盧森堡如何暗中給予跨國企業「甜心」（sweetheart）避稅協定，形同從鄰國偷走數十億稅收。這類例子不勝枚舉。

那些揭露不容質疑罪行的正當告密人，不論是內部或外部人士，都應該獲得完整的豁免權，好免於被政府報復。政府尚未能將告密者的合法保護手段納入正式法律之前，執法機構的資源就只能仰賴全球媒體持續報導的文件了。

同時我也呼籲歐盟執行委員會、英國國會、美國國會以及所有國家火速採取行動，不僅

3 https://www.youtube.com/watch?v=F6XnH_OnpO0

4 https://www.publicintegrity.org/2016/04/03/19506/offshore-law-firm-runs-trouble-las-vegas

是保護告密者，也要終止全球的企業登記弊端。在歐盟，每個成員國的企業登記都規定要任人自由存取，並針對最終受益人公開人們能輕易取得的詳細資料。英國可以對國內目前為止的積極作為感到驕傲，可是它在終結各島嶼領地的財務保密性方面，仍然有個很重要的角色得扮演——這些島嶼的祕密財務無疑是全球組織性貪腐的地基。美國很顯然不能再信任它的五十州，讓它們對自己的企業資料做出健全決策；國會老早就應該介入，藉由設立資訊揭露和公共存取的標準來強制推動財務透明化。

但在高峰會和新聞摘要片段裡讚揚政府透明化的美德是一回事，實際實施就是另一回事。在美國，選上的立法代表將他們大多數時間拿來募款，這已經是公開的祕密；既然選上的官員得跟菁英要錢，後者在所有人口階層裡又有最強的避稅動機，避稅行為就不可能被矯正。這種不可口的政治慣例繞了整整一圈，最後自相矛盾。美國殘缺的競選財務體系勢必得改革，不能再拖了。

當然，這些不是唯一需要修正的問題。紐西蘭的庫克群島變成財務詐欺聖地，但該國總理約翰．基伊（John Key）對於他國家在此事扮演的角色卻保持異常沉默。在英國，保守黨員大方掩飾跟境外公司有關的行為，不覺得有什麼好羞恥。至於美國財政部金融犯罪執法網路的局長珍妮佛．沙斯基．加維利（Jennifer Shasky Calvery）則剛剛宣布辭職[5]和轉到匯豐銀行工作，後者是本星球上最惡名昭彰的銀行之一（總部位在倫敦也絕非巧合）。於是在全球數千名尚未被揭露的最終受益人的沉默當中，我們聽見了美國旋轉門（旋轉門條款，公務員離職後利益迴避條款）熟悉的咻咻聲響；這些受益人很可能在祈禱加維利的繼任者會跟她一樣沒骨氣。人們面對政治上的懦弱，很容易屈服於失敗主義，主張現況在本質上沒變；要是巴拿馬文件不具其他意義，它代表的就是一個顯眼的病症，反映了我們社會日益病入膏肓和腐敗的道德層面。

不過問題終於浮上檯面，而且不令人意外，改變需要時間。過去五十年來，全球各地的行政、立法和司法部門完全無力治療在地球表面像癌細胞一樣四處轉移的避稅地。就連在今日，巴拿馬說它希望人們想到它時不會只想到文件，可是該國政府很方便地只檢驗了其中一座海外旋轉木馬的其中一匹馬。

銀行、財務監管人和稅收當局失敗了；他們做出的決策放過富人，改而著重在掌控中產跟低收入公民。

落後得無可救藥、效率不彰的法庭失敗了。法官們太常默許富人的論點，而富人的律師——不只是莫薩克馮賽卡法律事務所——都受訓要遵從法律字面意義，同時使盡一切辦法褻瀆法律條文的精神。

媒體失敗了。許多新聞台如今的模樣，跟它們昔日的樣貌相比只像卡通式的惡搞；各個億萬富翁的嗜好顯然是買下報紙，限制跟有錢人相關的重要報導，認真的調查記者也拿不到經費。這現象帶來的衝擊是真實的：除了《南德日報》和ＩＣＩＪ，許多大媒體確實有編輯檢閱巴拿馬文件（即使他們明確宣稱沒有）。這些媒體選擇不報導。令人難過的事實是，在

5 http://www.wsj.com/articles/financial-crimes-enforcement-network-director-calvery-to-depart-1461693902

全球最顯赫和最能幹的媒體組織裡，沒有半個有興趣報導這則故事。就連維基解密也不願重覆回應它的爆料專線。

不過最重要的，法律職業失敗了；有效的國內治理仰賴整個體系內了解跟支持法律的個人，而不是懂法律和鑽其漏洞的人。一般說來，律師已經腐敗到極點，使得法律職業有必要大規模改變，規模遠超過目前檯面上的軟弱提案。首先，「法律倫理」一詞——也就是行為準則跟律師執照在名義上的根據基礎——已經成了矛盾修飾詞。莫薩克馮賽卡法律事務所可不是在真空裡運作；它儘管被重覆罰款，也留下違規紀錄，仍然在幾乎每個國家的主要法律事務所找到了盟友跟客戶。假如這產業四分五裂的經濟還不夠當證據，我們如今也無須否認，現在再也不能讓律師去監督彼此；這就是行不通。掏得出錢的人永遠能找到律師實現他們的目的，不管律師是來自莫薩克馮賽卡，或是另一個我們尚未知曉的事務所。那其餘社會又要怎麼辦？

這些失敗造成的集體衝擊，便是道德標準遭到完全腐蝕，最終產生出一個我們仍然稱為資本主義的新奇體系，實際上等同於經濟奴役。在這個體系——我們的體系——奴隸不會曉得自身地位為何，也不知曉主人是誰。這些奴隸存在於一個截然不同的世界，無形的鐐銬被小心藏在成堆碰不著的法律行話當中。這些失敗對全世界造成的傷害，其規模大到嚇人，理應會打醒我們全部人才對。但假如我們得靠一位告密人站出來敲響警鐘，這就帶來更大的隱憂：這意味著民主政治的把關機制和平衡都失效了，整個體系故障，而嚴重的不穩定性有可能迫在眉睫。所以，採取真正行動的時刻已經到來，第一步就是從問問題開始。

歷史學家可以輕易重述，牽涉到稅收與權力不均的議題如何在從前時代引發革命。那時候或許有必要靠軍事力量征服人民；如今靠著限制資訊存取就能達到一樣的效果，說不定還更有威力，因為這種行為通常是看不見的。然而我們活在一個數位儲存設備廉價、毫無上限的年代，還擁有超越國界的高速網路連線。想將世界各地的點連接起來用不著多少力氣：下一場革命從始到終，以全球媒體管道為出發點，將會邁入數位化。

或者，革命有可能已經揭幕了。

（作者為巴拿馬文件消息來源，此份聲明公開於二〇一六年五月六日）

謝詞

首先感謝我們的消息來源，他提供了多達2.6ＴＢ的內部資料，成為我們調查的穩固基礎。散布這些資料讓他面臨很大的危險；不過，若是沒有他的勇氣，也就無法促成迄今全球最大規模的跨國記者合作。如果沒有這些資料，我們或許永遠也無從得知冰島的菁英們如何把一整個國家搞到黯淡無光，俄國總統普丁的親信們如何挪移大量資金，軍火走私犯、毒梟、黑幫、特務等又是如何隱匿自己的金流，所有這一切，顯然都是莫薩克馮賽卡法律事務所在背後幫忙。

我們要感謝 Kiepenheuer & Witsch 出版社敢冒著法律上的風險出版一本這樣的書。感謝他們的信任！要感謝 Sven Krüger 這位優秀的律師，他受出版社委任，一路幫助我們進行這項計畫；我們曉得這件事並非理所當然。當然我們更加感謝 Martin Breitfeld，他和我們通了無數電話，給予許多有益的建議和溫暖的鼓勵，不過最重要的還是他快速的編輯。這本書確確實實是在最後一分鐘才完成。沒有他在最後一哩路上的耐心和冷靜，我們或許永遠也無法辦到。

我們要感謝《南德日報》。如果沒有一家這麼棒的報社，我們恐怕撰寫不成此書。在此特別要向以下伙伴們致謝：沃夫岡・克拉赫和庫特・基斯特，他們兩位從一開始就一路扶持為時數月的調查；漢斯・萊恩戴克總是一再啟發我們的靈感；凡妮莎・沃爾默把所有數據資料治理得服服貼貼；莫里修斯・穆赫瀏覽了成千上百的契約；此外還有勞斯・歐特、Bastian Brinkmann、克里斯多夫・基森、吉安娜・尼威爾、卡特琳・朗漢斯、Elena Adam、漢涅斯・穆辛格等人；最後但並非最不重要的，則是文字檔案室裡的同事，他們一連許多個月都很有耐心地幫助我們解決有時甚至頗為複雜的查詢。

我們也要特別向國際調查記者聯盟的伙伴表達謝意：瑪爾・卡巴拉、Matthew Caruana Galizia 和黎哥貝多・卡瓦亞這幾位資料專家；在傑拉德・賴爾和瑪莉娜・沃克的謹慎協調下，即使把發表日期改近一些也沒有造成不安。

我們還要向來自八十多個國家將近四百位記者道謝，有了他們通力合作，這項大型調查才有今日的面貌。其中我們要特別讚許：在瑞士進行調查的 Oliver Zihlmann、提圖斯・普拉特納和凱瑟琳・波斯；賭上性命在俄羅斯調查的羅曼・安寧和羅曼・施萊諾夫，願老天永遠保佑他們二人；感謝約翰尼斯・克里斯特洋森和我們聊了許多，開啟我們對冰島的全新視野；感謝普立茲獎得主傑克・伯恩斯坦協助莫迪里安尼的調查；感謝 Wlad Lawrow 協助烏克蘭的調查，我們十分明白，他做這些調查無異是在走鋼索，畢竟《基輔郵報》（*Kyiv Post*）的業主也出現在巴拿馬文件裡，他正任職於這家報社；重重感謝莫妮卡・亞麥達，她不僅在厄瓜多幫忙處理了歐洲足總的故事，還有了重大突破。這本書其實也是北德廣播公司與西德廣播公司大型聯合製作的成果，它們與《南德日報》共同分析了巴拿馬文件。沒有編輯室良好的通力合作，計畫很難有今日的規模。

這本書匯集了許多伙伴的調查。要特別感謝尤莉亞·史坦，沒有她的組織才能，計畫恐怕很難做到現在這樣。要特別感謝楊·史托齊克，許多故事的進展都歸功於他敏銳的洞察力，尤其是西門子的案子。還要特別感謝佩特拉·布魯姆，她花了好幾個月的功夫在挖掘羅爾杜金網絡的生意和相關細節。還要感謝John Goetz、Toni Kempmann和Reiko Pinkert，他們三位耗費數週時間幫忙審閱了大量文件。

最後我們要感謝家人給予的耐心和無限包容。在過去這幾個月裡，我們害你們受累了；這點我們很明白！

詞彙表

境外公司供應商（offshore provider）：全球有數十家公司專門在販售信箱公司。在他們的供貨單上的公司有新也有舊，多半分布於各個避稅地，此外還有各種基金會。許多境外公司供應商都是法律事務所，莫薩克馮賽卡法律事務所算是其中最大型的。

註冊代理人（registered agent）：在大多數避稅地裡，人們不太容易親自設立信箱公司，因此多半需要可靠的服務供應商，也就是像莫薩克馮賽卡法律事務所這類註冊代理人。他們會去查詢屬意的公司名稱是否還能使用，去當地的主管機關辦理文書工作，並且支付每年要繳交的費用。最後，註冊代理人的地址一般來說就是信箱公司正式的地址。這也就是為何有無數在巴拿馬登記的公司，地址全是Calle 54 Este（莫薩克馮賽卡法律事務所的地址）。

仲介（intermediary）：在大多數情況裡，個人不會直接與莫薩克馮賽卡法律事務所這類註冊代理人接觸，而是會透過資產管理員或受客戶委託的銀行。

終端客戶（end customer）：莫薩克馮賽卡法律事務所喜歡宣稱自己不與「終端客戶」做生意，只和銀行、資產管理員、律師等所謂仲介簽約。實際上這並非全部的事實。也就是說，莫薩克馮賽卡直接與終端客戶合作的案例所在多有，他們甚至還會幫終端客戶處理銀行方面的事務。

信箱公司（shell company / lettebox company）：在公司正式的辦公處所（一般都是登記註冊代理人的地址）沒有員工而只有信箱的公司。這導致一種荒謬現象：經常可以見到避稅地裡某個建築物居然同時是數千家公司的營業處所！舉例來說，美國避稅地德拉瓦洲 North Orange Street #1209 的地址，就聚集了超過二十萬家公司。

現成公司（shelf company）：就是二手的信箱公司。莫薩克馮賽卡法律事務所這類公司會預先設立一些公司，藉以賣給某些等不及從頭設立信箱公司的客戶。

無記名股票（bearer share）：一家公司所發行的不以特定姓名記載而以占有事實為根據的股票。真正的所有人不對外公開。手裡握有股票的人，便是公司股份正式所有人。透過無記名股票可以迅速且簡便地進行交易，只不過也會為各種可能犯行大開方便之門。舉例來說，藉此來洗錢就變得易如反掌。

受益人（beneficial owner）：經常也被稱為最終受益人（ultimate beneficial owner），是一家公司真正的所有人。雖然在文件上可能是由另一個人來扮演股東，不過這個人只是當作幌子，因此人們稱這些冒充者為人頭股東。

名義股東（nominee shareholder）：其工作就是假冒股東。名義股東可以是一個人，也可以是一家公司，無論如何，他們以類似信託的方式持有一家公司的股份。其目的在於偽裝和欺騙。

名義受益人（nominee beneficial owner）：其工作就是假冒最終受益人。舉例來說，如果有某家銀行為履行自己的檢查義務，要求提供最終受益人的姓名，一家公司真正的業主便可委派這樣的人頭所有人出面。這個人頭宣稱公司屬於他的，銀行的檢查就只會針對這個人。如此一來，實際的最終受益人便不會曝光。這種方法有個麻煩，它在許多地方會受到刑事處罰。

實際最終受益人（real ultimate beneficial owner）：在境外公司的圈子裡，實際最終受益人是指一家公司裡隱藏在宣稱自己是最終受益人的人頭後面的所有人。為了區別人頭最終受益人和真正的最終受益人，故而使用了實際最終受益人這個概念。

名義董事（nominee director）：沒有實權的替身。他們收取報酬，假裝自己在管理某家公司。事實上名義董事只是在文件上做這件事，所有決定都還是取決於真正的所有人。舉例來說，如果有合約需要簽名，真正所有人只是找名義董事幫自己在上頭簽字。

控股公司（holding）：除了持有其他公司的股份以外沒有別的目的的公司。如果控股公司設在某個避稅地，便能以少許費用將子公司的獲利轉移到該地，藉此節省稅賦。此外，透過有技巧地設計控股公司的交叉結構，還能隱藏財產關係。

擔保函（letter of indemnity）：免於承擔賠償責任的協議。特別是在無法確定客戶是否可能利用信箱公司來從事不法行為，這時莫薩克馮賽卡法律事務所便會要求這種免於承擔賠償責任的承諾。萬一日後出了什麼問題，客戶必須自己承擔賠償責任。

國家圖書館出版品預行編目資料

巴拿馬文件／巴斯提昂・歐伯邁爾（Bastian Obermayer），弗雷德瑞克・歐伯麥爾（Frederik Obermaier）著；竇強翻譯工作小組譯. -- 初版. -- 臺北市：商周出版：家庭傳媒城邦分公司發行，2016.05
面；　公分. --（生活視野；13）
譯自：Panama Papers : Die Geschichte einer weltweiten Enthüllung
ISBN 978-986-477-021-2（平裝）
1. 租稅規避
567.073　　105007536

巴拿馬文件

Panama Papers: Die Geschichte einer weltweiten Enthüllung

作　　者／巴斯提昂・歐伯邁爾（Bastian Obermayer）、弗雷德瑞克・歐伯麥爾（Frederik Obermaier）
譯　　者／竇強翻譯工作小組

企劃選書／余筱嵐
責任編輯／余筱嵐、程鳳儀
版　　權／林心紅

行銷業務／莊晏青、何學文
副總編輯／程鳳儀
總 經 理／彭之琬
事業群總經理／黃淑貞
發 行 人／何飛鵬
法律顧問／台英國際商務法律事務所　羅明通律師
出　　版／商周出版
台北市中山區民生東路二段141號4樓
電話：(02) 2500-7008 傳真：(02) 2500-7759
E-mail：bwp.service@cite.com.tw
Blog：http://bwp25007008.pixnet.net/blog
發　　行／英屬蓋曼群島商家庭傳媒股份有限公司城邦分公司
台北市中山區民生東路二段141號2樓
書虫客服服務專線：(02)2500-7718・(02)2500-7719
24小時傳真服務：(02)2500-1990・(02)2500-1991
服務時間：週一至週五09:30-12:00・13:30-17:00
郵撥帳號：19863813　戶名：書虫股份有限公司
讀者服務信箱E-mail：service@readingclub.com.tw
歡迎光臨城邦讀書花園　網址：www.cite.com.tw
香港發行所／城邦（香港）出版集團有限公司
香港灣仔駱克道193號東超商業中心1樓
Email：hkcite@biznetvigator.com
電話：(852)2508-6231　傳真：(852)2578-9337
馬新發行所／城邦(馬新)出版集團【Cite (M) Sdn. Bhd.】
41, Jalan Radin Anum, Bandar Baru Sri Petaling,
57000 Kuala Lumpur, Malaysia
電話：(603)90578822　傳真：(603)90576622
Email：cite@cite.com.my

封面設計／徐璽工作室
印　　刷／韋懋實事業有限公司
總 經 銷／聯合發行股份有限公司　電話：(02)2917-8022　傳真：(02)2911-0053
地址：新北市231新店區寶橋路235巷6弄6號2樓

■ 2016年05月19日初版
■ 2020年09月04日初版11.9刷
Printed in Taiwan

Compared to the original edition, certain passages on pages 241-246 were deleted for legal reasons.

定價／400元　版權所有・翻印必究　ISBN 978-986-477-021-2

廣　告　回　函
北區郵政管理登記證
北臺字第10158號
郵資已付，免貼郵票

104　台北市民生東路二段141號2樓

英屬蓋曼群島商家庭傳媒股份有限公司城邦分公司　收

請沿虛線對摺，謝謝！

書號：BH2013　　書名：巴拿馬文件

請於此處用膠水黏貼

讀者回函卡

不定期好禮相贈！
立即加入：商周出版
Facebook 粉絲團

感謝您購買我們出版的書籍！請費心填寫此回函卡，我們將不定期寄上城邦集團最新的出版訊息。

姓名：＿＿＿＿＿＿＿＿＿＿＿＿ 性別：□男 □女

生日：西元＿＿＿＿年＿＿＿＿月＿＿＿＿日

地址：＿＿＿＿＿＿＿＿＿＿＿＿

聯絡電話：＿＿＿＿＿＿＿＿ 傳真：＿＿＿＿＿＿＿＿

E-mail ：

學歷：□ 1. 小學 □ 2. 國中 □ 3. 高中 □ 4. 大學 □ 5. 研究所以上

職業：□ 1. 學生 □ 2. 軍公教 □ 3. 服務 □ 4. 金融 □ 5. 製造 □ 6. 資訊
□ 7. 傳播 □ 8. 自由業 □ 9. 農漁牧 □ 10. 家管 □ 11. 退休
□ 12. 其他＿＿＿＿＿＿＿＿

您從何種方式得知本書消息？

□ 1. 書店 □ 2. 網路 □ 3. 報紙 □ 4. 雜誌 □ 5. 廣播 □ 6. 電視
□ 7. 親友推薦 □ 8. 其他＿＿＿＿＿＿＿＿

您通常以何種方式購書？

□ 1. 書店 □ 2. 網路 □ 3. 傳真訂購 □ 4. 郵局劃撥 □ 5. 其他＿＿＿＿

您喜歡閱讀那些類別的書籍？

□ 1. 財經商業 □ 2. 自然科學 □ 3. 歷史 □ 4. 法律 □ 5. 文學
□ 6. 休閒旅遊 □ 7. 小說 □ 8. 人物傳記 □ 9. 生活、勵志 □ 10. 其他

對我們的建議：＿＿＿＿＿＿＿＿＿＿＿＿

【為提供訂購、行銷、客戶管理或其他合於營業登記項目或章程所定業務之目的，城邦出版人集團（即英屬蓋曼群島商家庭傳媒（股）公司城邦分公司、城邦文化事業（股）公司），於本集團之營運期間及地區內，將以電郵、傳真、電話、簡訊、郵寄或其他公告方式利用您提供之資料（資料類別：C001、C002、C003、C011 等）。利用對象除本集團外，亦可能包括相關服務的協力機構。如您有依個資法第三條或其他需服務之處，得致電本公司客服中心電話 02-25007718 請求協助。相關資料如為非必要項目，不提供亦不影響您的權益。】

1.C001 辨識個人者：如消費者之姓名、地址、電話、電子郵件等資訊。
2.C002 辨識財務者：如信用卡或轉帳帳戶資訊。
3.C003 政府資料中之辨識者：如身分證字號或護照號碼（外國人）。
4.C011 個人描述：如性別、國籍、出生年月日。

請於此處用膠水黏貼